Wilfried Strauß

Perfekte Reisefilme

Themen, Technik und Gestaltung

edition **videofilmen**

Wilfried Strauß

Perfekte Reisefilme

Themen, Technik und Gestaltung

SCHIELE & SCHÖN

ISBN 3-7949-0731-0

© Fachverlag Schiele und Schön 2005
1. Auflage

Für die in diesem Buch enthaltenen Angaben wird keine Gewähr hinsichtlich der Freiheit von gewerblichen Schutzrechten (Patente, Gebrauchsmuster, Warenzeichen) übernommen. Auch in diesem Buch wiedergegebene Gebrauchsnamen, Handelsnamen und Warenbezeichnungen dürfen nicht als frei zur allgemeinen Benutzung im Sinne der Warenzeichen- und Markenschutzgesetzgebung betrachtet werden. Die Verletzung dieser Rechte im Rahmen der geltenden Gesetze ist strafbar und verpflichtet zu Schadenersatz.

© 2005 Fachverlag Schiele & Schön GmbH, Markgrafenstr. 11, 10969 Berlin.
Alle Rechte, insbesondere das der Übersetzung in fremde Sprachen, vorbehalten. Ohne ausdrückliche Genehmigung des Verlages ist es auch nicht gestattet, dieses Buch oder Teile daraus in irgendeiner Form zu vervielfältigen. Printed in Germany.

Gestaltung Andreas Sauer
Satz Fachverlag Schiele & Schön GmbH, Berlin
Druck Druckerei Gerike GmbH, Berlin
Bindung Stein + Lehmann, Berlin

Vorwort

Die eigene Sichtweise

Reisefilme stehen auf der Beliebtheitsskala der Videofilmer ganz oben. Kein Wunder, noch immer belegt die jährliche Urlaubsreise den Spitzenplatz auf der Wunschliste. Deshalb sind auch Reisemagazine und Reisereportagen beliebte Sendeformen in der TV-Landschaft. Während die Reisemagazine einen Urlaubsort oder eine Region aus dem touristischen Blickwinkel vorstellen, erzählen die Reisereportagen interessante Geschichten aus aller Welt. Ein Beispiel für das überaus populäre Sendeformat sind die „Weltbilder", die der Norddeutsche Rundfunk regelmäßig auf N3 ausstrahlt.

Für Videofilmer besonders interessant an dieser Sendung sind die Menschen, welche die Reporter und Kameraleute in den Mittelpunkt ihrer kleinen und großen Geschichten stellen. Natürlich haben die Auslandskorrespondenten den Vorteil, dass sie oft die Landessprache beherrschen und dass die TV-Profis mit ihren großen Schulterkameras grundsätzlich bei den Filmaufnahmen akzeptiert werden. Schließlich steigt das Mitteilungsbedürfnis der Menschen sprunghaft an, wenn Sie wissen, dass sie ins Fernsehen kommen.

Da haben es die Amateure unter den Filmemachern etwas schwerer, könnte man meinen. Das muss aber nicht sein. Jeder Videofilmer sollte sich ganz einfach auf seine Tugenden besinnen und diese optimal nutzen.

Als Reisefilmer bereiten Sie sich auf Ihr Zielgebiet sehr umfassend vor. Sie recherchieren, sammeln Fakten und erstellen ein Drehkonzept mit dem „roten Faden" für den zu drehenden Reisefilm. Vor Ort knüpfen Sie Kontakte zur einheimischen Bevölkerung oder Sie wohnen bei Freunden und Bekannten und erhalten auch dann aus erster Hand die aktuellen Informationen für Ihre Filmmotive. All das macht deutlich, dass Sie genügend Stoff für interessante und sehr persönliche Reisefilme finden werden. Folglich wird sich Ihr Reisefilm wohltuend von der allgemeinen Fernsehkost abheben. Der Grund: Sie stellen bei all Ihren Aufnahmen Ihre Erlebnisse und damit Ihre eigene Sichtweise in de Mittelpunkt!

Sicher, Sie filmen auch die bekannten Bauwerke, Märkte und Feste und damit die Sehenswürdigkeiten. Trennen sollten Sie sich von der allgemeinen und neutralen Zusammenstellung der Videoszenen. Die Postkartenidylle muss nicht sein. Individualität ist Trumpf! Nutzen Sie Ihre Stärken und filmen Sie das, was Sie sehen und wie Sie es erleben! Auch wenn daraus vielleicht ein Reisefilm ohne die großen Sehenswürdigkeiten wird. Dafür haben Sie dann eine neue und noch unbekannte Seite des Landes, des Ortes oder der alltäglichen Begebenheiten aufgeschlagen.

Aufschlagen sollen Sie möglichst oft auch dieses Buch für Reisefilmer, in dem Sie gerade blättern. Auf den folgenden Seiten erfahren Sie alles Wissenswerte für die Videoaufnahmen auf Reisen. Im Mittelpunkt steht dabei die Filmgestaltung, damit Sie die attraktiven Motive auch ebenso abwechslungsreich filmen und damit unvergessliche Eindrücke von den schönsten Wochen des Jahres mit nach Hause bringen.

Ich wünsche Ihnen viel Freude und zahlreiche neue Informationen beim Lesen des Buches und viel Erfolg bei Ihren Reisereportagen.

Wilfried Strauß

Inhaltsverzeichnis

Inhalt

13 Schwerpunkte setzen

- 13 Subjektiv betrachtet
- 21 Die Kunst des Weglassens
- 31 Gute Filme entstehen im Kopf
- 39 Die Kontinuität im Reisefilm
- 47 Geschichten erzählen
- 55 Die Wirkung des Films auf die Zuschauer
- 65 Die besten Jahreszeiten

73 Städte und Bauwerke

- 73 Der Blickpunkt
- 87 Dynamische Perspektiven
- 99 Zwischen Tradition und Moderne
- 111 Sehenswürdigkeiten ins rechte Licht gerückt

121 Begegnungen mit Menschen

- 121 Auf Menschen eingehen
- 131 Emotionen wecken
- 139 Das Spiel mit der Zeit

147 Landschaften

- 147 Malerische Momente
- 159 Details erforschen
- 169 Naturschauspiele

177 Rundreisen

- 177 Traumhafte Motive auf einer Kreuzfahrt
- 193 Unterwegs mit Reisemobil und Fernreisebus

207 Der Ton im Reisefilm

207 Der bessere Originalton

219 Musikalische Klangvariationen

227 Der Kommentar und seine verbindende Funktion

235 Motivtipps für die nächste Reise

235 Deutschlandreise

247 Städtetouren

255 Unter südlicher Sonne

261 Inseln im Mittelmeer

273 Auf den Spuren der Vergangenheit

281 Die Perlen der Karibik

291 Kanada's Osten

299 Asiatische Miniaturen

307 Die Serviceseiten für Weltenbummler

307 Nützliches Zubehör für Reisefilmer

319 Tipps vor der Reise

331 Glossar

345 Index

Bildnachweis

AIDA Cruises: 180
Arbeitsgemeinschaft Karibik: 123, 124, 125, 126, 127, 128, 284, 285, 286(1), 287(2), 288, 289
Cullmann: 310(1), 316(3)
Dumont: 325(3)
EvoBus/Setra: 197, 198(2), 203
Hama: 310(1), 312, 315(2), 316(1), 317, 318
Hapag Lloyd Kreuzfahrten: 179, 182, 184(2), 186, 187, 189, 191, 200(1)
Hymer: 195, 196, 199(2)
Herbert W. Hesselmann, MEV Verlag: 101(1)
H. Weyer für NSA Hurtigruten: 200(1), 204, 205(1)
JVC: 322
NSA Hurtigruten: 202, 205(1)
Micha Pawlitzki, MEV Verlag: 153(1)
M. Horender für NSA Hurtigruten: 201(3)
Mike Witschel, MEV Verlag: 229(1)
Peter Deilmann Reederei: 181, 184(1), 188
Polyglott: 254(1), 258(1), 305(1), 321, 324, 325(1), 326
Roswitha von Thüngen, MEV Verlag: 223(1)
Silke Strauß: 155(2)
Sören Vorpahl: 149, 150, 154
Strauß-Archiv: 196(1), 199(1), 211, 224, 310(1), 311, 313, 314
Toshiba: 283
Videofilmen-Archiv: 133, 210, 212, 213, 214, 221, 222, 223(1), 229(1), 309, 315(1), 323
Waltraud Baeuerle, MEV Verlag: 153(1)

Alle anderen Bilder: Wilfried Strauß

edition videofilmen

Müller, A. H.
Geheimnisse der Filmgestaltung

340 S., geb.,
€ 39,90
Bestell-Nr.: 711

Eine Einführung in das Basiswissen der Filmgestaltung für Videoamateure und Berufsanfänger bei Film und Fernsehen. Der Autor vermittelt die Grundlagen der Gestaltungsregeln, Montage, Dramaturgie, Perspektive und Tongestaltung. Daneben beantwortet er handfeste praktische Fragen, bis hin zur Handhabung einzelner Filmwerkzeuge.

Strauß, W.
Kreativ filmen

300 S., geb.,
€ 39,90
Bestell-Nr.: 704

Dieses Buch vermittelt die Fähigkeit, mit dem Film Geschichten zu erzählen. Der Leser erfährt die handwerklichen Grundregeln, um Filmsprache richtig einzusetzen. Anhand Dutzender Workshops gibt er ungewöhnliche Einblicke in die Handhabung der Kamera und öffnet die Augen für neue Perspektiven, Motive und kreative Gestaltungsmöglichkeiten.

Postfach 61 02 80
10924 Berlin
Telefon 030-25 37 52.25
www.schiele-schoen.de

Ulrich Vielmuth
Videofilmen wie ein Profi
380 Seiten mit zahlreichen Abbildungen,
gebunden,
Bestell-Nr. 714,
€ 39,90

Dieser Ratgeber erklärt die effektivsten Handgriffe und Tricks der Filmprofis. Vielmuth verrät Tricks zu Kameraführung, Bildwirkung und Ausleuchtung und gibt technische Tipps zu Ton, Zubehör oder Videoschnitt. Dabei nimmt er den Leser mit auf eine abenteuerliche Reise zu Drehorten in aller Welt.

Postfach 61 02 80
10924 Berlin
Telefon 030-25 37 52.25
www.schiele-schoen.de

Schwerpunkte setzen

- Subjektiv betrachtet
- Die Kunst des Weglassens
- Gute Filme entstehen im Kopf
- Die Kontinuität im Reisefilm
- Geschichten erzählen
- Die Wirkung des Films auf die Zuschauer
- Die besten Jahreszeiten

Subjektiv betrachtet

Der Strand ist leer – der Strand ist voll. Zwei Aussagen, die beide stimmen können. Kurz vor Einbruch der Dämmerung, wenn die untergehende Sonne lange Schatten wirft, ist fast niemand mehr am Strand anzutreffen. Tagsüber sind dagegen alle Liegestühle belegt. Sie merken schon, je nachdem, welche Situation Sie filmen und entsprechend kommentieren, erzeugen Sie objektive oder subjektive Aufnahmen.

In der Grammatik der Filmsprache haben die Begriffe auch noch andere Bedeutungen. Sie können zum Beispiel in einer Reisereportage einen Vorgang so zeigen, wie er abläuft. Sie zeichnen einfach das Geschehen objektiv auf. Die Kamera ist der stille Beobachter der Szenerie. Beschrieben wird so die passive Kameraführung. Sie bleibt mehr oder weniger auf Distanz. Die Aufnahmen sind ruhig vom Stativ aus gefilmt und

Die Begriffe „objektiv" und „subjektiv" sind in unserem Sprachschatz hinlänglich bekannt. So bedeutet „objektiv" zum Beispiel: sachlich, nicht von Gefühlen und Vorurteilen bestimmt und damit unvoreingenommen. Das Wort „subjektiv" beschreibt genau das Gegenteil: Von persönlichen Gefühlen, Interessen und Vorurteilen bestimmt und damit befangen und manchmal auch unsachlich.

Die Kamera als Beobachter gekennzeichnet von den bekannten Einstellgrößen Totale, Halbnah- und Nahaufnahmen bis hin zu den Großaufnahmen.

Der ästhetische Stil, der hier zum Einsatz kommt, überzeugt vor allem durch seine Klarheit in den Einstellungen. Die Szenen sind hinsichtlich der Bildgestaltung durchkomponiert und jeweils ausreichend lang gefilmt, damit sich der Zuschauer in der Szene zurechtfindet.

Sie können aber auch mit dem Camcorder und mit Ihrer Kameraführung selbst Anteil am Geschehen nehmen, indem Sie bei den Aufnahmen den Aktionen und Bewegungen folgen. Sie nutzen dann die aktive Kameraführung mit der handgeführten Reportagekamera. Sie sind mitten drin im Geschehen und interpretieren stärker und übertragen damit auch die Dynamik auf den Zuschauer.

Während Sie Landschaften, Städte und Sehenswürdigkeiten vorrangig mit klaren und durchstrukturierten Bildern und Szenen aufnehmen, kommt bei Personenaufnahmen, bei Tänzen und bei Feierlichkeiten eher der emotionale Stil zum Einsatz. Hier ist der Inhalt wichtiger als die Form und so müssen Sie sich auch mal mit Schwenks und Zoomfahrten auf neu ergebende Ereignisse einstellen und mit dem Camcorder schnell reagieren.

Der emotionale Stil bietet Ihnen gleichzeitig auch die Möglichkeit, die von Ihnen ausgewählten Einstellungen und Schnittfolgen positiv oder negativ zu bewerten. Dann haben Sie Ihre Meinung in die Filmaussage

Die klare Bildaussage

Der ästhetische Kamerastil überzeugt durch seine Klarheit in der Bildaussage. Landschaften, Städte und Sehenswürdigkeiten werden vorrangig mit klaren und durchstrukturierten Szenen aufgenommen. (Bildbeispiele: Sizilien, Mallorca und das Denkmal der Entdeckungen am Tejo-Ufer in Lissabon, Portugal)

eingebracht und damit ist die Reisereportage mit einer subjektiven Aussage verbunden.

Zwei Beispiele

Um noch ein wenig mehr mit den beiden Begriffen „objektiv" und „subjektiv" zu spielen, wollen wir uns mit der objektiven und der subjektiven Kamera beschäftigen. Normalerweise und überwiegend filmen Sie mit der objektiven Kamera. Dabei hat die Kamera die Position des Zuschauers und damit des Beobachters eingenommen. Sie filmen mit Ihrem Blick durch den Sucher oder auf das aufgeklappte Display des Camcorders für Ihre späteren Zuschauer. So wie Sie die Szenerie sehen, so sollen auch die Zuschauer später den Stierkampf in Malaga oder den Blick über die Dächer von Singapur erleben. Mit der Sichtweise der subjektiven Kamera übernehmen Sie dagegen die Sichtweise des Objekts bzw. des Motivs.

Am deutlichsten wird dieser Blick bei Personenaufnahmen. Ein Beispiel soll das belegen: Sie stehen mit dem Camcorder im Park und filmen Ihr Ferienhotel. In der nächsten Einstellung zeigen Sie eine Nahaufnahme vom großen Fenster mit Ihrer Frau und Ihrem Kind auf dem Arm, die beide zu Ihnen auf die Straße sehen (objektive Kamera). Nun folgt der Schnitt. Für die nächste Einstellung sind Sie in das Haus und in das Zimmer gegangen und filmen nun hinaus auf Straße (subjektive Kamera). Sie zeigen damit, wie Ihre Frau das Leben auf der Straße wahrnimmt. Sie können diese Szene

Emotional filmen

Der emotionale Kamerastil kommt unter anderem bei Personenaufnahmen zum Einsatz. Jetzt ist der Inhalt wichtiger als die Form. Mit dem handgeführten Camcorder müssen Sie auch mal schnell reagieren.
(Bildbeispiele: Segeln vor Mallorca, Spanien)

Die filmische Nähe noch steigern, indem Sie langsam nach rechts schwenken und damit dem Zuschauer klar machen wollen, dass die junge Mutter mit ihrem Kind auf dem Arm auf jemanden wartet und nach ihm Ausschau hält. Mit der subjektiven Kamera schaffen Sie eine Nähe zu den von Ihnen gefilmten Menschen.

Es gibt keine reine Objektivtität

Nun aber genug mit den vielen Interpretationen von „objektiv" und „subjektiv". Das Thema macht aber eines deutlich: Es kann für den Filmemacher, egal ob Amateur oder Profi, keine reine Objektivität geben. Auch wenn Sie sich bemühen, einen Vorgang in voller Länge und nur in einer einzigen durchgehenden Einstellung zu zeigen, wird diese Aufzeichnung nicht objektiv sein. Bereits mit der Wahl des Bildausschnitts beeinflussen Sie die Objektivität. Die intensive Wahrnehmung mit Sehen und Hören und damit die erlebte Wirklichkeit setzt jeder von uns anders um.

Ein beliebtes Beispiel unter Videofilmern ist der Film vom selben

Der persönliche Blick

Die objektive Kamera zeigt die Hotelanlage und zoomt auf ein Fenster. Schnitt. Mit der subjektiven Kameraeinstellung filmen Sie in der nächsten Einstellung den Blick hinaus auf die Bucht mit dem Palmengarten. In der dritten Einstellung schwenken Sie zur Seite und zeigen die Umgebung. Der eingeblendete Fensterrahmen schafft dabei den notwendigen Bezug zum Haus. (Bildbeispiele: Hotelanlage in Taormina, Sizilien, Italien)

Motiv. Obwohl alle Beteiligten mit Ihrem Camcorder ein und dasselbe Motiv oder Ereignis filmen, werden daraus unterschiedliche Filme entstehen. Jeder entscheidet immer selbst, was wichtig ist und wie es gefilmt werden soll. Später ordnen Sie die Szenen und verdeutlichen mit Ihrem Kommentar Ihr Anliegen. Damit erhalten die Motive vor dem Camcorder eine ganz bestimmte Bedeutung.

Mit den verwendeten Ausdrucksmitteln, die in diesem Buch noch eingehend erläutert werden, erzählen, beschreiben oder interpretieren Sie Ihre Erlebnisse. Deshalb möchte ich beide Begriffe mit einander verbinden und die Kreativität des Videofilmens mit der „subjektiven Objektivität" beschreiben. Bei all Ihren Reisefilmthemen sind Sie meistens um Objektivität bemüht. Sie wollen alle Facetten zeigen bzw. in Bild und Ton zur Geltung kommen lassen, aber gleichzeitig nicht auf Ihre individuelle Wahrnehmung verzichten.

Mit diesem Kapitel haben wir die eigene Sichtweise, die bereits im Vorwort im Mittelpunkt steht, noch ein wenig transparenter gemacht. Diese Gedanken werden uns bei der Betrachtung all der Gestaltungsmöglichkeiten für die möglichst perfekten Reisefilme auf den folgenden Seiten noch zugute kommen.

Über das Warten

Fotografen kennen das Problem: Jedes Motiv ist eine Momentaufnahme und trotzdem soll die Bildaussage vorhanden und möglichst einzigartig sein. Also muss man auf den richtigen Moment warten, bis das Motiv, die Farben und das Licht stimmen und man auf den Auslöser drücken kann.

Auf der Suche nach dem richtigen Moment

Nicht so der Videofilmer, könnte man meinen. Schließlich filmt er nicht ein einziges Bild, sondern eine Bilderfolge. Und die kann beliebig lang sein, sodass er dann die besten Momente auswählen kann. Das stimmt zwar. Dennoch sollten Sie nicht einfach drauf losfilmen.

Da spielt zum einen die zur Verfügung stehende Zeit eine Rolle. Es ist immer besser, das Motiv erst einmal ohne den Camcorder zu erkunden. So lernen Sie das Motiv kennen und können die besten Kamerastandorte auswählen. Ebenso spielen die Tageszeit und die Lichtverhältnisse eine Rolle. Sollen es sonnige Aufnahmen oder Regeneinstellungen werden? Wollen Sie die Morgenstimmung dokumentieren oder den Sonnenuntergang? Soll die Sonne die Motive modellieren und die Plastizität zeigen, was bei Gebäuden sehr wichtig ist? Es kann sich lohnen, doch ein wenig zu warten, damit Sie dann bessere Videoaufnahmen erhalten.

Auf der Suche nach attraktiven Motiven
Es lohnt sich immer, das Motiv zu erkunden oder zu umwandern, um möglichst attraktive Bildausschnitte zu finden.
(Bildbeispiele: Poble Espanyol, das spanische Dorf, in Palma de Mallorca, Spanien)

Schön und gut, werden Sie bemerken. Aber nicht immer hat man auf Reisen die notwendige Zeit. Da trifft der Bus nun mal am Morgen in Paris ein und man hat nur vier Stunden Zeit. Folglich sind es dann zwangsläufig Vormittagsaufnahmen, egal ob es regnet oder die Sonne scheint. Natürlich muss man die örtlichen Gegebenheiten immer akzeptieren, doch in Teilen kann man sie auch beeinflussen. Sei es, dass man die Kirche, den Park oder das Schloss erst einmal umwandert und nach Standorten Ausschau hält. Oder Sie beziehen einfach die aktuelle Wettersituation ganz gezielt in die Filmaufnahmen ein und dann gehören auch die Wasserpfützen mit den Spiegelungen der Schlossfassade und die Touristen mit den aufgeklappten Regenschirmen zur Videosequenz. ◀

Schwerpunkte setzen

- Subjektiv betrachtet
- Die Kunst des Weglassens
- Gute Filme entstehen im Kopf
- Die Kontinuität im Reisefilm
- Geschichten erzählen
- Die Wirkung des Films auf die Zuschauer
- Die besten Jahreszeiten

Die Kunst des Weglassens

Das Problem ist nun, dass die Länge der Geschichte der zur Verfügung stehenden Zeit anzupassen ist. Gemeint ist damit die Zeitspanne, in welcher der Zuschauer den Film ohne Ermüdungserscheinungen als Gesamtwerk aufnehmen kann. Damit das Aufnahmevermögen nicht allzu sehr strapaziert wird, muss der Film aus klaren Sequenzen, verständlichen Passagen und in der Handlung fortschreitend aufgebaut sein. Schließlich hat der Zuschauer während der Vorführung keine Zeit, über unverständliche Szenen nachzudenken. Im Gegensatz zu einem Buch, in dem man jede Textpassage noch einmal nachlesen kann, muss ein Film ebenso klar wie ein Theaterstück strukturiert und verständlich in der Bild- und Textsprache sowie filmlogisch aufgebaut sein.

Mit jedem Reisefilm, den Sie fertig stellen, möchten Sie nicht nur die Erinnerungen an die letzte Urlaubsreise konservieren oder mit der Reportage von einer Hochzeitszeremonie auf der Insel Bali diese dokumentieren. Sie wollen auch immer eine Geschichte erzählen und damit das Interesse am Thema bei Ihren Zuschauern wecken und wachhalten. Dabei nutzen Sie die jeweils passenden filmischen Ausdrucksmittel.

Die Auswahl der wichtigen Informationen

Einen längeren Vorgang vollständig in der Realzeit zu zeigen, ist schier unmöglich. Deshalb greifen Sie als Kameramann bzw. Kamerafrau aus der Fülle der Fakten die Details heraus, die erzählt werden sollen. Diese werden nun gefilmt, um den Vorgang zu beschreiben.

Folglich beruhen alle Informationen im Videofilm auf einer Selektion. Doch wie soll man bei der Auswahl vorgehen? Zum einen bestimmen die Erfordernisse der Geschichte die Auswahl, zum anderen aber auch die Ansichten und Meinungen des Autors.

Jede Information, die mit Bildern und Tönen erklärt wird, zieht aber auch automatisch weitere Fragen und Informationen nach sich und so entsteht eine Kette von Informationen, auch Sequenzen genannt. Wenn diese Sequenzen dann auch noch klar und verständlich sind, stimmt letztendlich auch die Aussage und der Film ist in sich schlüssig. Die richtige Auswahl der Informationen setzt allerdings die Kenntnis aller Fakten voraus. Das bedeutet, dass der Recherche und damit der detaillierten Vorbereitung ein ebenso großer Raum zugewiesen wird, wie der nachträglichen Bearbeitung der gefilmten Szenen und Sequenzen.

Fakten sammeln

Die Kenntnis der Fakten ist wichtig, damit ein Vorgang, wie zum Beispiel der tolerante Umgang mit der Religion in der japanischen Gesellschaft, in einer überzeugenden Szenenfolge gefilmt werden kann. (Bildbeispiele: Kyoto, Japan)

Das richtige Maß

Sind alle notwendigen Fakten zusammengetragen worden, beginnt die schwierige Aufgabe, die wichtigen Informationen von den unwichtigen Bildern zu trennen. Verwenden Sie im Film zu viele Informationen, dann kann das dem Film mehr schaden als nutzen. Zum einen wird der Zuschauer mit der Fülle überfordert und zum anderen können sich auch unwichtige Details einschleichen, die nur verwirren.

Haben Sie im Laufe Ihrer Filmerkarriere gelernt, das richtige Maß zu finden, dann stellt sich die Frage, wann Sie die Informationen dem Zuschauer mitteilen wollen. Bei einer Reportage ist die Antwort klar: Immer dann, wenn ein Bauwerk, ein Ereignis oder eine Begebenheit geschildert wird, muss der Zuschauer auch sofort alle notwendigen Informationen erhalten. Bei einer Spielhandlung, die Sie auch als Spannungselement in den Reisefilm einbauen können, ist das anders. Hier können Sie mit den Informationen pokern. Sie können den Zuschauer im Unklaren lassen oder ihn mit gestreuten Informationen vorübergehend auf einen falschen Weg führen und damit die Dramatik und die Spannung aufbauen. Wenn Sie anfangs nur Teilinformationen bekannt geben, sind Sie auch dazu verpflichtet, diese später im Film zu ergänzen bzw. das Rätsel aufzulösen. Ansonsten kann der Zuschauer den Sachverhalt nicht richtig beurteilen, er ist unzureichend informiert und folgt dem Film nicht mehr. Womit dann auch zweifelhaft ist, ob der Film mit seiner Aussage beim Zuschauer überhaupt noch ankommt.

Den Absichten und Meinungen des Autors kommen ebenfalls eine ganz entscheidende Rolle zu. Übertragen Sie Ihre Ansichten ganz gezielt auf die Bilder, die Sie durch den Sucher oder auf dem Monitor sehen und aufnehmen, dann entsteht einerseits auch ein sehr engagiertes und emotionales Video, dessen Inhalte auch korrekt und wahrheitsgemäß wiedergegeben werden. Allerdings liegt hier auch die große Gefahr der Manipulation, wenn Sie als Autor nur einseitig eine Handlung, einen Vorgang darstellen oder über ein Geschehen berichten. Werden im Reisevideo nur die Slums einer weltbekannten Großstadt gezeigt, dann ist dies zwar einseitig, aber tolerierbar. Schließlich ist bekannt, dass viele Weltstädte mit den großen Extremen zwischen Armut und Reichtum zu kämpfen haben. Wird allerdings eine uns unbekannte Kleinstadt nur in dieser negativen Form vorgeführt, dann ist der Verdacht der gezielten Manipulation nicht von der Hand zu weisen. Normalerweise müssten auch die anderen Stadtteile gezeigt werden. Die Aufgabe des Filmemachers ist es dann, die zwei Seiten einer Medaille ins rechte Licht zu setzen. Dabei können Sie dann Ihre Sicht der Dinge deutlicher herausstellen und das Elend im sozialen Umfeld zeigen.

Orts- und Zeitwechsel

Zur Kunst des Weglassens gehört auch der gezielte Umgang mit dem Orts- und Zeitwechsel. Die Szenen in einem Videofilm finden immer an einem bestimmten Ort und zu einer bestimmten Zeit statt und sind dadurch als filmische Elemente von großer Bedeutung. Mit den ersten Einstellungen einer Szene führen Sie den Zuschauer auch in den Ort ein. Das kann die Totale mit der Übersicht des Markusplatzes in Venedig ebenso sein, wie die Vorstellung der zentralen Eisenbahnstation in Tokio. Die sich daran anschließenden Nah- und Detailaufnahmen stellen den Ort näher vor, damit sich der Zuschauer zurechtfindet. Während sich der Ort in Reiseberichten und Reportagen durch seine bekannten Sehenswürdigkeiten schnell und einfach beschreiben lässt, ist die Ortsbeschreibung einer unbekannten Kleinstadt schon schwieriger. Hier müssen die Kriterien für eine charakteristische Ortsangabe präzise herausgearbeitet werden, unterstützt von einem informativen Kommentar.

Parallelmontage   Jede jetzt folgende Szene ordnet der Betrachter diesem ihm inzwischen bekannten Ort zu, auch wenn er so direkt im Bild nicht mehr zu erkennen ist. Spielt die Handlung zur selben Zeit an zwei oder mehreren verschiedenen Orten, so müssen nicht nur die Orte eindeutig bekannt gegeben werden. Sie müssen auch beim Videoschnitt mithilfe der Parallelmontage entsprechend ineinander geschnitten werden. Diese Variante wird immer dann genutzt, wenn die beiden Handlungsströme an einem Punkt des Geschehens zusammentreffen und ein Ereignis auflösen sollen.

Ändert sich der Ort bei hintereinander gezeigten Handlungsabläufen, so müssen keine langatmigen Auto- oder Bahnfahrten diesen Wechsel verdeutlichen. Das Einsteigen in den Wagen sowie eine ankommende Fahraufnahme am neuen Ort machen den Wechsel ebenso deutlich wie eine Überblendung mit anschließender kurzer Ortseinführung.

Die Zeit im Videofilm ist abstrakt und unsichtbar, aber dennoch immer vorhanden. Da die Handlung im Film immer fortschreitet, verändert sich logischerweise auch die Zeit. Dennoch nimmt sie der Zuschauer nur dann so richtig wahr, wenn er Kriterien in der Szene sieht, die er mit dem Faktor Zeit in einen Zusammenhang bringen kann. Das einfachste Beispiel ist die Nahaufnahme von der Turmuhr oder der Blick des Reisenden auf seine Armbanduhr mit anschließender Detailaufnahme. Elegantere Hinweise auf die Tageszeit sind zum Beispiel verträumte Einstellungen am See mit dem weichen Licht der morgendlichen Sonne oder die kurzen und steilen Schatten während der Mittagszeit.

Noch stärker als der Ort spielt die Zeit im Film eine Rolle, denn ohne Kürzungen an der Zeit entstünden viel zu lange Reisefilme. Wie bereits erwähnt, findet jede neue Szene zu einem späteren Zeitpunkt statt, da die Zeit bekanntlich fortschreitet. Die Frage ist nur: Wie viel Zeit ist inzwischen verstrichen? Ist die Antwort wichtig für den Fortgang des Films, dann müssen Sie das entweder mit eindeutigen Bildern, im Dialog zweier sich unterhaltender Personen oder im Kommentar beantworten.

Die Zeit im Film

Neben der Verkürzung der Zeit bietet der Film aber auch die Möglichkeit, dass die Filmzeit länger als die Realzeit sein kann. Ein Beispiel dafür ist der gezielte Aufbau einer Spannung in einer Sequenz. Statt den Vorgang des Beladens des Jeeps für die Saharadurchquerung nur in einer Übersichtsaufnahme zu zeigen, kann diese Szenenfolge auch in viele Groß- und Detailaufnahmen aufgelöst und damit in ihrer zeitlichen Summe verlängert werden.

Der Ortswechsel

Ein beliebtes Gestaltungsmittel für die Darstellung eines Ortswechsels sind Fahraufnahmen. Wenn gleichzeitig landesspezifische Details, wie zum Beispiel die Anzeigetafel mit Uhr auf dem Hauptbahnhof von Tokio, gezeigt werden, so sind alle für die Orientierung des Zuschauers wichtigen Informationen vorhanden.
(Bildbeispiele: Tokio, Japan)

Bildausschnitte

Solange Sie auf den Auslöser des Camcorders drücken, filmen Sie eine Szene in Echtzeit, und zwar mit dem von ihnen gewählten Bildausschnitt. Der Zuschauer sieht zwar eine Realität, aber nur als Ausschnitt. Da er nie das Ganze zu sehen bekommt, sondern immer die Folge von Nah- und Großeinstellungen, von Halbtotalen und Totalen, wird er die angebotene Auswahl immer als wichtig ansehen. Folglich haben Sie die Verpflichtung die informationsträchtigen Bildelemente zu zeigen und dazu gehört die Auflösung der Szene in mehrere einzelne Einstellungen.

Das ist einer der großen Vorteile des Mediums Film gegenüber dem Theaterstück auf der Bühne. Im Theater sitzt der Zuschauer je nach Sitzplatz näher oder weiter von der Bühne entfernt und immer hat er die gesamte Breite der Bühne im Blickfeld. Er kann sich zwar mit seinen

Augen auf einen Darsteller konzentrieren, aber nicht zoomen wie beim Film. Deshalb lebt das Theater zwangsläufig von den Dialogen, während der Film viel detaillierter auf die Mittel der Filmsprache zurückgreifen kann. Die Großaufnahme vom Gesicht, die Augen im Detail, die Lippen ganz nah und die Finger, die unruhig auf den Tisch im Restaurant trommeln, beschreiben im Film die Situation viel eindringlicher, als der entfernte Blick aus der achten Reihe im Theater.

Immer nah ran an das Motiv

Mit den Mitteln der Filmsprache, vor allem mit Nahaufnahmen, können die Szenen präzise beschrieben werden. (Bildbeispiele: Kyoto und Tokio, Japan)

Verdopplungen

Die Kunst des Weglassens dient der Straffung des Films und der Rücksichtnahme auf den Zuschauer, damit er den Film im Zusammenhang erfassen und bewerten kann. Das darf aber nicht dazu führen, dass zu kurze Szenenfolgen und zu hektische Schnitte das Ergebnis sind. Zum besseren Verständnis kann es sogar notwendig sein, dass Sie bestimmte und für den Fortgang der Handlung sehr wichtige Elemente mehrfach wiederholen.

Jeder von uns wird schon einmal während eines Films bemerkt haben, dass er in einer Szene der Handlung nicht so recht folgen kann, weil ein Dialog oder die Bilderfolge unverständlich bleiben. Der Regisseur oder die Cutterin beim Schnitt gehen einfach davon aus, dass die Szene klar und verständlich ist. Schließlich wurde der Grund für die Szene einige Minuten vorher erläutert. Doch leider hatte der Zuschauer gerade an dieser Stelle nicht hingesehen, war in Gedanken bei einer anderen Szene oder hat mit seinem Partner gesprochen. Schon allein aus diesen Gründen ist es angebracht, sehr wichtige Informationen der Details mehrmals deutlich herauszustellen. Diese Verdopplungen helfen mit, dass der

Tageszeiten sichtbar machen

Die ersten Sonnenstrahlen auf Hochhausfassaden und die Neonreklamen in der City – die Aufnahmen sind eindeutige Hinweise auf die jeweilige Tageszeit.
(Bildbeispiele: Tokio, Japan)

Verantwortung *übernehmen* Zuschauer zur rechten Zeit daran erinnert wird und die Folgeeinstellungen auch richtig einordnen kann.

Das Ziel all dieser Bemühungen im Umgang mit filmischen Mitteln und mit der Kunst des Weglassens ist, mit jedem neuen Reisefilm einen noch besseren Film zu machen. Folglich sollten Sie mit der Macht über die Bilder, die Sie letztlich ausüben, auch eine Verantwortung gegenüber dem Zuschauer übernehmen und damit sehr sorgsam und trotz aller individuellen und subjektiven Einflüsse möglichst objektiv und wahrheitsgemäß umgehen. Denn das zeichnet den engagierten und guten Reisefilmer aus. ●

Schwerpunkte setzen

- Subjektiv betrachtet
- Die Kunst des Weglassens
- Gute Filme entstehen im Kopf
- Die Kontinuität im Reisefilm
- Geschichten erzählen
- Die Wirkung des Films auf die Zuschauer
- Die besten Jahreszeiten

Gute Filme entstehen im Kopf

In Ihren Reisevideos erzählen Sie immer Geschichten. Sie bestehen aus einer Folge von Szenen, die zusätzlich mit Originalton und Musik sowie mit einem Kommentar vervollständigt werden. Im Rahmen der Szenenfolge ergänzt jede Szene die nächste Einstellung und gibt dem Zuschauer neue Informationen. Damit er die Abfolge verstehen und der Handlung folgen kann, werden Sie darauf achten, dass die Szenen filmisch aufgebaut und logisch gestaltet sind. Viele

Damit Sie Ihre Reisevideos möglichst ohne großen Aufwand bearbeiten können, sollten Sie bereits bei der Aufnahme einige Ratschläge und Tipps beachten. Ist das gefilmte Videomaterial gut, dann lässt sich daraus auch ein sehenswerter Reisefilm schneiden. Schlechte Szenen lassen sich dagegen höchstens mit Digitaleffekten und Blenden ein wenig aufpeppen.

Szenen bilden, soweit sie zusammengehören, eine Szenenfolge, auch Sequenz genannt. Mehrere dieser Videofilmteile formen letztlich den Film. Ein weiteres Kriterium ist die Einteilung des Films in Einleitung, Hauptteil mit Handlungshöhepunkt und Ausklang.

Die Planung erleichtert den Videoschnitt

Berücksichtigen Sie diese grundsätzlichen Tipps bereits bei der Aufnahme, so können Sie beim Videoschnitt gleich größere Teile für das fertige Reisevideo auswählen. Ansonsten müssen Sie beim Videoschnitt die Abfolge mühsam aus dem bunt durcheinander gewürfelten Videomaterial heraussuchen, was außerdem auch noch viel Sucharbeit und Zeit kostet.

Wichtige Gestaltungstipps

In der Filmsprache haben sich einige handwerkliche Grundregeln und Begriffe etabliert, die auch der Videoamateur sinnvoll einsetzen kann. Beim Blick durch den Sucher des Camcorders oder auf den aufgeklappten Monitor sehen Sie das Motiv. Je nach Bildausschnitt, auch Einstellgröße genannt, wird das Motiv unterschiedlich gezeigt.

Die Totale zeigt den Überblick über das Geschehen. Mit ihrer Hilfe lernt der Zuschauer den Schauplatz kennen. Die Halbtotale führt den Betrachter näher an den Ort der Handlung. Diese beiden Einstellgrößen,

Die optischen Höhepunkte
Die Nah- und Detailaufnahmen sind die optischen Höhepunkt in jeder Videosequenz.
(Bildbeispiele: Subtropische Vegetation)

die sehr viel im Bild zeigen, eignen sich zwar grundsätzlich für Videoaufnahmen. Besser, weil spannender ist es, das Motiv in mehrere Nah- und Großaufnahmen aufzulösen. Denn damit erreichen Sie ebenfalls, dass sich der Zuschauer voll informiert fühlt. So zeigt die Nahaufnahme zum Beispiel die Person ab Brusthöhe, und die Detailaufnahme hebt die Einzelheiten, wie die Augen, den Mund und die Gesichtspartie noch mehr hervor.

Die Unruhe im Bild schadet jedem Reisevideo. Deshalb sollten Sie entweder immer ein Stativ verwenden, eine feste Auflage suchen oder sich beim Videofilmen zumindest anlehnen. Unruhe erzeugen Sie auch mit der Zoomtaste. Denn gleichzeitig zur Veränderung des Bildausschnitts kommt das Wackeln mit ins Bild. Falls Ihr Camcorder über einen zusätzlichen Digitalzoom verfügt, so lassen Sie ihn ausgeschaltet. Schließlich wird nur das Bild der längsten Brennweite digital und nicht optisch vergrößert. Dann sieht man die Pixel und die Qualität wird nur noch schlechter.

Ungewöhnliche Bildausschnitte bringen Abwechslung in die Szenenfolge. So schafft der erhöhte Standpunkt – die Vogelschau – einerseits einen Überblick über das Geschehen. Gleichzeitig schrumpft aber das große Motiv zusammen. Der niedrige Standpunkt – die Froschperspektive – macht kleine Dinge größer, zeigt aber auch Kinder und ebenso kleine Tiere im richtigen Größenverhältnis.

Plastischer wirkt die Szene, wenn Sie den Vordergrund mit einbeziehen. Das Videobild ist zweidimensional, nämlich Breite plus Höhe. Die Tiefe als dritte Dimension fehlt. Hier hilft der Trick mit dem Vordergrund. Das kann ein Zaun, eine Hecke, der Teil eines Baumes oder eines Hauses sein.

Den Überblick verschaffen

Der erhöhte Standpunkt schafft den Überblick über das Geschehen. Mit den nächsten Einstellungen gehen Sie hinunter zu den Käufern und Verkäufern und filmen deren gestenreiche Gespräche. (Bildbeispiele: Markthalle in Funchal, Madeira, Portugal)

Zum guten Videobild gehört auch der klare Bildaufbau. Wenn Sie weniger in der Szene zeigen, erreichen Sie mehr, denn der klare Bildaufbau verhindert, dass die Augen des Betrachters im Bild umherirren.

Video braucht Licht

Stimmungsbilder kontra Sonnenbilder

Die Camcorderobjektive sind zwar sehr lichtstark, und so können Sie selbst in der Dämmerung noch filmen. Schön anzusehen sind die Aufnahmen nur als Stimmungsbilder. Viel zu erkennen ist dann nicht. Die Motive sind trist und farblos, und das Bildrauschen ist deutlich zu sehen. Besser und farbenfroher werden die Videoaufnahmen erst, wenn Sie bei Innenaufnahmen die Szene mit einer Leuchte aufhellen können, was auf Reisen natürlich meistens nicht machbar ist, weil eine Leuchte nicht im Koffer bereit liegt.

Wenn Sie draußen im vollen Sonnenlicht filmen, so denken Sie bitte auch an die Schatten, die gleichzeitig entstehen. Während die Mittagssonne kurze und kräftige Schatten produziert, sind sie am Morgen und am Nachmittag länger und weicher. Versuchen Sie deshalb, den Bildaus-

Auch ohne Sonne gelingen gute Aufnahmen
Zu hohe Kontrastunterschiede vermeiden Sie auch, wenn Sie an einem wolkenverhangenen Tag filmen. Auch dann lohnen sich die Videoaufnahmen, denn die Aufnahmeelektronik schafft farblich ausgewogene Einstellungen.
(Bildbeispiele: Sizilien, Italien)

schnitt so zu wählen, dass keine zu großen Kontrastunterschiede in einer Einstellung zu sehen sind. Entscheiden Sie sich für das Licht oder den Schatten, je nach Wichtigkeit des Bildinhalts.

Wenn Sie Schwenkaufnahmen verwenden, so sollte jeweils die Szene einige Sekunden ruhig stehen, und zwar bevor Sie mit dem Schwenk beginnen und ebenso, wenn er fertig ist. Der Druck auf die Zoomtaste verändert nicht nur den Bildausschnitt. Sie signalisieren dem Zuschauer auch gleichzeitig die Bedeutung des Motivs. Zoomen Sie hin zum Motiv, so sollte die Handlung in der Folgeszene dort beim Motiv weitergehen. Schließlich ist der Zoom in den Telebereich wie ein Zeigefinger, der dem Zuschauer deutlich macht, dass sich die Handlung am Zielpunkt fortsetzt. Zoomen Sie dagegen in die Totale, so machen Sie deutlich, dass ein Handlungsabschnitt abgeschlossen ist.

Der Zoom als Zeigefinger

Der Achsensprung

Ein oft gesehener Fehler, den sogar die Profis im Fernsehen produzieren, ist der Achsensprung. Er wird immer erst dann sichtbar, wenn die Szenen falsch zusammengesetzt wurden. Am deutlichsten wird dies zum Beispiel bei den Aufnahmen von einem Prozessionsumzug in Spanien. Sie filmen die Teilnehmer und dabei bewegen sie sich von links nach rechts. Ebenso sieht es der Zuschauer auf dem Fernsehschirm oder auf der Leinwand. Nun wechseln Sie mal schnell den Standort auf die gegenüberliegende Seite und filmen weiter. Die Teilnehmer kommen immer noch aus derselben Richtung, aber im Bild bewegen sie sich nun von rechts nach links. Wie schon erwähnt, merkt man das erst später bei der Wiedergabe. Denn nun bewegen sich die Personen plötzlich von rechts nach links auf dem Bildschirm und der Zuschauer denkt, dass sie zurückkehren an ihren Ausgangspunkt, was natürlich nicht stimmt. Der Grund für diesen Bildfehler liegt darin, dass Sie die Handlungsachse, in unserem Beispiel die Straße, übersprungen haben.

Beim Videoschnitt sollten Sie deshalb darauf achten, dass die Richtung in den Szenen beibehalten wird. Ist der Wechsel über die Bildachse trotzdem notwendig, so zeigen Sie dies dem Zuschauer, damit er diesen Wechsel nachvollziehen kann, indem Sie zum Beispiel die Straße bei laufender Kamera überqueren.

Und noch ein wichtiger Praxistipp: Sicherlich haben Sie sich mit all diesen Gestaltungstipps schon oft beschäftigt, doch unterwegs, da fallen Sie einem nicht immer gleich ein. Von den schönen und exotischen

Ein Stichwort-zettel für unterwegs Motiven geblendet, halten Sie den Camcorder auf das Motiv und ärgern sich später daheim, dass die wichtigen Detailaufnahmen fehlten oder dass neutrale Zwischenschnittaufnahmen nicht vorhanden sind. Notieren Sie sich doch all die hier genannten Tipps auf einem Stichwortzettel, der ebenfalls in der Videotasche liegt und den Sie unterwegs schnell mal durchlesen können. Vielleicht machen Sie sich auch ein kleines Stichwortkonzept aufgrund Ihrer Recherchen zum Urlaubsland oder zur Rundreise. All das hilft mit, den so genannten „roten Faden" zu finden und mit sehenswerten Videoaufnahmen nach Hause zu kommen. ●

Schwerpunkte setzen

- Subjektiv betrachtet
- Die Kunst des Weglassens
- Gute Filme entstehen im Kopf
- Die Kontinuität im Reisefilm
- Geschichten erzählen
- Die Wirkung des Films auf die Zuschauer
- Die besten Jahreszeiten

Die Kontinuität im Reisefilm

Kontinuität bedeutet, dass im Film der gleichmäßige Fortgang der Handlung zu sehen ist. Weiterhin muss auch der Inhalt verständlich und plausibel sein. Als Stilmittel für den richtigen Rhythmus bietet sich zum einen die Szenenlänge an. Außerdem müssen Sie mit dem Camcorder immer nah ran an die Motive. Nur so können Sie zeigen, was wichtig ist. Auch der ausgewählte Kamerastandort und die daraus resultierende Perspektive sowie die Verkürzung der Handlung durch unsichtbare Zeitsprünge helfen mit, die Handlung im Reisefilm voranzubringen und ihn schlüssig zu präsentieren.

Jeder Reisefilm ist ein Abbild der Wirklichkeit. Damit die Illusion auch perfekt gezeigt werden kann, sind ein paar Zutaten notwendig. Neben verständlich aufgebauten Szenen muss auch die Kontinuität in der Handlung stimmen oder – anders ausgedrückt – der rote Faden muss vorhanden sein.

Rhythmus schaffen

Jede Reportage und jede Erzählung setzt sich aus verschiedenen Bildern zusammen. Wenn wir mit unseren Augen zum Beispiel die Fischer vor dem kleinen Hafen an der sizilianischen Küste beobachten, suchen wir uns aus der Fülle der Eindrücke immer diejenigen Bilder heraus, die das Wesentliche zeigen. Natürlich können Sie mit dem Camcorder die Sehweise der Augen imitieren. Doch allzu wörtlich sollten Sie den Vorschlag nicht nehmen, denn das hätte dann viele Schwenks zur Folge. Schließlich bewegen wir unsere Augen beim Blick über das Motiv.

Lieber länger filmen und erst beim Videoschnitt kürzen

Mit dem Camcorder müssen Sie eine Auswahl mit den einzelnen Einstellungen und der damit verbundenen Länge treffen. Es gibt eine einfache Faustregel: Ist im Bild viel zu sehen, müssen sie länger filmen. Kann der Zuschauer den Bildinhalt schnell erfassen, weil eine Nah- oder Detailaufnahme alles zeigt, dann müssen Sie kürzere Einstellungen filmen. Wenn das unterwegs nicht immer so gelingt, wie es später im Film vorgeführt werden soll, so filmen Sie auch die Nahaufnahmen etwas länger. Kürzen können Sie beim Videoschnitt immer noch, nicht aber umgekehrt.

Abwechslung in der Filmsequenz

Die Aufnahme der einzelnen Einstellungen orientiert sich an der natürlichen Sehweise. Erst die Mischung aus verschiedenen Szenen schafft die abwechslungsreiche Filmsequenz. (Bildbeispiele: Sizilien, Italien)

Der Standortwechsel ist ebenfalls nötig um Abwechslung in die Motivfolge zu bringen. Natürlich können Sie auch mit dem Drücken der Zoomtaste am Camcorder den Bildausschnitt von fern auf nah verändern. Dennoch sollten Sie möglichst oft darauf verzichten. Die Zoomfahrt entspricht nicht der natürlichen Sehweise. Sie ist lediglich ein künstliches Stilmittel zur Überbrückung von Entfernungen, die sonst nicht bewältigt werden können.

Wichtig ist auch das richtige Timing für die Szenenlänge. Wie lang darf die Szene sein? Wann hat der Zuschauer alles gesehen, erfasst und interpretiert? Hier gibt es keine allgemein gültigen Aussagen. Am einfachsten orientieren Sie sich an der natürlichen Sehweise. Sie hilft, den richtigen Zeitpunkt für den Kamerastopp bei der Aufnahme und ebenso später beim Videoschnitt im Rahmen der Nachbearbeitung des Reisefilms zu finden.

Problematisch bleibt das Thema trotzdem, denn jeder Zuschauer reagiert anders auf die Szene. Zum einen wollen Sie Spannung erzeugen und nicht zu viel verraten, wodurch Sie eher zu kürzeren Einstellungen tendieren. Zum anderen braucht der Zuschauer Zeit, um den Inhalt der Szene vollständig zu erfassen. Jeder von uns ist nicht nur Filmemacher, sondern auch gleichzeitig Zuschauer und jeder von uns hat nun mal seine eigene Auffassungsgabe. Wichtig ist vor allem, dass Sie sich immer wieder den folgenden Hinweis ins Gedächtnis rufen: Jede Szene dient der Weiterentwicklung der Filmhandlung!

Jede Szene dient der Weiterentwicklung der Filmhandlung

Welchen Rhythmus Sie letztlich beim Videoschnitt wählen, hängt vor allem vom Thema ab. Ein emotionales Thema im Reisevideo werden Sie kürzer und impulsiver schneiden als eine Reisedokumentation. Hier entsteht aufgrund längerer Einstellungen ein beschaulicher und ruhiger Rhythmus.

Perspektiven finden

Bevor Sie auf den Auslöser drücken, sollten Sie mal das ausprobieren: Gehen Sie ein paar Schritte zur Seite, nach vorn oder zurück, und schon sehen Sie Ihr Motiv in einem anderen Blickwinkel. Dann wird vielleicht erst die räumliche Tiefe sichtbar oder ein störendes Detail im Vordergrund ist ausgeblendet. Auch die normale Sichtweise in Augenhöhe ist nicht immer der optimale Standort. Aus der Untersicht nach schräg oben gefilmt, so kann man den Himmel oder störende Häuser ausblenden. Allerdings muss die Untersicht zum Inhalt der Szene passen, oder sie

Nach Alternativen suchen

Bekannte Motive sollten Sie nicht nur als Postkartenmotive filmen. Versuchen Sie, ungewöhnliche und alternative Bildausschnitte zu finden.
(Bildbeispiele: Venedig, Italien)

dient zur Erhöhung der Spannung. Vergleichen Sie einmal die verschiedenen Einstellungen vom selben Motiv, die Sie aus verschiedenen Kamerawinkeln aufgezeichnet haben. Kontrollieren Sie die entstandenen Veränderungen im Bildinhalt und entscheiden Sie dann, welcher Bildausdruck die Szene am besten trifft und zur Fortentwicklung der Filmhandlung beiträgt.

Ein paar Stufen oder der Blick aus dem ersten Stock des Hauses helfen mit, das Motiv in seiner Umgebung zu zeigen. So erhalten Sie genügend Spielraum für die im Film folgenden neuen Schauplätze. Filmen Sie Personen, so beachten Sie, dass mit der Obersicht eine Überheblichkeit gegenüber anderen Personen entsteht. Das Gegenstück ist wieder die Untersicht, mit der man bei Personenaufnahmen die Unterwürfigkeit verdeutlicht. Es gibt noch zwei weitere Interpretationen für den Blick von oben bzw. von unten: So wird eine Aufnahme aus der Vogelperspektive mit den Begriffen Leichtigkeit und Freiheit verbunden, während man die Froschperspektive auch mit einer Bedrohung in Verbindung bringen kann.

Grundsätzlich sollten Sie immer versuchen, die Welt mit etwas anderen filmischen Augen zu sehen. Vor allem dann, wenn Sie bekannte Motive filmen. Bei neuen und für uns fremden Motiven können Sie dagegen mit den bekannten Einstellgrößen Ihren „Hauptdarsteller" vorstellen. Durch den regelmäßigen Fernseh- und Kinokonsum hat jeder Zuschauer sozusagen schon die ganze Welt bereist. So kennt sich jeder in Casablanca, Hawaii, Peking oder am Zuckerhut in Rio aus. Dennoch gelingen den Profis beim Fernsehen immer wieder spannende Reportagen. Das liegt zum einen an den ungewöhnlichen Geschichten, die sie erzählen. Aber ebenso spielen die filmischen Zutaten mit den ungewöhnlichen Bildausschnitten eine Rolle.

Mit den Farben spielen

Ein weiteres Merkmal um den Fortgang der Handlung auch optisch zu unterstützen, ist die Kontinuität der Farben. Filmen Sie zum Beispiel in Griechenland die gut erhaltenen Tempelanlagen und Ruinen, so wird die Szene von den Farben Gelb, Sand, Grau und dem Himmelsblau beherrscht. Die bunten Farbtupfer in der Szenerie sind dann lediglich die Touristen mit ihrer Bekleidung. Sie sollten die Besucher nicht nur wegen der Farbtupfer in die Bilder einbeziehen. Sie beleben die stillen Szenen und machen auch gleichzeitig die Größenverhältnisse deutlich.

Dominante Farben halten die Videofilmteile zusammen

Weichen Sie von Szene zu Szene von den Grundfarben ab und lassen Sie damit deutliche Farbsprünge zu, so stört das nicht nur die Farbharmonie. Sie unterbrechen damit auch die Stimmung in dieser Szenenfolge. Farben sind bekanntlich Stimmungsträger und so kann ein dominanter Farbton, der in der Sequenz ständig vorkommt, den ganzen Videofilmteil optisch zusammenhalten. Deshalb wirken auch so viele Sonnenuntergänge besonders stark, wenn die Szene zum einen aus mehreren Einstellungen besteht, in denen sich die Sonne langsam dem Horizont nähert, aber auch Personen mit einem tiefroten Touch vor schwarzen Silhouetten gezeigt werden.

In diese Betrachtung gehört auch die Kontinuität des Lichts. Gemeint sind damit die Helligkeitskontraste. Zu große Unterschiede stören den Ablauf der Szene. Bei Städteaufnahmen kann man sie sehr schnell erhalten. Je nach Blickwinkel und Sonnenstand ist mal viel oder mal wenig Licht in der Straßenschlucht zu sehen. Dementsprechend öffnet oder schließt sich die Blende. Sie können sehr leicht gegensteuern, wenn Sie den Bildausschnitt vor der Aufnahme in Ruhe betrachten, ihn gegebenenfalls mit der Zoomtaste ein wenig korrigieren und erst dann filmen.

Zeit und Raum überbrücken und damit die Filmhandlung voranbringen, können Sie mit den entsprechenden neutralen Aufnahmen, auch

Farben sind Stimmungsträger
Während allzu bunte Bilder leicht unruhig wirken, machen große Farbflächen die Szene kompakter. Die Aufnahmen von den Tempelanlagen auf der Akropolis in Athen sind ein Beispiel für die Dominanz einer Farbe.
(Bildbeispiele: Athen, Griechenland)

Zwischenschnitte genannt. Auch mit digitalen Blenden, die Sie möglichst erst beim Videoschnitt zwischen den Szenen platzieren, erzeugen Sie gelungene Übergänge. Erst dann sehen Sie, ob und wenn ja welche Blende zum Filminhalt passt. Weitere Varianten sind die Aus- und Einblendung nach Weiß oder Schwarz und die Zoomfahrt in die Unschärfe mit anschließender Aufnahme in umgekehrter Reihenfolge, die zu einer anderen Zeit oder an einem anderen Ort beginnt.

Mit all diesen sanften Schnitten erreichen Sie die Kontinuität im Handlungsablauf, und der Reisefilm wird dabei kontinuierlich weitergeführt. Ein wenig ins Hintertreffen geraten ist der berühmte „rote Faden", der sich immer durch einen Film zieht. Das ist aber nicht weiter schlimm, denn er ist fast immer von allein vorhanden. Das kann das fremde Land sein, durch das Sie drei Wochen reisen. Das kann die Fahrtroute, das Urlaubshotel mit seinen Anlagen oder das Tempelfest sein, an dem Sie teilnehmen. Hier sind es die Aktivitäten, welche die durchgängige Linie im Reisefilm aufzeigen.

Schwerpunkte setzen

- Subjektiv betrachtet
- Die Kunst des Weglassens
- Gute Filme entstehen im Kopf
- Die Kontinuität im Reisefilm
- Geschichten erzählen
- Die Wirkung des Films auf die Zuschauer
- Die besten Jahreszeiten

Geschichten erzählen

Das Thema selbst, der Zielort, das Land oder die Kreuzfahrt auf einem Traumschiff kann allein schon attraktive und ungewöhnliche Filmgeschichten liefern. Doch eine gute Geschichte muss ebenso gut erzählt werden. Denken Sie dabei bitte auch immer an Ihr Publikum. Den Reisefilm erstellen Sie zwar vorrangig für sich selbst als erlebte Erinnerung. Doch zeigen wollen Sie ihn auch immer wieder gern der Familie, den Freunden und Bekannten. Deshalb ist auch die Art und Weise wie die Zuschauer die Geschichte erleben, zu beachten. Was die Zuschauer vom Reiseziel wissen, was Sie ihnen direkt oder indirekt mitteilen, wie Sie die Spannung aufbauen und wie Sie bei Ihrem Publikum mit interessanten Videoszenen das Interesse am Film wachhalten, all das ist wichtig für die Erzählweise.

Das Ziel jeder Filmarbeit ist, mit Bildern interessante Geschichten zu erzählen. Der Begriff „Geschichte" ist dabei nicht wörtlich zu nehmen. Der Reisefilm muss nicht zwangsläufig eine Handlung im literarischen Sinn haben. Auch Reisereportagen, Urlaubsfilme und Reisedokumentationen erzählen eine Geschichte.

Im Mittelpunkt steht nicht nur die Reise, sondern auch der Zuschauer

Dass Sie nicht unbedingt bei den Aufnahmen unterwegs in der weiten Welt an Ihr späteres Publikum denken, ist verständlich. Denn unterwegs erliegen Sie sehr schnell der Flut von Eindrücken und Motiven. Wer dann kein Konzept dabei hat, dem fällt es schwer, das Wesentliche vom Belanglosen zu unterscheiden. Dennoch haben Sie unterwegs und vor allem später beim Videoschnitt immer Ihre Zielgruppe, die späteren Zuschauer, im Blick. Mit dieser Vorgehensweise können Sie die Zuschauer beeinflussen und in Ihren Bann ziehen. Sie bestimmen letztendlich als Geschichtenerzähler die Richtung im Reisefilm.

Die Rahmenhandlung

Wichtig ist, dass der Film einen Anfang, einen oder mehrere Höhepunkte und ein Ende hat. Mit einem möglichst attraktiven oder originellen

Der rote Faden
Die Fahrt auf einem Motorsegler durch die griechische Inselwelt bildet die Rahmenhandlung. Tagsüber steht das Bordleben im Mittelpunkt. Erst am späten Nachmittag wird wieder eine der Inseln angelaufen.
Wenn Sie vorbeifahrende Boote oder die Einfahrt in den Hafen der Insel filmen, so sollten Sie immer ein Stück vom eigenen Schiff im Bildvordergrund zeigen. Damit erhält die Szene die optische Tiefe, die sogenannte dritte Dimension
(Bildbeispiele: Griechenland)

Einstieg kann und sollte jeder Film beginnen. Deshalb werden Sie sich auch einige Gedanken über den Sinn der Rahmenhandlung machen, denn nur so können Sie die Geschichte „rund" erzählen.

Mit Ihrem ausgewählten Reisefilmthema wollen Sie das Charakteristische und das Typische des Landes, seiner Bewohner oder ihrer Kultur im Video festhalten. Deshalb bieten sich beim Urlaubs- und Reisefilm verschiedene Stilmittel an. Zum Beispiel kann die zeitliche Reihenfolge einer Reise unter Einbeziehung der Reiseroute in Form von Zwischenschnitten der Landkarte dargestellt werden. Die Schilderung im Tagebuchcharakter bearbeitet das jeweilige Thema selektiv, wobei das Tagebuch in den Bildern oder auch nur im Kommentartext vorkommen kann.

Im Mittelpunkt des Films kann auch eine Person stehen, die Sie vorstellen und porträtieren wollen. Ebenso kann ein Fest oder eine andere Feierlichkeit der Grund Ihres Reisefilms sein. Auch diese Personen oder Ereignisse liefern genügend Stoff für die Rahmenhandlung.

Jede Episode im Reisevideo erzählt eine Geschichte

Sie können auch Überraschungen in die Rahmenhandlung einbauen, mit Rückblenden arbeiten oder mithilfe der Parallelmontage unterschiedliche Handlungsstränge nebeneinander zeigen, die sich dann einem gewünschten Punkt im Film treffen und so die Spannung auflösen.

Innerhalb des großen Spannungsbogens teilen Sie Ihr Reisevideo in viele kleine Episoden auf. Auch diese Filmteile beginnen mit einer Einleitung, danach folgt die detaillierte Handlung, die zum Schluss zum nächsten Themenkomplex hinüberleitet. Ereignet sich in solch einer Episode ebenfalls viel, dann können Sie auch diese Motivteile wiederum in kleine Geschichten verpacken. Aneinander gereiht ergeben all die kleinen Erzählungen dann den interessanten und abwechslungsreichen Reisefilm.

Allein schon aus dieser Aufzählung wird deutlich, dass der Vorausplanung eine größere Bedeutung zukommt. Es lohnt sich immer, bereits vor dem ersten Dreh ein Konzept zu haben. Ein schlichter Stichwortzettel für unterwegs reicht meistens aus, um den „roten Faden" nicht zu verlieren.

Die Montage

Obwohl Sie sich an die Vorschläge und das Stichwortkonzept gehalten haben und unterwegs nicht einfach so drauf los filmen, kommt der Montage und damit der Nachbearbeitung zu Hause beim Videoschnitt dennoch eine große Bedeutung zu. Denn erst dann setzen Sie die Szenen zusammen und formen den Film. Die einfachste Form besteht aus den

frei und impressiv hintereinander geschnittenen Aufnahmen. Sie beschreiben die Orte, die Landschaften und Ereignisse, all das, was Sie auf Ihrer Reise gesehen haben. Natürlich sind Zeit- und Ortswechsel vorhanden. Doch die sieht der Zuschauer aufgrund der logischen Aneinanderreihung der Szenen und der damit verbundenen filmischen Konti-

Insel-Episoden

Im Hafen der Insel angekommen, besucht die erste Gruppe den Hauptort. Das Leben rund um den Markt und in den Gassen bietet viele Videomotive. Die letzten Sonnenstrahlen tauchen die Szenerie an diesem Spätnachmittag in ein warmes Licht. Die zweite Gruppe besichtigt die antiken Stätten am anderen Ende der Insel. Wenn Sie beide Ausflüge gefilmt haben, so können Sie die beiden Erlebnisinseln hintereinander montieren oder aber dem Zuschauer auch als Parallelmontage anbieten. Dann setzen Sie die einzelnen Szenenblöcke abwechselnd hintereinander. Am Ende führen beide Handlungen wieder zusammen, wenn sich die Gruppen am Liegeplatz des Bootes treffen.
(Bildbeispiele: Insel Poros, Griechenland)

nuität nicht. Vor allem die neutralen Zwischenschnitte helfen mit, Bildsprünge zu vermeiden und die reale Zeit auf eine dem Filmtempo angemessene filmische Zeit im Sinn einer gekonnt erzählten Geschichte zu verkürzen. ◐

Antike Stätten

Die Sequenz vom Besuch der antiken Stätten ist vor allem geprägt von Nah- und Detailaufnahmen. Es sind stille Motive, die Sie dort vorfinden. Deshalb können Sie sich auf eine gute Bildgestaltung konzentrieren. Die hochformatigen Säulen filmen Sie am besten mit einem Vertikalschwenk, bevor Sie weitere Details in den nächsten Einstellungen zeigen.
(Bildbeispiele: Insel Ägina, Griechenland)

Schwerpunkte setzen

- Subjektiv betrachtet
- Die Kunst des Weglassens
- Gute Filme entstehen im Kopf
- Die Kontinuität im Reisefilm
- Geschichten erzählen
- Die Wirkung des Films auf die Zuschauer
- Die besten Jahreszeiten

Die Wirkung des Films auf die Zuschauer

Haben Sie nicht auch schon Filme gesehen, wo Sie sich im Nachhinein die Frage stellten: „Was wollte uns der Autor damit sagen?". Die Feststellung verdeutlicht, dass der Film nicht verstanden wurde. Oder er wirkte nicht so schlüssig, informativ oder unterhaltsam, wie Sie sich das als Zuschauer anhand des Titels vorgestellt hatten.

Ein Reisefilm muss neugierig machen! Egal, ob ein bekanntes Urlaubsparadies wie die Karibik oder uns unbekannte Alltagsprobleme aus dem fernen China präsentiert werden. Deshalb kommt der Dramaturgie im Film eine besondere Bedeutung zu.

Liegt die Ursache in der Sichtweise der Zuschauer oder haben Sie als Reisefilmer bei der Realisierung des Films etwas übersehen oder falsch gemacht? Mit welchen Zuschauerreaktionen müssen Sie als Filmemacher eigentlich rechnen?

Wenn wir diese Frage beantworten wollen, müssen wir uns zuerst einmal mit dem dramaturgischen Aufbau der Geschichte und der Handlung im Film beschäftigen. Eine Reisereportage oder ein Expeditionsbericht

Gefühle wecken sollen nicht nur chronologisch „dahin plätschern". Ein Film lebt immer vom Wechselspiel aus Spannung und Entspannung. Mit dem Aufbau Ihrer filmischen Geschichte wollen Sie außerdem Hoffnung, Neugierde und Erstaunen beim Zuschauer erzeugen, und damit das Gefühl vermitteln, dass sich die Filmhandlung vorwärts bewegt. Dazu benötigen Sie natürlich auch Ihre Erfahrungen aus vergangenen Filmprojekten und detaillierte Informationen über das Land, den Ort und die Gegend, die Sie bereisen. Das Ziel all Ihrer Bemühungen ist neben der inhaltlichen Themenvermittlung auch, das Interesse des Zuschauers wachzuhalten.

Neugierde wecken

Eine spannende Unterhaltung wünscht die TV-Ansagerin im Fernsehen nicht nur bei der Ankündigung eines Krimis. Auch bei Reisereportagen können Sie diesen Satz oft hören. Die Spannung ist kein Element, das direkt im Film eingesetzt werden kann. Es ist das Resultat einer durchdachten Erzählstruktur, die auf Neugierde und Absichten aufbaut. Zuerst setzen Sie auf die Neugierde des Zuschauers, indem Sie ihm attraktive Szenen und Bilder anbieten. Die Neugierde lässt den Zuschauer hinsichtlich des Ziels im geschilderten Vorgang rätseln. Ist in den nächsten Einstellungen das Ziel dann deutlich zu erkennen, entsteht zwangsläufig die Spannung. Denn nun möchte der Zuschauer wissen, wie die Handlung im Filmabschnitt ausgeht.

Die Episode beginnt mit Schuss und Gegenschuss
Der Blick aus dem drehbaren Restaurant des Skylon-Towers hinunter auf den kanadischen Teil der Niagarafälle weckt Neugierde.
Die zweite Einstellung aus der Normalsicht vom Rand der vorbeiführenden Straße verdeutlicht die Macht des tosenden Wassers durch die unüberhörbare Tonkulisse.

Spannung aufbauen

In der dritten Szene wird die Neugierde gesteigert und die Spannung erhöht. Ein Passagierboot ist dort unten sichtbar, dass sich dem Wasserfall nähert. Mit dem Teleobjektiv werden die in blauen Regenumhängen gekleideten Touristen auf der „Maid of the Mist" herangezoomt. Welcher Zuschauer möchte da nicht gern an Bord sein und das Spektakel miterleben.

Die Zuschauer teilhaben lassen

Nach der Zoomfahrt wird die nächste Einstellung vor Ort auf dem Boot gefilmt. Zu sehen sind die Touristen mit Blick auf den Wasserfall. Jetzt kommt Dynamik in die Szenenfolge, denn das Boot nähert sich bei laufender Kamera immer mehr der tosenden Wasserwand. Mit der Wahl verschiedener Bildausschnitte können Sie die Spannung noch erhöhen. Schauen Sie mit dem Camcorder auch in die angespannten Gesichter der erwartungsfrohen Touristen.
Achtung: Der Camcorder muss in einer Unterwassertasche oder zumindest in einem Plastikbeutel mit einem Objektivloch geschützt werden, denn nass ist es überall auf dem Boot.

Ausklang

Später gefilmte Einstellungen von einem sicheren Platz seitlich des Wasserfalls können Sie zur Abrundung der stürmischen Sequenz anfügen und so den dynamischen Filmteil ausklingen lassen.
(Alle Bildbeispiele: Niagarafälle, Kanada)

Um den Spannungsbogen weiter anzuziehen, sollten Sie noch ein paar Schwierigkeiten einbauen, die den Zuschauer zweifeln lassen, ob der Film oder die Sequenz auch zu einem guten Ende kommt.

Ein Beispiel soll das verdeutlichen: „Mit dem Motorrad in die Sahara", so lautet der Titel der spannenden Reisereportage. In der Einleitung berichtet der Autor von der geplanten Tour und er stellt dabei sein Motorrad und seine Reisevorbereitungen im Detail vor. Nun folgen die Fahraufnahmen vom langen Weg aus dem Norden Europas an die italienische Küste. Wir sehen den Transport auf die Fähre und die Überfahrt zum afrikanischen Kontinent.

Das Wechselspiel von Spannung und Entspannung

Bereits in diesem Filmteil kommen die einzelnen Stilmittel vor. Die Neugierde entsteht, als wir erfahren, was der Autor vorhat. „Das wird ein spannender Film!". Die Motorradszenen vom langen Weg über die Alpen und hinunter zur Südspitze des italienischen Stiefels lassen Zweifel aufkommen. „Ob das Motorrad diese lange Tour wohl durchhält?" Am Fährhafen folgt die Auflösung. „Das erste Etappenziel ist erreicht".

Im Hauptteil des Films sind die Aktivitäten auf den einzelnen Sandpisten mit dynamischen Fahraufnahmen, Nachtlagern im Zelt und die technischen Probleme bei den verschiedenen Pannen innerhalb der Gruppe zu sehen. So wechseln sich flott geschnittene Fahraufnahmen, hektische Reparaturszenen und ruhige Einstellungen bei den Besichtigungen diverser Sehenswürdigkeiten und Orte ab. Mal bleibt der Zuschauer bei so viel Hektik und Erlebnissen wach, mal kann er ruhig den besinnlichen Einstellungen folgen. Neben dieser Abwechslung in der Szenenfolge kommt auch immer wieder die Spannung und Entspannung selbst in den kleinsten Filmbausteinen zum Tragen. Über allem steht bis zum glücklichen Filmende die Frage nach der sicheren Heimkehr. Mit dieser beispielhaften Schilderung wird deutlich, dass die Spannung erst durch die zu erwartenden Schwierigkeiten entsteht.

Natürlich werden Sie diese Gestaltungsmöglichkeiten vollständig erst beim Videoschnitt und damit bei der Fertigstellung des Films durchführen können. Trotzdem brauchen Sie das entsprechende Videomaterial und deshalb müssen Sie sich über den Themenkomplex Neugierde-Spannung-Entspannung auch schon während der Aufnahmen Gedanken machen und die entsprechenden Szenen filmen.

Bei der Montage der Videoszenen und ebenso mit der Kommentierung des Erlebnisvideos erreichen Sie, dass beim Zuschauer immer eine Spur von Zweifel erhalten bleibt. Absichten und Zweifel sollten sich möglichst die Waage halten. Überwiegen die Absichten, so ist dem Zuschauer schnell klar, dass die gesteckten Ziele erreicht werden. Domi-

nieren dagegen aufgrund der gezeigten Szenen die Zweifel zu stark, so kann das Vorhaben nicht gelingen.

Filmlängen vermeiden

Im Rahmen der Wirkung des Films auf die Zuschauer sind auch die Längen der Einstellungen und Szenen zu beachten. Weshalb Sie sich spätestens jetzt mit den Zeitsprüngen beschäftigen müssen. Diese Sprünge vollziehen sich zwischen Szenen, Sequenzen und auch in den großen Filmteilen. Die Klammer zwischen den grundlegenden Elementen des Films schaffen Sie zum einen durch die Straffung der Handlung und zum anderen durch die passenden Übergänge. Dazu gehört natürlich auch, dass Sie das Denken und Empfinden des Zuschauers in Ihr Reisevideo einbeziehen.

Die Straffung der Handlung

Am liebsten möchte der Zuschauer das Ziel und damit die Aussage im Film sofort erfahren. Viele Leser eines Buches schlagen nach dem Lesen der ersten Seiten gern das Schlusskapitel auf und wollen so die Lösung bzw. das glückliche Ende erfahren.

Der Weg ist das Ziel. Sie kennen den Satz sicherlich in einem anderen Zusammenhang. Doch auch der Film erreicht erst über seine Geschichte das Ziel. Den Weg dorthin müssen Sie mit Ihren Aufnahmen abwechslungsreich schildern. Deshalb kommt auch hier wieder die Spannung ins Spiel. Die Vorwärtsbewegung im Film erreichen Sie, wenn Sie dem Zuschauer in den einzelnen Filmabschnitten immer wieder Lösungen und Teilergebnisse anbieten. Nichts ist langweiliger, als wenn der Zuschauer nur mit einem Ziel am Filmende konfrontiert wird und er darauf fast eine Stunde warten muss. Sind zu wenige Teilziele im Reisefilm vorhanden, so ist der Vorwärtsdrang ganz schnell unterbrochen. Dann kann sich der Zuschauer mit dem jeweiligen Abschnitt nicht identifizieren und er folgt der Handlung nur oberflächlich. Dann sind Brüche und Filmlängen unvermeidbar. Beim Videoschnitt können Sie noch einiges retten, vorausgesetzt, genügend passendes Videomaterial ist vorhanden.

Zuschauerreaktionen

Ein wichtiges Kriterium ist die Fähigkeit des Zuschauers, die Vorgänge vorherzusehen. Wenn ein Tourist das Flugzeug nach New York besteigt, so führt die logisch aufgebaute Szenenfolge zu der Zuschauerreaktion,

Wiederholungen unterstreichen die Filmaussage

dass dieser Urlauber wahrscheinlich die Metropole als Reiseziel gewählt hat. Das Wörtchen „wahrscheinlich" macht aber deutlich, dass nicht jeder Zuschauer unbedingt die gleiche Reaktion haben muss. Je nach individuellem Vorwissen kann der Zuschauer unterschiedlich auf den Vorgang reagieren.

Ein Mittel derartig unterschiedliche Reaktionen zu vermeiden, sind zusätzliche Informationen, die Sie im Film zu einer Person oder zu einem bestimmten Ereignis liefern. Wenn Sie in der geschilderten Sequenz vor dem Abflug im Bild, im O-Ton und im Kommentar deutlich machen, wie der Urlauber von Los Angeles schwärmt und sich schon auf Las Vegas freut, dann weiß jeder Zuschauer, dass New York nur ein Zwischenstopp sein wird.

Um die Aussage in diesem Filmteil zu unterstreichen, helfen zum Beispiel Wiederholungen. Das kann im O-Ton geschehen. Das können die Großaufnahmen von den Flugtickets, die Kofferaufkleber und ebenso der aufgeschlagene Reiseführer sein, in dem Ihr Hauptdarsteller gerade blättert.

Tradition trifft Moderne
Überraschende Einsichten und Durchblicke können Sie filmen, wenn Sie mit einem Traditionssegler an der Küste auf moderne Containerschiffe und die Kaianlagen treffen.
(Bildbeispiele: auf der Außenweser, Deutschland)

Der Überraschungseffekt ist ein weiteres Stilmittel, das erfolgreich eingesetzt werden kann. Mit den angebotenen Informationen führen Sie den Zuschauer in eine von Ihnen gewollte Denkrichtung. Statt einer erwarteten Überraschung können Sie dem Zuschauer auch eine verzögerte Überraschung präsentieren. Sie tritt immer dann ein, wenn ein Ereignis aufgrund der Handlung eintreten soll, aber nicht stattfindet. Hier spielen Sie mit der Vorfreude, mit der Hoffnung oder sogar mit der Angst, die sich beim Zuschauer je nach Inhalt der Filmhandlung aufgebaut hat. Damit steigern Sie die Spannung. Sie sollten es aber nicht übertreiben, denn die Auflösung muss folgen.

Spielen Sie bei Ihren Reisereportagen mit den geschilderten Möglichkeiten, indem Sie die notwendigen Informationen in den Szenen und in den Kommentaren so anordnen, dass sie beim Zuschauer die entsprechende Reaktion oder Vorausahnung bewirken. Denn der Film ist nur selten zum Selbstzweck als Erinnerung an die Erlebnisse in fernen Ländern entstanden. Sie und Ihr Film brauchen auch immer das Publikum!

Der Überraschungseffekt

Schwerpunkte setzen

- Subjektiv betrachtet
- Die Kunst des Weglassens
- Gute Filme entstehen im Kopf
- Die Kontinuität im Reisefilm
- Geschichten erzählen
- Die Wirkung des Films auf die Zuschauer
- Die besten Jahreszeiten

Die besten Jahreszeiten

Jedes Land hat natürlich seine besten Jahreszeiten, je nachdem ob Sie den dortigen Sommer oder den Winter für Ihr Filmthema bevorzugen. Folglich müssen Sie sich entsprechend darauf einstellen, indem Sie neben der richtigen Bekleidung auch an die Bedürfnisse des Camcorders denken.

Das beginnt im Winter bei den extrem niedrigen Temperaturen, die im Zielgebiet herrschen können. Dann muss der Camcorder in der Videotasche warm gehalten werden. Die Kälte bewirkt einen Spannungsabfall bei den Akkus. Deshalb sollten Sie an sehr kalten Tagen immer einen Satz aufgeladene Ersatzakkus dabei haben und sie warm, vorzugsweise in der Jackentasche am Körper, aufbewahren. Ein weiteres Problem kann die Ansammlung von Kondensierungsfeuchtigkeit auf dem kalten Camcorder beim Eintritt in einen warmen Raum sein. Dann müssen Sie warten, bis sich Ihr Camcorder der Raumtemperatur angepasst hat.

Ein attraktives Reiseziel hat immer Saison. Da spielt die Jahreszeit nur eine untergeordnete Rolle. Reisefilmer setzen ihre Prioritäten nach anderen Kriterien. Das zu bereisende Land, die Menschen und ihre Feste und die Alltagsgeschichten stehen im Mittelpunkt der Reisereportagen.

Im Sommer kann in wüstenähnlichen Gegenden der allgegenwärtige feine Sand zu Problemen führen. Dann müssen Sie vor allem den Kassettenschacht nach dem Einsetzen der Videokassette oder der DVD mit Klebeband luftdicht verschließen. Offen in der Sonne liegen lassen sollten Sie Ihren Camcorder natürlich auch nicht. Die Hitze kann dem Gerät schaden.

Licht und Farben

Jede Jahreszeit hat ihren eigenen Lichtcharakter. Im Frühling sind es die hellen und frischen Farbtöne, die heiter stimmen. Im Sommer erstrahlen kräftige Farbtöne in der Natur; der Herbst bevorzugt gedeckte Farben

Die Farben des Jahres

Jede Jahreszeit hat ihren eigenen Farbcharakter. Die größte Wirkung erzielen Sie mit den entsprechenden Nahaufnahmen. Der Frühling lebt von den hellen Farben. Im Sommer dominieren die kräftigen Farbtöne, die sich im Herbst in die rot verfärbten Blätter verwandeln, bevor das Weiß des Winters in den Mittelpunkt rückt. Das Gegenlicht und die tiefhängenden Wolken über dem Bergsee sind die Zutaten für bessere Videoszenen. (Bildbeispiele: Deutschland)

und die Wintermonate zeigen sich in den kalten Farbtönen. Vorzugsweise dominieren dann die Farben Weiß, Blau und Grau.

Auch in diesem Zusammenhang wieder ein technischer Hinweis: Wenn Ihr Camcorder den Weißabgleich zusätzlich manuell ermitteln kann, so sollten Sie diese Variante bevorzugen. Im Gegensatz zur Weißabgleichsautomatik zeichnet der Camcorder die Farben dann noch naturgetreuer auf.

Auch die jeweilige Tageszeit hat einen großen Einfluss auf die Wiedergabe der Farben. Mit dem Sonnenstand verändert sich die farbliche Zusammensetzung des Lichts. Morgens und am späten Nachmittag wirken die Farben warm, harmonisch und romantisch. Um die Mittagszeit dominieren kalte und bläuliche Farben.

Wenn Landschaftsaufnahmen im Mittelpunkt der Videosequenz stehen, sollten Sie nach Möglichkeit das Motiv genau beobachten. Dann haben Sie auch die Chance, den besonderen Moment einzufangen, in dem das Licht die Landschaft in einen besonderen Farbton taucht. Eine noch stärkere Bildwirkung erzielen Sie, wenn Sie den Regen, den Dunst und die Nebelschwaden in die Bildgestaltung einbeziehen. Sie bringen erst die Atmosphäre in die Videoszene. So verbindet der Zuschauer die schottische Landschaft oft mit Nebel und Moor, während er die Strandszenen rund um das Mittelmeer nur mit Sonnenschein verbindet.

Der besondere Moment
Wenn die ersten Sonnenstrahlen die Spitzen der Berge erklimmen, entstehen reizvolle Hell-/ Dunkeleffekte aus Licht und Schatten. Das Seitenlicht modelliert nicht nur die Häuser am Hang, sondern auch die Natur und die umliegenden Berge.
(Bildbeispiele: Gran Canaria, Spanien)

Auch bei den Aufnahmen am Meer müssen Sie die Tageszeit mit ihrem Licht berücksichtigen. Zur Mittagszeit schickt die Sonne kurze steile Schatten auf die Motive. Die räumliche Wirkung geht verloren. Dann sollten Sie auch Porträtaufnahmen von Personen vermeiden, denn dunkle Schatten in den Augen ergeben unattraktive Szenen.

Im Gebirge haben Sie bei Ihren Aufnahmen oft mit den Dunstschleiern zu kämpfen. Durch große Temperaturunterschiede kommt es nach einer kalten Nacht schnell zum morgendlichen Dunst, der auch noch zur

Die Realität akzeptieren

Nicht immer können Sie auf den optimalen Sonnenstand warten. Dann müssen Sie die Schattenanteile in der Videoszene akzeptieren. Achten Sie darauf, dass dann der hellere Motivbereich dominiert, dann ist die korrekte Belichtung gesichert. Auch vor dem wolkenverhangenen Himmel kann das Urlaubshotel realistisch in Szene gesetzt werden. Diese Lichtstimmung gehört ebenso zu den Urlaubstagen wie die Sonnen- und gelegentlichen Regentage.
(Bildbeispiele: Malchesine, Gardasee, Italien, und Gran Canaria, Spanien)

Mittagszeit vorhanden sein kann. Haben Sie die Wahlmöglichkeit, so bevorzugen Sie die Nachmittagsstunden für die Videoaufnahmen. Dann werden die Lichtkontraste schwächer und das Licht ist wärmer. Alternativ und zusätzlich sollten Sie auch Aufnahmen mit aufgesetztem Polarisationsfilter machen und später beim Videoschnitt die passende Auswahl treffen. Die Gipfel der Berge sind oft nur in den Morgenstunden wolkenfrei und nach Gewittern. Ebenso haben Sie bei Föhn die besten Fernsichten.

Filmen bei Regen und Gewitter kann ebenso eine attraktive und vom Filminhalt her notwendige Variante sein. Der Monsun und die Regenzeit auf dem indischen Subkontinent sind bekannte Beispiele. Gut geschützt in einer Unterwassertasche oder gut beschirmt kann der Camcorder trotzdem auf die Videopirsch gehen.

Natürlich schafft das unerfreuliche Wetter mit seinem düsteren und fahlen Licht ganz andere Lichtstimmungen. So mancher Reisefilmer wird später von seiner Videoernte begeistert sein. Vor allem dann, wenn er das Regentypische wie die Spiegelungen in den Pfützen, die Sturzbäche auf den Straßen, die Regenschirme, die Wassertropfen auf den Pflanzen und die sich spiegelnde Neonreklame auf den nassen Straßen bei Dunkelheit in die Videoaufnahmen einbezieht.

Licht und Schatten

Aus all den Schilderungen wird deutlich, dass Sie das Licht und seine Schattenbildung als wichtiges Gestaltungsmittel bei Ihren Aufnahmen nutzen sollten. Licht schafft zum einen Stimmungen und es erzeugt zum

anderen die dritte Dimension, die Illusion von Räumlichkeit. Jede Lichtstimmung hat ihre Eigenart und Auswirkung auf die Szene.

Seitenlicht modelliert das Motiv. Es zeigt Erhebungen und Vertiefungen und lässt die Strukturen von Oberflächen deutlich hervortreten. Deshalb sollte es bevorzugt zum Einsatz kommen. Allerdings stimmen Wunsch und Wirklichkeit nicht immer überein. Manchmal müssen Sie das vorhandene harte und direkte Licht akzeptieren. Das gilt auch für das Vorderlicht, wenn sich die Sonne hinter Ihnen befindet. Zwar leuchten die Farben dann am intensivsten, aber die Strukturen fehlen im Bild. Das Gegenlicht, das direkt von vorn auf das Objektiv des Camcorders scheint, ist schwer zu bewältigen. Das Motiv wird zu dunkel oder sogar nur als Silhouette abgebildet. Mit der manuellen Belichtungseinstellung oder mit dem entsprechend einstellbaren Motivprogramm am Camcorder können Sie das Hauptmotiv aufhellen, während dann der Hintergrund überstrahlt wird. Prädestiniert ist das Gegenlicht für durchsichtige Motive wie Blätter, Textilien und ähnliche Details.

Lichtvariationen

Mischlicht, wie es kurz vor Einbruch der Dunkelheit auftritt, wenn Neonlicht die Straße zusätzlich erhellt, schafft immer Probleme mit dem Weißabgleich des Camcorders. Hier sollten Sie den Bildausschnitt für den bildwichtigen Motivteil so wählen, dass nur eine Lichtquelle dominiert. Das gilt ebenso bei Innenaufnahmen, wenn drinnen Lampenlicht vorherrscht und durch die großen Fenster noch Tageslicht zu sehen ist.

Optische Effekte, die durch das Licht bei Außenaufnahmen entstehen, erhöhen die Ästhetik im Bild und damit im Film. Da Sie unterwegs sowieso keine Filmleuchten dabei haben, mit denen Sie Lichtstimmungen zaubern könnten, lohnt sich der aufmerksame Blick in die Umgebung. Auch dort finden Sie genügend Anregungen.

Durch die Bäume mit ihren Ästen und Blättern wird zum Beispiel ein geschecktes Sonnenlicht auf das Motiv geworfen. Ist genügend Wind vorhanden, so entstehen bewegte Momente von Licht und Schatten. Das diffuse Licht erzeugt aber auch farblich veränderte Aufnahmen, die unter diesen Lichtbedingungen voll akzeptabel sind.

Die Lichtqualität

Zum Schluss des Kapitels wollen wir den unterschiedlichen Farben des Lichts auf den Grund gehen.

Das Licht ist nicht weiß oder farblos, obwohl wir es in dieser Form wahrnehmen. Wir können uns mit unseren Augen darauf einstellen und laufend der jeweiligen Farbsituation anpassen. Tatsächlich verändert sich das Licht vom kräftigen Gelb am Morgen über das Blau des Mittags bis hin zum Orange am Nachmittag. So muss die tief stehende Nachmittagssonne unsere Lufthülle auf einem langen Weg durchdringen. Dabei absorbiert der Dunst die kurzwelligen Spektralanteile mit der Folge, dass nur die langwelligen roten Anteile zum Motiv gelangen und so das Motiv mit einem rötlichen Touch erstrahlt.

Der Weißabgleich

Im Video- und TV-Bereich benötigt man den Weißabgleich zur regelmäßigen Anpassung der jeweils vorherrschen Farbtemperatur, damit zu allen Tageszeiten stets eine weiße Fläche auch in der Farbe Weiß zu sehen ist. Deshalb misst die Elektronik auch in unseren Camcordern ständig die vorherrschende Farbtemperatur über einen Sensor und setzt das Ergebnis in die entsprechende Farbwerte um.

Mit dem Begriff Farbtemperatur sind die Anteile der Farben Rot, Grün und Blau unter unterschiedlichen Beleuchtungsverhältnissen gemeint. Als Bezeichnung wird der Begriff Kelvin (K) verwendet. Hier nun ein paar Beispiele zur Orientierung: 1000 K = Kerzenlicht, 5000 K = Sonnenlicht, 7000 K = stark bewölkter Himmel und 10000 K = blauer Himmel.

Mit der im Camcorder eingebauten Weißabgleichsautomatik versucht die Elektronik ständig, die Anpassung an die Farbtemperatur zu erreichen. Das gelingt ihr nur für die überwiegend vorkommenden Lichtverhältnisse zwischen 2000 und 7000 K. In den frühen Morgen- oder späten Nachmittagsstunden, bei Neon- oder Kunstlicht, da stößt die Weißabgleichsautomatik schnell an ihre Grenzen. Hier gilt es gegenzusteuern und dazu braucht man den manuellen Abgleich. Zum Beispiel in Form von Festwerten für Tages-, Kunst- und Leuchtstoffröhrenlicht, die per Tastendruck gewählt werden können. Noch präziser gelingt die Farbwahl mit dem echten manuellen Abgleich, indem man das Objektiv auf eine weiße Fläche oder ein DIN-A4-Blatt richtet beziehungsweise den weißen Deckel auf das Objektiv setzt und die entsprechende Taste drückt. Der gefundene Farbwert wird daraufhin von der Elektronik gespeichert. Doch Vorsicht: Ändern Sie den Bildausschnitt oder Sie filmen zu einer anderen Zeit und damit später weiter, so kann sich auch die Farbtemperatur inzwischen geändert haben. Dann müssen Sie den manuellen Abgleich erneut vornehmen oder Sie schalten wieder zurück in die Automatik.

Am besten, Sie machen vor Ihrer großen Reise Probeaufnahmen zu Hause und zu den verschiedenen Tageszeiten, mal mit und mal ohne Automatik. So lernen Sie nicht nur Ihren Camcorder besser kennen, Sie sammeln auch die nötigen Erfahrungen, um unterwegs richtig auf die jeweiligen Lichtverhältnisse reagieren zu können. ◐

Städte und Bauwerke

- Der Blickpunkt
- Dynamische Perspektiven
- Zwischen Tradition und Moderne
- Sehenswürdigkeiten ins rechte Licht gerückt

Der Blickpunkt

In fast jeder Szene platzieren Sie – oft unbeabsichtigt – einen Blickfang. Sie filmen zum Beispiel ein Denkmal, die Kirche, die schöne Häuserfront oder das mit Blumenkästen geschmückte Fenster. Das jeweilige Motiv platzieren im Zentrum des Bildausschnitts und schon haben Sie Ihren Blickfang.

Der Blickfang ist wichtig, denn er leitet die Aufmerksamkeit des Zuschauers und entscheidet auch darüber, ob ihn die Szene anspricht. Statt von Blickfang kann man auch vom bildwichtigen Element oder vom Hauptelement sprechen. In dem Zusammenhang ist es auch wichtig, ob das Hauptelement ein bekanntes oder noch unbekanntes Motiv ist. Bekannte Motive kann der Zuschauer schneller erfassen. Da kennt er sich aus. Allerdings besteht auch die

Städte, Bauwerke und Sehenswürdigkeiten stehen als Filmmotive bei Reisefilmern hoch im Kurs. Damit die Aufmerksamkeit der Zuschauer trotz der bekannten und schon häufig gesehenen Motive erhalten bleibt, sollten Sie bei Ihren Videoaufnahmen dem besseren Bildaufbau, der gelenkten Aufmerksamkeit und der optimal aufgebauten Bildkomposition besondere Beachtung schenken.

Blickfang

Das Hauptmotiv platzieren Sie oft unbemerkt im Bildzentrum und schon haben Sie einen Blickfang. (Bildbeispiele: Weißes Haus in Washington, USA, und der Markt in Friedrichstadt, Deutschland)

Gefahr, dass er nur flüchtig hinschaut, schließlich hat er den Tower Bridge in London oder den Eiffelturm in Paris schon zu oft gesehen.

Da hilft dann nur eines: Sorgen Sie für einen interessanten Bildausschnitt, einen attraktiven Blickwinkel oder für mehrere Detailszenen, die in ihrer Gesamtheit das Motiv vorstellen.

Nach Möglichkeit sollten Sie zur Ergänzung des Hauptelements auch noch ein Nebenelement platzieren. Dann steht das Hauptmotiv nicht so dominant im Zentrum des Bildes und außerdem erweitert das Nebenele-

Haupt- und Nebenelement

Durch die Anordnung von Haupt- und Nebenelement können Sie die Auf-merksamkeit des Zuschauers lenken. Hauptelement in der Aufnahme aus Quebec, Kanada, ist das Ge-bäude im Hintergrund. Attraktiver sind jedoch die großen Blumenvasen als Nebenelemente im Vordergrund.

Im Capitol in Washington, USA, fällt der Blick zuerst auf das große Gemälde und danach auf den Zeitungsleser im linken Bildteil. Nebenelemente sind aber auch die beiden Statuen.

ment die Motivbeschreibung. Hier nun ein paar Beispiele für eine Haupt- und Nebenelementbeziehung:
- Der Brunnen und die Häuserfront auf dem Marktplatz
- Das restaurierte Haus und der neu gestaltete Eingang am rechten Bildrand
- Die Brücke über den Fluss mit ihrem großen Bogen und die Uferpromenade im Anschnitt.

Die Aufmerksamkeit lenken

Allerdings müssen Sie bei der Bildgestaltung aufpassen, dass Sie keine störenden Motive übersehen. Das wären dann ungewollte Blickpunkte. Mit den Elementen sollten Sie „spielen", indem Sie die Aufmerksamkeit und damit die Augen des Zuschauers lenken. In verschiedenen Abhandlungen und Beschreibungen kann man immer wieder lesen, dass es eine positive Blickrichtung im Bild von links unten nach rechts oben geben soll.

Die positive Blickrichtung

Sie merken schon, ich bin vorsichtig mit der Weitergabe derartiger Informationen. Denn eigenartigerweise reagieren die Zuschauer bei der Betrachtung des Films anders. Sie schauen zuerst auf das Motiv in der Szene, das ihnen am meisten ins Auge sticht. Und damit sind wir beim Hauptmotiv. Danach suchen Sie rund um das Hauptelement nach weiteren interessanten Details, nach den Nebenelementen, bevor Sie die nächste Einstellung der Szene zu sehen wünschen. Schließlich muss die Handlung voranschreiten.

Der klare Bildaufbau

Ein weiteres Kriterium im Rahmen des besseren Bildaufbaus ist die Klarheit der Einstellung. Während man in der Fotografie jedes Bild beliebig lange betrachten und interpretieren kann, ist eine Videoszene nur von relativ kurzer Dauer. Viel Zeit für die Bilderkennung bleibt da nicht und so kommt dem klaren Bildaufbau eine besondere Bedeutung zu.

Ist im Bild viel zu sehen, so wandert das Auge des Betrachters umher, versucht alles zu erfassen und herauszufinden, was der Kameramann mit der Einstellung ausdrücken wollte. Kann er das nicht erkennen, so ist er irritiert und kann bzw. will dem Handlungsablauf nicht mehr folgen.

Die Ursachen für eine derartige Bildüberladung lassen sich auf zwei wesentliche Faktoren reduzieren. Entweder es wurden im Bildraum zu viele Details angeordnet oder das Hauptmotiv wurde derart ungünstig vor dem Hintergrund platziert, dass es nicht richtig zur Geltung kommt. Deshalb muss man auch einen Blick hinter das Motiv werfen und dabei die Augen im Sucher rund um den Bildausschnitt wandern lassen. Dann kann man sicher sein, dass nichts den Bildaufbau stört.

Und so kommt der Platzierung von Hauptmotiv und Hintergrund eine besondere Bedeutung zu, die sich am besten mit der Wahl des geeigneten Kamerastandpunktes und der bestmöglichen Objektivbrennweite charakterisieren lässt.

Den richtigen Blickwinkel findet man, indem man das Motiv vor der Aufnahme umwandert, soweit dies möglich ist, und dabei auf die Wirkung von Motiv und Hintergrund achtet. Oft genügen schon ein paar Schritte zur Seite und schon zeigt sich das Motiv in einem anderen Blickwinkel. Auch die Höhe des Kamerastandpunktes kann der Kameramann variieren. Es kommt im Einzelfall immer darauf an, ob er das Motiv in eine Beziehung zum Hintergrund setzen will, um so die Tiefe und die

Der richtige Standpunkt
Mit Schuss (Besuchergruppe) und Gegenschuss (Gebäudedetail) stellen Sie den Markusplatz in Venedig vor, bevor die Gruppe sich der nächsten Sehenswürdigkeit zuwendet.

Distanz auszudrücken oder ob der Hintergrund lediglich Beiwerk ist, der stört und deshalb ausgeblendet werden soll.

Das Spiel mit der Tiefenschärfe

Damit wir unseren Blickpunkt im Bild besser präsentieren können, sind auch die Tricks mit der Tiefenschärfe sehr nützlich. Eine Szene muss nicht unbedingt von vorn bis hinten alles scharf abbilden. Gerade das Spiel mit der Tiefenschärfe erlaubt es dem Kameramann, die Aufmerksamkeit des Zuschauers gezielt auf ein Detail zu lenken.

Die Aufmerksamkeit lenken

Erinnern wir uns kurz an die Grundlagen des Videofilmens: Mit der Tiefenschärfe ist derjenige Bereich von nah bis fern gemeint, in dem eine Person oder ein Motiv scharf abgebildet wird. Zwar regelt der eingeschaltete Autofokus die Schärfe allein und präzise und manuell kann per Tastendruck oder durch Drehen am Objektivring der Schärfenpunkt ganz individuell und gezielt gesetzt werden, doch für den Schärfenbereich spielen noch andere Faktoren eine Rolle. Der Camcorder ist mit einer

Die Tiefenschärfe
Ist genügend Licht vorhanden, reicht die Tiefenschärfe aus, um alle Details des Urlaubshotels zu zeigen. (Bildbeispiel: Deauville, Frankreich).

Der Blickpunkt | 79

Faktoren für die Tiefenschärfe Belichtungsautomatik ausgestattet. Sie lässt immer nur so viel Licht auf den Aufnahmechip durch, wie zur genauen Belichtung benötigt wird. Damit wird auch die Tiefenschärfe gesteuert:
- Ist viel Licht vorhanden (zum Beispiel Sonnenlicht im Sommer), so ergibt das viel Tiefenschärfe.
- Ist wenig Licht vorhanden (zum Beispiel in der Dämmerung oder bei Regen), so ergibt das wenig Tiefenschärfe.
- Ebenso beeinflusst die jeweils am Objektiv eingestellte Brennweite die Schärfenzone. Steht das Objektiv in der Weitwinkeleinstellung (z. B. 3,5 mm), so ergibt das viel Tiefenschärfe.
- Wählen Sie die Teleeinstellung zum Beispiel mit 70 mm, so ergibt das wenig Tiefenschärfe.

In der Videopraxis spielen immer mehrere der genannten Faktoren eine Rolle. Der Idealfall in Sachen Schärfe ist also: viel Licht und die Weitwinkeleinstellung am Objektiv. Dann erhalten Sie die realistischen Szenen. Wollen Sie die Szene interpretieren, so werden Sie versuchen, das Hauptmotiv optisch vom Hintergrund zu lösen. Ein sehr gutes Gestaltungsmittel ist in diesem Zusammenhang die Schärfenverlagerung während der Aufnahme zum Beispiel von einem Motiv im Bildvordergrund auf den Hintergrund. So können Sie das Auge des Zuschauers ohne Schnitt oder Kamerabewegung führen. Diese einfühlsame Verlagerung wird der Zuschauer immer als sehr sanft und angenehm empfinden.

Optimal belichtet
Selbst die Spätnachmittagssonne hat genügend Kraft, damit der Blick auf Venedig von vorn bis hinten scharf abgebildet werden kann.

Voraussetzung für das Gelingen ist allerdings, dass der Schärfenbereich sehr gering ist. Das erreichen Sie bei Camcordern, die nur über eine Belichtungsautomatik verfügen, mit der Teleaufnahme und möglichst wenig Licht.

Viele Camcorder verfügen über die zusätzliche manuelle Beeinflussung der Belichtung. Dann können die Blendenwerte am Drehrad gezielt eingestellt werden. Eine echte manuelle Belichtung ist dies allerdings nicht, die Bezeichnung ist irreführend. Die Belichtungskontrolle öffnet oder schließt ganz einfach die Blende um den ausgewählten Wert, ohne dabei die automatische Belichtung von 1/50 sek. auszuschalten. Es werden also nur die Parameter des automatischen Belichtungssystems verändert. Damit kann dann die stufenweise Über- oder Unterbelichtung der Einstellung erreicht werden. Folglich bietet diese Variante mehr Gestaltungsmöglichkeiten als die Gegenlichttaste zur Aufhellung des Bildes. Denn hier wird die Blende einfach um einen Wert erhöht, sodass mehr Licht durch das Objektiv auf den Aufnahmechip fällt.

Die Belichtung beeinflussen

Zusammengefasst können wir festhalten, dass man sein Motiv nicht immer optimal vor einem möglichst neutralen Hintergrund platzieren kann. Man muss es in seiner Umgebung so akzeptieren, wie man es sieht. Mit den Tricks mit der Tiefenschärfe steht Ihnen aber ein Hilfsmittel zur Verfügung. Sie können den Hintergrund unscharf zeigen oder mit der Schärfenverlagerung die Aufmerksamkeit des Zuschauers auf den bildwichtigen Motivteil lenken. Durch das geschickte Spiel mit dem Hintergrund können Sie die Aussage der Szene bestimmen und deren Inhalt unterstreichen.

Von Linien und Flächen

Wenn Sie sich die Bilder und Gemälde alter Meister ansehen und diese analysieren, so werden Sie feststellen, dass die Maler wahre Könner im Darstellen der Räumlichkeit waren. Sie nutzten Linien und Flächen, um Spannungen zu erzeugen und die Dreidimensionalität darzustellen.

Das menschliche Auge hat die Eigenschaft, das Motiv mit Vorder-, Mittel- und Hintergrund zu erfassen und damit dreidimensional zu sehen. Das Kameraauge hat diese Eigenschaften nicht. Das Blickfeld des Camcorderobjektivs ist begrenzt. Die Optik erfasst nur einen Ausschnitt aus dem Ganzen und den bestimmen Sie. Sie entscheiden, was in der Einstellung wichtig ist und richten das Augenmerk des Zuschauers darauf. Folglich müssen Sie sich auf die informationsträchtigen Elemente in der

Linien und Flächen

An Häusern und Fassaden dominieren die Linien und Flächen. Mit ihnen lassen sich die Bildausschnitte attraktiv komponieren. Sie gewährend zudem oft interessante Einblicke, wie die Spiegelungen auf den Glassfassaden zeigen. (Bildbeispiele: Deutschland und London, England)

Einstellung und ihre Darstellung konzentrieren. Und dazu nutzen Sie die Linien und Flächen.

Die wichtigsten Linien für die Videoaufnahmen sind die Waagerechte, die Senkrechte und die Diagonale. Die waagerechte Linie spielt beim Horizont eine wesentliche Rolle. Folglich kommt diese Linienführung vor allem bei Landschaftsaufnahmen zum Tragen. Trotzdem muss man den Horizont auch bei Stadt- und Häuseraufnahmen beachten, schließlich zerstört ein schräger Horizont das Bild und damit die Szene.

Bei einem Stadtporträt zum Beispiel, filmen Sie neben Häusern, Denkmälern und Personen auch die Garten- und Parklandschaften und den angrenzenden See. In solchen Aufnahmesituationen müssen Sie entscheiden, ob Sie den tief liegenden oder den hoch liegenden Horizont wählen wollen. Der tiefe Horizont vermittelt Weite, Ruhe und Endlosigkeit.

Hier spielen die Wolken eine dominante Rolle. Sie müssen eine schöne Struktur oder eine interessante Färbung zeigen. Beim hohen Horizont zeigen Sie dem Zuschauer wenig Himmel, dafür viel Vordergrund. Sie lenken die Aufmerksamkeit folglich auf die entsprechenden Details im Bildvordergrund.

Es gibt aber auch imaginäre Linien. Im Vordergrund zeigen Sie die Brücke am Canale Grande in Venedig und im Hintergrund die Gondeln und Häuser. So verbindet die Brücke und die Gondeln eine imaginäre Linie. Der Zuschauer pendelt mit seinem Blick von der Brücke zu den Gondeln und zurück.

Leider gibt es nur sehr wenige Camcorder, die den Filmemacher mit einem eingeblendeten Gitterraster optisch unterstützen. Solch ein Gitter hilft mit, den schrägen Horizont zu vermeiden. Gleichzeitig kann man sich an solchen Hilfslinien auch bei der senkrechten Linienführung orientieren. Alternativ bleibt nur der geübte und kritische Blick in den Sucher beziehungsweise auf den Monitor um eine korrekte Linienführung zu erhalten.

Hilfslinien für die Bildausrichtung

Hohe Bauwerke

Am deutlichsten wird das Spiel mit den Senkrechten im Bild beim Filmen von hohen Bauwerken. Während ein Fotograf einfach das Hochformat wählt, müssen Sie solch ein Motiv in verschiedene Einstellungen auflösen. Natürlich können Sie ein hohes Gebäude in einem Stück und damit in der Totalen filmen. Doch zum einen sind Sie dann sehr weit entfernt und der Zuschauer erkennt keine Details. Zum anderen bleibt der restliche Bildraum leer oder er ist mit unwichtigen Motiven gefüllt. Die Totale ist demnach nur angebracht, wenn Sie das Gebäude in seiner Umgebung zeigen wollen.

Näher ran heißt folglich die Devise und verbunden ist damit der Vertikalschwenk. Sie können von unten nach oben zur Hausspitze schwenken, wenn dort oben etwas besonders zu sehen ist oder die Handlung dort oben fortgesetzt wird. Viel eher werden Sie das Gegenstück, den Schwenk von oben nach unten, bevorzugen. Schön langsam und vom Stativ aus gefilmt, kann die Einstellung sehr sehenswert sein. Vor allem dann, wenn Sie im unteren Bereich gleichzeitig aus der leichten Teleeinstellung wieder zurück in den Weitwinkelbereich fahren und so den Vordergrund einbeziehen. Den Autofokus schalten Sie ab und die Schärfe stellen Sie auf unendlich. So erhalten Sie bei sonnigem Tageslicht eine scharfe Aufnahme und ohne das Pumpen der Autofokusautomatik, wenn sich die Schärfenebene beim Schwenken etwas verändert.

Die stürzenden Linien sind ein weiteres Thema bei Hausaufnahmen. Sie entstehen, wenn Sie das Camcorderobjektiv nach oben halten. Die Hauswände zeigen in Richtung des oberen Bildrandes immer weiter zur

Bildmitte statt parallel geradeaus zum Bildrand. Sie entstehen, wenn die Filmebene nicht parallel zur Fassade gehalten wird. Aus diesem Grund müsste man einen erhöhten Standort suchen oder die Objektivachse neigen, was Architekturfotografen mit speziellen Shift-Objektiven und –Adaptern realisieren. Videoamateuren steht dieses Hilfsmittel nicht zur Verfügung und so akzeptieren wir diese Bildaussage als kreativen Touch, da jeder Zuschauer weiß, dass man bei diesen Aufnahmen nach oben schauen muss.

Für die Szenenübergänge können Sie neben harten Schnitten auch den Zoom in die Unschärfe für weiche Übergänge nutzen. Mit der Folge, dass die nächste Szene, die dann an einem anderen Ort spielt, aus der Unschärfe entsteht. Voraussetzung für ein gutes Gelingen ist zum einen eine lange Telebrennweite, die Sie am Camcorderobjektiv einstellen und zum andern der abgestellte Autofokus.

Stürzende Linien

Sie entstehen bei Aufnahmen von hohen Gebäuden, wenn das Camcorderobjektiv nach oben gerichtet wird. Nutzen Sie das Stilmittel, indem Sie entweder einen Vertikalschwenk durchführen oder die stürzenden Linien im Bildausschnitt überbetonen. (Bildbeispiele: New York, USA, Osaka, Japan und London, England)

Diagonalen

Die Diagonale des gefilmten Motivs schafft die Tiefe im Bild. Damit erzeugen Sie optisch die dritte Dimension in der zweidimensionalen Szene. (Bildbeispiele: London, England und Paris, Frankreich).

Die Diagonale

Ein weiteres elementares Gestaltungsmittel ist die Diagonale. Am deutlichsten wird sie beim Filmen einer Straßenfront, einer Häuserzeile oder eines großen Gebäudekomplexes, wenn Sie es nicht frontal, sondern aus einer seitlich versetzten Position aufnehmen. Mit der Diagonalen schaffen Sie die Tiefe im zweidimensionalen Bild.

Die Komposition der Szene

In einer gut gestalteten Einstellung sind die Motive so aufgeteilt, dass das Auge Harmonie und Spannung gleichzeitig empfindet. Solch eine harmonisch aufgebaute Bildkomposition erhalten Sie durch den Goldenen Schnitt und durch die Dreiteilung des Bildes. Die Regel stammt noch aus der Antike: Der größere Teil verhält sich zum kleineren wie das Ganze zum größeren Teil. In der Fotografie spielt der Goldene Schnitt als Gestaltungsprinzip immer noch eine dominierende Rolle. Die Begründung: Das menschliche Auge empfindet diese Aufteilung als besonders angenehm. Es kann im Bildraum zwischen unterschiedlichen Größenverhältnissen hin- und hersehen und trotzdem ist die Harmonie gewahrt.

Harmonie und Spannung

So entstehen harmonische Aufnahmen
Als Mittel dazu eignet sich die Dreiteilung des Bildes. Sie ziehen in Gedanken zwei senkrechte und zwei waagerechte Linien. Die Schnittpunkte eignen sich besonders zur Platzierung der Motive. (Bildbeispiele: Tokio, Japan, Washington, USA und Deutschland)

Filmermacher lehnen sich an den Goldenen Schnitt an, sind allerdings mit der Dreiteilung des Bildraumes etwas toleranter. Hier werden in Gedanken einfach in gleichen Abständen zwei senkrechte und zwei waagerechte Linien durchs Bild gezogen. Auf den Bildausschnitt bezogen, stellen wir uns neun gleich große Rechtecke vor, in die das Bild dadurch aufgeteilt wird. Die Schnittpunkte der Linien eignen sich besonders zur Platzierung der Motive. Da Video nun mal von der Bewegung lebt, wird nicht jede Einstellung und Szene durchkomponiert werden können. Da Sie aber auch immer wieder „stille" Einstellungen aufnehmen, sollten Sie sich unterwegs auf Ihren Reisen möglichst oft daran erinnern, dass das Motiv nicht in der Bildmitte, sondern im linken oder rechten Drittel platziert wird. Das hat dann natürlich zur Folge, dass der Autofokus mit seiner vorrangig mittenbetonten Messung ausgeschaltet werden muss. Die Schärfe setzen Sie manuell auf das jeweilige Hauptelement.

Zwar hat die Bildkomposition im Videofilm vorrangig eine zweckdienliche Bedeutung, da sie die notwendigen Informationen für den Fortgang der Handlung liefert. Dennoch sollte die ästhetische Komponente und die besondere Beachtung des Blickpunkts nicht vernachlässigt werden.

Städte und Bauwerke

- **Der Blickpunkt**
- **Dynamische Perspektiven**
- **Zwischen Tradition und Moderne**
- **Sehenswürdigkeiten ins rechte Licht gerückt**

Dynamische Perspektiven

Das pulsierende Leben, die vielen unterschiedlichen Kulturen und Hautfarben, die Sehenswürdigkeiten, Veranstaltungen und Feste – all das macht die Vielfältigkeit einer Metropole aus.

Konzentrieren wir uns in diesem Kapitel auf die Art und Weise, wie Sie die Häuserschluchten, die Wolkenkratzer und Straßen optisch interessant in Szene setzen können. Sicher, Ihr Stadtvideo besteht aus mehr als nur aus der Ansammlung von Häusern. So werden Sie die Stadtrundfahrten, die Märkte und Ereignisse ebenso ins Video einbeziehen, wie den Bummel auf der Einkaufsmeile und die ruhigen Momente im Stadtpark. Das sind jedoch alles Aufnahmen, die Sie mit dem Blick durch den Sucher oder auf den Monitor in Augenhöhe und damit aus der Normalperspektive filmen.

Die Mega-Städte dieser Welt zu erleben, kann ein attraktives Abenteuer für Weltenbummler sein. Solch eine Stadt, wie zum Beispiel New York oder Tokio mit dem Camcorder zu erobern, kann ein ebenso großes filmisches Abenteuer werden.

Dynamische Perspektiven
Der Blick nach oben schafft im engen Häusermeer neue Ansichten. (Bildbeispiele: New York, USA und Osaka, Japan)

Die hohen Gebäude, die Wolkenkratzer, die sich eng beieinander und in großer Anzahl vor Ihnen präsentieren, die müssen Sie anders filmen. Hier sind besondere Bildausschnitte und extreme Blicke gefragt. Schließlich kennt jeder Zuschauer schon genügend derartige Motive aus dem Fernsehen. Deshalb wollen wir uns näher mit den Perspektiven beschäftigen.

Die Perspektiven

Als Perspektive fasst man die Möglichkeiten zusammen, dreidimensionale Objekte auf einer zweidimensionalen Fläche so abzubilden, damit dennoch ein räumlicher Eindruck entsteht. Da das nicht nur ein Anliegen der Maler und Architekten, sondern auch der Filmemacher ist, können wir die Beschreibung unbesehen so übernehmen.

Die Normalsicht ist hinlänglich bekannt. Die Kamerahöhe, aus der das Geschehen gefilmt wird, entspricht in etwa der Augenhöhe eines erwachsenen Menschen. Die Normalsicht hat damit die Aufgabe, den Eindruck von Realismus und Objektivität in der filmischen Darstellung zu unterstützen.

Die Vogel- und Froschperspektive als zwei weitere Arten von Perspektiven kennt jeder Videofilmer, der schon mal von einem hohen Standort herab beziehensweise mit tief gehaltenem Camcorder gefilmt hat. Daneben gibt es noch drei weitere Varianten. Bei der Zentralperspektive treffen sich die Linien in einem oder mehreren Punkten, die meist außerhalb des Bildes liegen. Bei der Parallelprojektion verlaufen die Linien in allen drei Raumrichtungen parallel. Eine spezielle Form ist die Fluchtperspektive. Hier befindet sich der Treffpunkt der Linien auf dem Horizont.

Perspektivische Verfahren zur Darstellung räumlicher Situationen kannten bereits die Römer. So wurden zum Beispiel in Pompeji Wandfresken gefunden, die den Raum in einen gemalten Garten fortsetzen sollten. Albrecht Dürer veröffentlichte 1525 ein Buch, das die erste Zusammenfassung der mathematisch geometrischen Verfahren der Zentralperspektive darstellte und damit auch die Grundlage der darstellenden Geometrie bildet.

Genug von der Theorie, beschäftigen wir uns mit der Umsetzung im Film. Videoeinsteiger sind oft der Meinung, dass sich die Perspektive zum Motiv ändert, sobald man auf die Teletaste am Camcorder drückt.

Attraktive Blickwinkel
Besondere Motive verlangen nach ungewöhnlichen Bildausschnitten. (Bildbeispiele: Schloss Linderhof, Deutschland)

Vogelperspektive
Atemberaubende Aussichten hoch über New York und aus dem 29. Stock eines Hotels in Osaka, Japan.

Dynamische Perspektiven | 91

Dem ist natürlich nicht so. Durch das Zoomen verändert sich der Bildwinkel und der Bildausschnitt, aber nicht die Perspektive. Das Verhältnis der Elemente von Vorder- und Hintergrund bleibt jeweils gleich. Daher spricht man beim Zoomen vom Fahreffekt.

Die Zoomfahrt hat gestalterisch noch eine weitere Bedeutung. Der Zoom hin zur Großaufnahme macht deutlich, dass die Fortsetzung der Handlung dort am Ende der Zoomfahrt spielt, während die Fahrt zurück in die Totale einen Abschnitt beendet und dem Zuschauer Zeit für eigene Überlegungen gibt.

Zoomen kontra Fahraufnahmen

So verändern Sie die Perspektive Wenn Sie bei Ihren Aufnahmen die Perspektive verändern wollen, müssen Sie den Kamerastandpunkt ändern, zum Beispiel durch eine echte Fahraufnahme. Dann verändert sich die Perspektive auf eine natürliche Art, weil sich die Distanz zum Aufnahmeobjekt laufend ändert. Sie befestigen den Camcorder auf einem fahrbaren Untersatz und durchqueren damit die Szene. Natürlich können Sie auch durch den Schauplatz gehen und dabei filmen. Ohne Verwacklungen wird Ihnen das nur mit einem Spezialstativ, dem Steadycam, gelingen. Der eingeschaltete Bildstabilisator ist bei derartigen Aufnahmen meistens überfordert.

Nur die echte Kamerafahrt erlaubt neue Perspektiven und kommt damit der natürlichen Bewegung des Menschen im Bildraum sehr nahe. Eine einfache und bequeme Art für Fahraufnahmen bieten die Sightseeingtouren, zum Beispiel im offenen Doppeldeckerbus, wenn sie auf dem Oberdeck Platz nehmen und filmen. Oder Sie unternehmen eine Schiffsrundfahrt, wie sie zum Beispiel in New York rund um Manhatten angeboten wird.

Attraktive Blickwinkel

Wenn Sie auf der Ginza, Tokios belebter Einkaufsmeile, oder auf dem Times Square in New York stehen und die Leuchtreklamen an den Hochhäusern filmen wollen, so hilft Ihnen die mehr oder weniger vorhandene Weitwinkeleinstellung am Objektiv des Camcorders nicht viel weiter. Sie können den mit Ihren Augen sichtbaren Bildraum nicht voll abbilden. Ein Vertikalschwenk nach oben wird nötig sein, um alles zu zeigen. In dieser Situation ist das sicherlich ein legitimer Schwenk. Nun könnten Sie aber auch meinen, dass ein aufgeschraubter Weitwinkelvorsatz mehr vom Motiv zeigt. Das stimmt schon, ermöglicht aber auch Bildfehler in Form von Verzerrungen an den Bildrändern. Die Hausfassaden bekommen einen Bogen. Was in der Natur nicht weiter stört, kann hier im Häusermeer der Großstadt von der Bildaussage ablenken.

Der steile Blick nach oben

Mein Vorschlag: Suchen Sie nach ungewöhnlichen Bildausschnitten. Vor allem Hochhäuser, die mit ihrer Silhouette zum Himmel streben, bieten in Verbindung mit der Teleeinstellung attraktive Bildausschnitte. Da kann auch die Wolkenstruktur des Himmels, sofern vorhanden, mit in die Bildgestaltung einbezogen werden. So gesehen, entstehen Aufnahmen aus der Froschperspektive mit steilem Blick nach oben. Wir sehen dabei die Konturen der Häuser als Trapeze. Trotzdem nehmen wir sie aufgrund von Erfahrungswerten als Rechtecke wahr. Schließlich ist ein Gebäude im Prinzip ein Rechteck.

Die kleine Einschränkung „im Prinzip" muss ich schon machen, denn die moderne Architektur kennt viele Spielformen. Das Gegenstück zum tiefen Kamerastandpunkt, die Vogelperspektive, bietet Ihnen zum Beispiel ein Balkon über einer Straße mit dem Blick hinunter in das Getüm-

Kamerafahrten
Fahraufnahmen auf bequeme Art bieten die Rundfahrten zum Beispiel mit den Sightseeing-Booten. (Bildbeispiele: New York, USA, Paris und Straßburg, Frankreich)

Vertikale Schwenks

Architektonisch interessante Gebäude widerstreben dem Querformat des Videobildes. Lediglich mit vertikalen Schwenks kann ihre Schönheit dokumentiert werden. Ein echter Hingucker ist das schmale Minihaus mit der zweistöckigen Reklametafel oben drauf. (Alle Bildbeispiele: Tokio, Japan)

mel der Straße. Faszinierende Einsichten tun sich da auf, alles wirkt klein und niedlich.

Wer sich näher mit der Architektur im Rahmen der Videoaufnahmen beschäftigt, dem sind die folgenden Hinweise sicherlich geläufig. Aber dennoch muss man sie sich immer wieder in die Erinnerung rufen, damit einem unterwegs wenigstens ein Teil davon wieder einfällt.

Die fotogene Seite der Gebäude finden

Stellen Sie sich am besten nicht direkt vor ein allein stehendes Gebäude. Gehen Sie zu der Seite, auf die auch das Licht trifft. So schaffen Sie mit Licht und Schatten die gewünschte Dreidimensionalität.

Das optimale Licht ist zwar das Sonnenlicht, aber nicht unbedingt zur Mittagszeit. Die Vor- oder Nachmittagsstunden bieten in der Regel die besseren Lichtverhältnisse. Dann trifft das Licht in einem viel flacheren Winkel auf das Haus. Es entstehen kleinere Schatten, die dann die Fassade modellieren.

Gegenlichtaufnahmen und damit das Filmen der schattigen Seite sollten Sie nach Möglichkeit vermeiden. Wenn Sie Zeit haben, so wählen Sie lieber einen bedeckten Tag mit einer ausgeglichenen Lichtstimmung. Dann können Sie Ihr Motiv aus jeder beliebigen Richtung filmen.

Ein weltbekanntes Motiv

Das Capitol in Washington, USA. Die Einrahmung mit den Bäumen macht das Motiv zwar interessanter. Dynamische Einstellungen erhalten Sie jedoch erst mit den alternativen Bildausschnitten, die den Wiedererkennungswert nicht beeinträchtigen.

Der extreme Blick

Bei Videoaufnahmen inmitten des Häusermeeres können Sie auch über den Einsatz des Extremweitwinkels mit dem so genannten „Fischauge" nachdenken. Eine Vorsatzlinse, die auf das Objektiv geschraubt wird. Frei nach dem Motto „wenn schon, denn schon!" können Sie damit die Perspektive absichtlich überbetonen und damit Neugierde und Aufmerksamkeit beim Zuschauer erzeugen.

Eine besondere Faszination bietet die extrem hohe Aufsicht – sei es der Blick von der Brücke hinab auf den Fluss oder aus dem obersten Stockwerk eines Wolkenkratzers. Natürlich darf die Aufnahme nicht für sich allein und isoliert im Videofilm stehen. Sie muss Teil der Handlung sein, wie der abendliche Blick hinab auf die noch belebten und hell erleuchteten Straßen, mit dem Sie die Episode eines erlebnisreichen Tages beenden können.

Eine weitere Variante ist der Einsatz von Filtern. So erzeugen zum Beispiel Netzfilter sechs- und achtstrahlige Sterne von allen punktförmigen Lichtquellen und bringen das Umfeld etwas weicher. Bei sonnigen Tagesaufnahmen bildet die Reflexion der Sonne auf den Glasfassaden der Häuser glitzernde

Märkte und Plätze

Ein Stadtvideo besteht aus mehr als nur aus einer Ansammlung von Häusern. Beobachten Sie das geschäftige Treiben auf den Märkten und Plätzen. Genießen Sie die ruhigen Momente.
(Bildbeispiele: Quincy Market in Boston, USA)

Sterne. Noch stärker wirkt der Effekt am Abend, wenn die Scheinwerfer der Autos und die Laternen am Straßenrand viele helle Sterne in die Szene zaubern. Damit schaffen Sie gewollte Stimmungen, die eine Sequenz besonders beschreiben.

Filter und Linsen können die Bildaussage unterstützen

Multivisions-Tricklinsen schaffen Mehrfachabbildungen vom Wolkenkratzer oder von der Häuserzeile. Solche Linsen bestehen aus zwei Glasflächen und sind in voneinander unabhängigen Drehfassungen montiert. Durch das Verdrehen erhalten Sie die entsprechenden Mehrfachabbildungen in einem Bild. Vor einem relativ dunklen Hintergrund und mit großer Blendenöffnung gefilmt, ist die Wirkung am überraschendsten. Bei Verwendung der Weitwinkeleinstellung am Objektiv liegen die Bildteile näher beisammen, mit einer Teleeinstellung dagegen weiter auseinander.

Das sind zwei Beispiele, die zeigen, was alles mit Filtern und Linsen machbar ist. Allerdings sollte es nicht zur reinen Spielerei werden. Der Filtereinsatz erzeugt eine filmische Absicht und Aussage und muss folglich im Zusammenhang mit dem Inhalt des Filmabschnitts stehen.

Die beiden letzten Sätze gelten sinngemäß natürlich auch für die übrigen ungewöhnlichen Bilder, mit denen Sie Ihr Porträt einer Mega-City anreichern. Damit wird auch deutlich, dass Sie die dynamischen Perspektiven und die ungewöhnlichen Bildausschnitte als jeweils kleine Höhepunkte in den Videosequenzen platzieren werden. All das übrige Geschehen filmen Sie aus der Normalperspektive. Schließlich steht das Leben vor dem Camcorderobjektiv im Mittelpunkt des Interesses. Die besonderen Gestaltungsmittel helfen allerdings mit, den Reisefilm interessanter zu gestalten.

Städte und Bauwerke

- **Der Blickpunkt**
- **Dynamische Perspektiven**
- **Zwischen Tradition und Moderne**
- **Sehenswürdigkeiten ins rechte Licht gerückt**

Zwischen Tradition und Moderne

Eine reizvolle filmische Aufgabe für jeden Filmemacher ist die Dokumentation derartiger Veränderungen. Was ich in der eigenen Umgebung tagtäglich im Videofilm festgehalten kann, dachte ich mir, sollte doch auch auf Reisen im Mittelpunkt stehen können.

Zum einen, wenn man sein Zielgebiet regelmäßig besucht, die Veränderungen aufspürt und filmt. Zum anderen, wenn man die Tradition und die Moderne während

Viele Städte verändern fast täglich ihr Gesicht. Neue Bauwerke entstehen, schutzwürdige Gebäude werden restauriert, andere Häuser oder ganze Straßenzüge sind vom Abriss bedroht und gewachsene Strukturen werden zerschnitten. Was bleibt, ist eine urbane Mischung aus Tradition und Moderne.

seiner mehrwöchigen Reise optisch in Szene setzt und mit fundiertem Wissen im Kommentar untermauert. Ikebana, die japanische Kunst des Blumenarrangierens, soll hier als eines der Symbole für diese Verbindung stehen.

Leider wird nicht jeder wie ich ins ferne Japan reisen können, um derartige Veränderungen zu suchen und zu finden. Wer jedoch sein Traumziel mehrere Tage oder Wochen bereist, der wird mit den Gegensätzlichkeiten

Tradition.
Mitten im Tokioer Stadtteil Asakusa pilgern viele Japaner zum Asakusa-Kannon-Tempel und beten um Glück und Vergebung.

laufend konfrontiert. Diese Gegensätze machen den Reiz aus. Sie liefern genügend Stoff für eine interessante Reisereportage.

Was Sie für einen guten Film brauchen, ist der passende „Aufhänger", der Grund oder der Bezug zum Thema, damit der Zuschauer erkennt, warum Sie das Thema aufbereiten. Das ist immer meine erste und wichtigste Überlegung bei jedem neuen Filmprojekt.

Zeitreisen

Die einfachste Form ist, dass Sie Ihre Reise in den Mittelpunkt stellen. Alte Sehenswürdigkeiten stehen sehr oft im Zentrum des Interesses beziehungsweise gehören zum Programm der Stadtrundfahrten.

Sie zeigen dann die alten Tempel in Tokio und schauen den Betenden ins Gesicht und auf die Hände. Sie beobachten Sie bei den rituellen Reinigungen, beim Anzünden der Räucherstäbchen und beim Lesen der kleinen Zettel mit den guten Wünschen für die Zukunft.

Schon hier zeigen Sie neben den alten Gebäuden die Menschen von heute und damit ist Ihnen der Spagat zwischen Tradition und Moderne gelungen. Allerdings unbeabsichtigt und filmisch nicht besonders herausgearbeitet, sodass der Zuschauer dies nicht so differenziert wahrnimmt.

Wollen Sie sich näher mit der Geschichte des Landes und der Religion befassen, so müssen Sie sich vor der Reise eingehend mit den Themen beschäftigen, Informationen aus allen zugänglichen Quellen sammeln und stichwortartig aufbereiten. Neben den Standardformulierungen aus den Reiseführern entdecken Sie im Internet meistens viele persönliche Reiseerlebnisse über das jeweilige Zielgebiet. Diese positive Erfahrung mache ich regelmäßig bei meinen Internet-Recherchen. Allerdings sollte man die Informationen kritisch auf ihren Wahrheitsgehalt prüfen und zumindest mit dem Reiseführer abgleichen.

Die Stichworte bilden dann unterwegs die Grundlage für die notwendigen Detailaufnahmen. Sie wissen ja: Nur was gefilmt wird, kann man später mit Texten unterlegen! Das heißt natürlich nicht, dass der Text später im Film das beschreibt was der Zuschauer sieht. Gemeint ist vielmehr, dass Sie für Ihren Text genügend passendes Filmmaterial benötigen. Sonst müssten Sie den Kommentar unnötig kürzen.

Derartig gut vorbereitet, können Sie nun neben den Übersichtseinstellungen auch die nötigen Nah- und Großaufnahmen filmen und die entsprechend wichtigen Vorgänge lang genug mit dem Camcorder verfolgen. Beobachten und auf den richtigen Moment warten, ist eine Tugend, die man sich im Laufe seines Filmerlebens erarbeiten muss. Nicht immer

Mit der Recherche beginnt das Reisefilmprojekt

Rituale

Am Weihrauchgefäß auf der Tempelstraße fächern sich die Gläubigen den Rauch der Stäbchen ins Gesicht. Die Leichtigkeit und Selbstverständlichkeit, mit der Japaner mit dem Glauben umgehen, ist immer wieder überraschend und belebend zugleich. Das zeigt sich unter anderem auch in der Ladenstraße gleich hinter dem Eingangstor, wo traditionelle Souvenirs und Kitsch einträchtig nebeneinander zu finden sind. (Bildbeispiele: Tokio, Japan)

hatte ich in der Vergangenheit diese Ruhe, und dann entging mir so manches attraktive Motiv. Inzwischen bin ich zum „Einzelkämpfer" zumindest beim Filmen geworden. Ich gehe innerhalb des mir zur Verfügung stehenden Zeitrahmens eigene Wege und dann finde ich auch die Motive, die ich suche.

In Tokios Stadtteil Asakusa entdeckte ich noch die kleinen Gassen im Stil der Edo-Blütezeit. Sie vermitteln einen Eindruck, wie Tokio früher einmal aussah. Das Zentrum ist der Asakusa-Kannon-Tempel. Der Weg dorthin führt durch das Donnertor mit seinem 3,30 m hohen Lampion. Die Straße führt zum Haupttempel und vorbei am großen Weihrauchgefäß. Hier fächern sich die Gläubigen den Rauch der Stäbchen ins Gesicht. Er soll vor Krankheiten schützen. Ich war erstaunt, dass ich unbehelligt meine Aufnahmen machen konnte. Jeder war mit sich oder mit seinen Nachbarn beschäftigt.

Dezente Videoaufnahmen

In einem Schrein des Tempels soll ein Abbild der Göttin der Barmherzigkeit liegen. Viele Japaner beten hier um Glück und Vergebung. In den kleinen Opferkasten werfen sie dementsprechend Geldstücke. Derartige Aufnahmen verlangen Fingerspitzengefühl. Ich durfte nicht aufdringlich sein und blieb im Hintergrund und in der Nähe der großen Türöffnungen, damit ich noch genügend Licht für die Aufnahmen erhielt. Schräg seitlich oder von hinten gelangen dennoch die Aufnahmen der Betenden und gleichzeitig wahrte ich deren Persönlichkeit.

Den Kontrast bildet dann Tokios berühmte Einkaufsmeile – die Ginza. Mal am Tage mit dem Menschgewirr und den unzähligen Hochhäusern und mal am Abend, wenn die Neonreklamen das Straßenbild beherrschen. Größer kann der Kontrast nicht sein. Eine Steigerung in Sachen Konsumtempel findet jeder Elektronikfan, und dazu gehöre auch ich als Videofilmer, in Tokios Stadtteil Akihabara. In über 600 speziellen Kaufhäusern gibt es alles rund um Computer, Foto und Video. Filmaufnahmen direkt an den Eingängen, wo die ersten Auslagen aufgebaut sind, werden ebenso wenig gern gesehen wie drinnen. Mit Tele vom Straßenrand gelingen dennoch aus sicherer Distanz und vor allem in der Dämmerung interessante Einstellungen. Dazu noch die riesigen Neonreklamen vor den Konturen der Hochhäuser. Das Ergebnis sind attraktive Kontraste zwischen Tradition und Moderne.

Es bleibt nun Ihnen überlassen, ob Sie immer alt und neu abwechselnd beim Videoschnitt montieren oder in einer weiteren Variante im ersten Filmteil nur die Tempel und damit die Tradition zeigen, während der zweite Filmteil der Beschreibung des heutigen modernen Lebens vorbehalten bleibt.

Die Moderne.
Gegensätze ziehen sich bekanntlich an. Die Ginza, Tokios Einkaufs- und Flaniermeile, symbolisiert das moderne Japan. Faszinierend auch für den Reisefilmer ist das nächtliche Schauspiel der Neonreklamen.

Glücklich schätzen kann sich natürlich derjenige Videofilmer, der eine Familie dort kennen lernt und so in die Gebräuche eingeführt wird. Dann stehen natürlich die Personen, die Sie im Film mit ihren Namen vorstellen und auch sprechen lassen, im Mittelpunkt. Die englische Sprache ist dabei oft der bestmögliche Kompromiss für die Verständigung. Es klingt natürlich besonders exotisch, wenn Ihr Gegenüber japanisch spricht und Sie später beim Kommentieren die wichtigsten Passagen übersetzen können. Vielleicht erfahren Sie dann von den Eltern viel über die Tradition und von deren Kindern viel über die Moderne. Sie sehen, schon in der Familie finden Sie genügend Stoff für unser Thema.

Die Feste, die die Menschen feiern, bieten ebenfalls genügend Stoff für die Beschreibung der Tradition und ihre Umsetzung in der Gegenwart. Auch hier gilt: Je besser Sie vor der Reise recherchieren, desto informativer können Sie unterwegs filmen und die Szenen später zu einem gelungenen Film montieren.

Geschäftsbeziehungen spielen im Austausch der Völker eine große Rolle. Vielleicht kennen Sie einen Geschäftsmann in der von Ihnen bereisten Region. Dann hätten Sie den roten Faden für Ihre Reportage. Er kann

Ihnen viel zum Thema erzählen und zeigen. Das kann dann die private Sicht der Dinge um eine geschäftliche Komponente erweitern. Vielleicht hilft Ihnen auch die Industrie- und Handelskammer weiter und kann Ihnen Ansprechpartner in Ihrem Zielgebiet nennen. Allerdings muss ich zugeben, dass in diesem Punkt die Profis vom Fernsehen klar im Vorteil sind. Als Amateur, der nur fürs private Videoalbum oder für den Filmklub filmt, wird es schwer werden, derartige Verbindungen aufzubauen und filmisch zu nutzen. Aber einen Versuch ist es allemal wert.

Interessante Geschichten aufspüren

Was ich mit meinen Anregungen erreichen will, ist, dass Sie der Recherche und Planung vor der Reise genügend Zeit und Spielraum geben. Nur dann kann sich Ihr Reisevideo vom täglichen Einerlei abheben und es lohnt sich allemal, denn die Welt ist überall voller Überraschungen. Die schon mal in diesem Buch erwähnten „Weltbilder", eine TV-Sendung im norddeutschen Fernsehen N3, machen es wöchentlich vor. Sie zeigen aus bekannten Ländern immer wieder unbekannte Ereignisse, Geschichten und Begebenheiten und stellen in der Rubrik „Weltbürger" Menschen in ihrem alltäglichen Umfeld vor. Es gibt sie also, die vielen interessanten Geschichten, die unser Leben so abwechslungsreich machen. Man muss sie nur aufspüren und dazu brauchen Sie die Recherche vor der Reise und offene Augen für überraschende Ereignisse während der Reise.

Alltagsgeschichten

Machen wir nun einen großen Sprung zurück ins alte Europa. Venedig, die Stadt der Gondeln und Kanäle, der venezianischen Prachtbauten, der Lagune und Inseln hat mehr zu bieten als nur die touristischen Motive. Sicher, in den ersten beiden Venedigfilmen dominieren die architektonisch interessanten Gebäude, der Markusplatz, der Canal Grande und die Regata Storica, das spektakuläre Bootsrennen. Doch spätestens beim nächsten Besuch, beginne auch ich als Filmemacher Ausschau nach Alternativmotiven und Geschichten zu halten. Und so entdecke ich den Alltag in Venedig. Alltagsgeschichten zeigen nämlich das wahre Gesicht einer Stadt. Venedig war schon früher bekannt für seinen Handel. Aufgrund der Insellage und der Abgeschiedenheit vom Festland orientierte sich Venedig in Richtung Meer und damit nach Osten. Venedig verkaufte Fische und Salz und importierte Gewürze und Stoffe. Sie sehen, auch das kann ein interessantes Filmthema sein. Wir wollen uns jedoch auf das Heute konzentrieren.

Um den Alltag von heute am besten kennen zu lernen, will ich Ihnen von meinen eigenen Erfahrungen erzählen. Sie starten Ihre Rundtour auf den Wasserstraßen der Stadt an Bord eines Vaporetti. Das sind die großen Linienboote der städtischen Verkehrsbetriebe. Nicht schön, aber äußerst effizient, versehen die Boote ihren Liniendienst.

Wenn Sie mit dem PKW nach Venedig kommen, schaffen Sie es bis ins Parkhaus am Piazzale Roma. Dort ist Schluss mit der Lust am Steuer. Dann heißt es umsteigen in solch ein Linienboot. Am bekanntesten ist natürlich die Linie 1, die durch den Canal Grande bis zum Lido fährt. Attraktiv für Filmer sind auch die Ringlinien 52 und 82, die zum einen um das historische Zentrum herum bis Murano bzw. von San Zaccaria zum Tronchetto und über Zattere zurück fährt. Also einfach den Fahrschein lösen und auf dem Ponton auf das nächste Boot warten und mitfahren.

Die Wasserstraßen von Venedig liefern dynamische Fahraufnahmen

Meiden sollten Sie die Rushhour, dann sind die Linienboote so voll und – so ist es auch mir passiert – dann steht man so eng beieinander, dass an ein Umfallen oder an Videoaufnahmen nicht zu denken ist. In den ruhigen Stunden können Sie dagegen mit dem Camcorder und einer Schulterstütze sehenswerte echte Fahraufnahmen filmen. Dynamisch gesteigert werden

Vaporetti
Die Fahrt durch den Alltag von Venedig beginnen Sie auf einem Vaporetti. So heißen die Linienboote der städtischen Verkehrsbetriebe. Dynamische Fahraufnahmen und Schuss mit Gegenschuss sind die gestalterischen Elemente der Sequenz.

Zwischen Tradition und Moderne | 107

die Szenen zum Beispiel bei den Fahrten unter den Brücken hindurch und bei den Begegnungen mit Gondeln und Frachtbooten.

Das gestalterische Mittel von Schuss und Gegenschuss können Sie in diesem Zusammenhang sehr gut einsetzen, wenn Sie später auf einer der vielen Brücken stehen und ein Ihnen entgegenkommendes Boot filmen und dann die Szene abwechselnd montieren.

Bei den Fahraufnahmen mit dem Vaporetti werden Sie auch darauf achten, dass Sie immer einen Teil des Bootes in die Bildgestaltung einbeziehen. So erhalten Sie die notwendige Tiefe zu den vorbeiziehenden Gebäuden im Hintergrund.

Vergessen sollten Sie nicht die Nah- und Großaufnahmen der Fahrgäste. Hören Sie auch hin bei den Aufnahmen, auch wenn Sie die italienische Sprache nicht beherrschen. Es ist eben ein Stückchen Lokalkolorit.

Fragen Sie doch mal, was ein Wassertaxi kostet. Damit kommen Sie nicht nur von A nach B, Sie durchqueren auch die Seitenkanäle und sind viel näher dran am Alltagsgeschehen. So kommen Sie zu den Nahaufnahmen von den voll beladenen Gemüsebooten und von den Reparaturschiffen und manchmal entdecken Sie auch eines der langen Boote voll

Ran ans Motiv
Die Fahrt mit dem schnellen Motorboot ermöglicht tolle Nahaufnahmen von den überholten Booten. (Bildbeispiele: Venedig, Italien

beladen mit Schrott. Es ist wie bei uns mit den Lastwagen auf den Straßen. Auch sie transportieren alles Mögliche, man sieht es nur selten, da die Planen alles verdecken. Anders bei den offenen Booten, die fast alles offen transportieren. Erstaunt war ich, als ich an manchen sehr engen Stellen auf den Kanälen sogar Verkehrsampeln an den Häuserwänden entdeckte. Aber anders kann man den Gegenverkehr wohl auch in Venedig nicht regeln. Auch dies sind natürlich überraschend attraktive Motive. Solch ein Ampelstopp hilft jedem Reisefilmer, denn endlich kann er auch auf dem Wasser mal ruhigere Einstellungen filmen.

Was Sie so alles in Venedig aus dem Alltagsleben filmen, ist natürlich vom Zufall geprägt. Deshalb nutzen Sie danach die Chance und gehen zu Fuß durch die Stadtteile San Polo, San Croce und Dorsoduro. Lassen Sie sich Zeit, tauchen Sie ein ins Leben der Venezianer. Beobachten Sie Ihr Publikum auf den Märkten und beim Einkauf. Dann werden Sie genügend attraktive Szenen filmen, denn Venedig ist nur bedingt planbar.

Zu Fuß kann der Reisefilmer die besten Motive entdecken

Natürlich können Sie auch bei diesem Thema Personen, die Sie vor Ort kennen oder kennen gelernt haben, in die Handlung einbeziehen. Entweder indem Sie ihr Handeln beobachten und mit Bildern und Worten

Momentaufnahmen

Das Gemüseboot am Steg kann in Ruhe gefilmt werden, während der plötzlich unter der Brücke aufgetauchte „Eis-Großhändler" mit seinem Gelati-Boot die volle Konzentration des Kameramanns verlangt. Besinnlicher geht es dagegen bei der filmischen Beobachtung der Menschen im überdachten Lokal und auf den Plätzen zu.
(Bildbeispiele: Venedig, Italien)

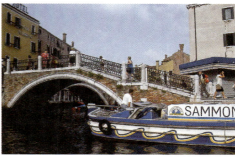

Tagesausklang

Es muss nicht immer die untergehende Sonne sein. Zum Tagesausklang platzieren Sie noch ein paar stille Einstellungen, aufgenommen auf der Vendig-Insel Burano.

dokumentieren oder im Dialog mit O-Ton als Interviews die alltäglichen Handlungen einbeziehen.

Gegensätze ziehen sich an

Vergessen sollten Sie vor alle der Suche nach dem Alltag nicht die Schönheit oder den Verfall der Prachtbauten. Auch diese Nah- und Detailaufnahmen gehören ebenso zum Venedigbild wie ganze Straßenzüge, die mit Tele gefilmt, die Enge der Stadt noch stärker betonen.

Für den Zuschauer ist es immer wichtig zu sehen, in welcher Beziehung sich das gefilmte Motiv zu seiner Umwelt befindet. Gegensätze ziehen sich bekanntlich an und das sollten Sie dem Zuschauer spätestens mit der Montage und dem Videoschnitt deutlich machen. Gelingen wird Ihnen der Spagat zwischen Tradition und Moderne, zwischen gestern und heute sowie zwischen Touristenblick und Alltagsblick, wenn Sie mit genügend passendem Videomaterial nach Hause kommen und daraus eine sehenswerte Reisereportage formen können.

Städte und Bauwerke

- Der Blickpunkt
- Dynamische Perspektiven
- Zwischen Tradition und Moderne
- Sehenswürdigkeiten ins rechte Licht gerückt

Sehenswürdigkeiten ins rechte Licht gerückt

Begeben wir uns deshalb auf Entdeckungstour und schauen uns beispielhaft die schottische Stadt Edinburgh an.

Sehenswürdigkeiten sind in den Stadtplänen immer besonders hervorgehoben und ebenso in den Übersichten der Reiseführer vermerkt. Anhand dieser Markierungen können Sie sich unterwegs optimal orientieren und unnötige Wege vermeiden.

Aus Reiseführern und Fernsehsendungen kennen wir die oft gefilmten Gebäude, die während einer Sightseeingtour vorgestellt werden. Flüchtige Eindrücke und spontane Aufnahmen sind jedoch viel zu schade, denn jede Stadt und jede Sehenswürdigkeit will erobert werden.

Bevor es losgeht, sollten Sie entsprechend der Tageszeit nach dem Stand der Sonne schauen. Bleiben Sie mehrere Tage in einer Stadt, so wählen Sie die Motive immer so aus, dass Sie die Sonne möglichst im Rücken oder seitlich versetzt vorfinden, damit die Strukturen an den Fassaden und auf den Bauwerken im Video deutlich herausgearbeitet werden können.

Natürlich kann Ihnen das Wetter auch manchmal einen Streich spielen

Erhöhte Standortte und die beste Planung über den Haufen werfen. Dann bleibt Ihnen nichts weiter übrig, als die vorgefundene Aufnahmesituation zu akzeptieren. Optimal ist es, wenn Sie Ihre erste Entdeckungstour ohne Videoaufnahmen planen. Dann können Sie sich die Motive genau ansehen und kennen lernen, sie umwandern und so nach den besten Kamerastandpunkten Ausschau halten.

Für den Einstieg ins Thema und für die Übersicht eignen sich erhöhte Standorte hervorragend. Das kann ein Obergeschoss mit Balkon in einem Gebäude ebenso sein wie eine Terrasse am Berghang oder die Aussichtsplattform auf einem Turm.

Überblick verschaffen

Im schottischen Edinburgh fand ich den entsprechenden Kamerastandort auf dem Calton Hill. Der Hügel bietet das schönste Panoramabild von der Stadt. Der Blick geht am Ende der Princes Street über den Bahnhof hinweg zur Burg hoch oben auf dem Felsen und wieder hinunter zur geschäftigen Princes Street.

Auf dem Hügel selbst kann das National Monument besichtigt und gefilmt werden. Es ehrt die Gefallenen der napoleonischen Kriege. Das eigentlich Interessante am Bauwerk ist, dass der Architekt im 19. Jahrhundert einen gewaltigen Parthenon plante, aber dann wohl das Geld ausging. Und so stehen heute immer noch die 12 einsamen Säulen, sozusagen als „Schottlands Stolz und Armut", wie es manche Reiseführ-

Der Überblick
Auf dem Calton Hill liegen dem Reisefilmer die Stadt und die Burg zu Füßen. Der hohe Standort erleichtert den Einstieg in die Reisereportage. (Alle Bildbeispiele in diesem Kapitel: Edinburgh, Schottland)

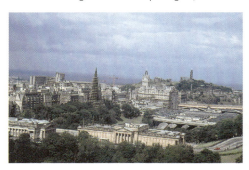

rer formulieren. Das sind Informationen, die Sie nur aufgrund Ihrer Recherchen erfahren und natürlich sehr gut im Kommentar zu den Aufnahmen unterbringen können. Der Zuschauer bedankt sich dann sicherlich mit Aufmerksamkeit und vielleicht auch mit einem leichten Schmunzeln.

Nach dem Einstieg in das Thema beginnt der weite Weg zur Burg. Edinburgh Castle ist eine eindrucksvolle Sehenswürdigkeit. Nicht nur wegen des weltweit bekannten Great Tattoo, dem jährlich stattfindenden großen Zapfenstreich. Ich kenne die Show nur aus dem Fernsehen, leider. Für Videofilmer muss das abendliche Spektakel ein optisches Erlebnis sein. Es wäre einer der Höhepunkte im Edinburghfilm. Leider war ich zur falschen Zeit dort und so musste ich mit der normalen Besichtigungstour vorlieb nehmen.

Die Mächtigkeit der Burg optisch richtig darstellen

Die Mächtigkeit des Bauwerkes optisch richtig darzustellen, fällt bei der Burganlage in Edinburgh gar nicht schwer. Da sie hoch oben auf dem Felsen steht, filmen Sie einfach schräg nach oben. Diese Untersicht symbolisiert die Größe und die Stärke. Wir hier unten sind klein, ihr dort oben seid groß.

Die Perspektiven richtig nutzen

Bekanntlich orientiert sich die Filmsprache an den Sehgewohnheiten der Menschen und dazu dienen die verschiedenen Perspektiven. Die Normalsicht kennen Sie. Das ist immer dann der Fall, wenn Sie in Augenhöhe

Die passende Perspektive
Aus der Froschperspektive wirken die Mauern der Burg noch wuchtiger. Gleichzeitig demonstrieren sie Größe und Stärke.

Der O-Ton als Lokalkolorit

filmen. Eine Perspektive, die für die meisten Aufnahmesituationen richtig und ausreichend ist. Den Blick von oben nennt man Aufsicht oder Vogelperspektive. Sie begegnete uns bei der Übersichtsaufnahme mit dem Blick vom Calton Hill hinüber zur Burg. Das Gegenstück, die Untersicht, haben wir nun eingesetzt. Sie sehen, dass man mit den Perspektiven ganz einfach und logisch umgehen kann und so dem Zuschauer ohne Worte die Sicht der Dinge verdeutlichen kann.

In den nächsten Einstellungen nähern wir uns der Burganlage, indem wir uns über den Lawnmarket und die High Street den Burgeingang erreichen. Hier finden wir unser nächstes Motiv: die schottenberockten Wachsoldaten. Wenn Sie in der Festung an einer der Führungen teilnehmen, haben Sie den Vorteil das Sie den O-Ton des Führers einfangen und dokumentieren können und so ein wenig Lokalkolorit erhalten. Natürlich soll sein Kommentar nicht permanent im Vordergrund zu hören sein. Nur ein paar Sätze, dann schwächen Sie ihn bei der Videobearbeitung soweit ab, dass er – solange die Person zu sehen ist – im Hintergrund noch hörbar bleibt, aber Ihr später aufgesprochener Kommentar dominiert.

Die einzelnen Gebäude filmen Sie mit den bekannten Einstellgrößen

Klassische Einstellgrößen

Die Details der Burganlage werden vorrangig in Nah- und Großaufnahmen gefilmt. Besucher und Wachsoldaten sorgen für den Größenvergleich und der O-Ton des Fremdenführers bringt viel Lokalkolorit in die Sequenz.

von Halbnah bis zur Großaufnahme, je nach Motivinhalt. Sie kennen den Ausspruch: Bekanntes aus unbekannten Blickwinkeln zeigen, unbekannte Motive aus bekannten Blickwinkeln aufnehmen. Die Sehenswürdigkeiten von Edinburgh sind hierzulande überwiegend unbekannt. Folglich müssen Sie nicht permanent nach besonderen Blickwinkeln Ausschau halten. Hier können Sie „ganz normal" filmen. Konzentrieren Sie sich lieber auf die Bildkomposition und platzieren Sie Ihre Motive attraktiv im Bildraum.

Bekanntes aus unbekannten Blickwinkeln zeigen, unbekannte Motive aus bekannten Blickwinkeln aufnehmen

Beziehen Sie die Besucher in die Szenen mit ein. So dokumentieren Sie gleichzeitig die Größenverhältnisse. Hinweisschilder sind übrigens wichtige Details, die nicht nur Ihnen später bei der Nachbearbeitung die Orientierung erleichtern, sondern das triste Grau der vielen Steine auflockern.

Für Abwechslung sorgt auch der gelegentliche Blick über und durch die Burgmauern hinunter zur Stadt. Natürlich muss auch etwas von der Befestigungsmauer im Bildvordergrund noch zu sehen sein. Denn damit erzeugen Sie den Vordergrund während die eigentlich wichtige Stadtlandschaft in der Bildmitte und im Hintergrund für die optische notwendige Tiefe in der Szene sorgen.

Im Anschluss an eine derartige Szene, die schon den Kontakt zu den bald folgenden Stadtaufnahmen herstellen soll, filmen Sie das Gatehouse am Burgausgang. Die nächsten Einstellungen filmen Sie nach dem Verlassen der Burg auf der so genannten Royal Mile. So wird der Teil vom Burgvorplatz mit den danach folgenden Straßen Lawnmarket, High Street und Canongate genannt. Der Straßenzug verbindet die beiden königs-

Schöne Ausblicke

Der Blick über und durch die mächtigen Mauern der Burg entschädigt für den Aufstieg und setzt gleichzeitig filmische Kontrastpunkte.

Sehenswürdigkeiten

Auf der Royal Mile stehen die Sehenswürdigkeiten dicht aneinander gereiht. So zum Beispiel das Whisky Heritage Centre und die Camera obscura.

lichen Residenzen: die Burg mit dem Palast von Holyrood am östlichen Ende der Stadt.

Auch hier wieder mein Praxistipp zum Stichwort Royal Mile:

Oft sind es die kleinen aber interessanten Informationen, die einen Film lebendiger und für den Zuschauer informativer machen.

Was nun folgt, ist eine Aneinanderreihung von Sehenswürdigkeiten.

Da ist zum Beispiel das Whisky Heritage Centre. Eine Ausstellung, die keine Frage über das Nationalgetränk unbeantwortet lässt. An einer Führung sollten Sie unbedingt teilnehmen. Für die Reisereportage filmen Sie am einfachsten das Gebäude von außen in verschiedenen Einstellungen und ebenso die angebrachten Erläuterungsschilder. So haben Sie genug Material für einen kurzen Kommentar.

Gegenüber steht 30 m hohe Outlook-Tower. Interessant für Filmemacher ist neben der Holografieausstellung vor allem die große Camera obscura. Auch hier wieder mein Tipp: Filmen Sie neben dem Turm auch die Schautafeln in vielen Naheinstellungen und recht lange. Kürzen können Sie zu Hause die Szenen immer noch. Auf jeden Fall bringen Sie genügend Videomaterial zur Kommentierung mit.

Die legalen filmischen Tricks mit Gebäudeaufnahmen, Hinweisschildern und Schautafeln helfen immer dann weiter, wenn man drinnen in den Gebäuden nicht filmen darf oder dort es zu dunkel ist.

Auf dem Weg hinein in die Innenstadt kommen wir zur Princes Street, dem Flanierboulevard der schottischen Metropole. Auch diese Straße ist eine Sehenswürdigkeit und so entstehen viele dynamische Fahraufnahmen vom Straßenverkehr, von den roten Bussen und von den Hausfassaden und Schaufensterauslagen.

Den Achsensprung vermeiden

Beim Spaziergang durch die Straßen und bei den Aufnahmen vom Straßenverkehr muss man immer an den Achsensprung denken, den man vermeiden sollte. Sie erinnern sich: Vorbeifahrende Autos und Busse bewegen sich in eine Richtung und die gilt es im Film beizubehalten. Nur allzu leicht lässt man sich von attraktiven Motiven einfangen und wechselt dabei schnell mal die Straßenseite.

Das pulsierende Leben der Stadt

In den Straßen der Stadt muss man den Camcorder nicht unnötig bewegen. Da ist genügend Leben vor dem Objektiv. Besonders beliebte Videomotive sind die Linienbusse. Der Frontplatz im Obergeschoss des Busses ist außerdem ein idealer Kamerastandort für Fahraufnahmen.

So akzeptiert der Zuschauer den Achsensprung

Die Folge: Zwar fahren die Autos immer noch in dieselbe Richtung, im Film hart zur vorherigen Szene angefügt, fahren Sie jedoch in die andere Richtung und jeder Zuschauer denkt, dass der Kameramann nicht weitergeht, sondern zu seinem ursprünglichen Ausgangspunkt zurückkehrt. So entsteht der Achsensprung. Sie überspringen die gedachte optische Achse – die Straße –.

Ist der Achsensprung im Film notwendig, so machen Sie ihn auch optisch deutlich. Zum Beispiel, indem Sie Personen vor der Straßenampel zeigen, die auf die Grünphase warten und dann die Straße überqueren. Sie gehen einfach bei laufender Kamera mit. So versteht der Zuschauer den Seitenwechsel sofort.

Ein filmisches Highlight zum Ausklang

Zum Ausklang des Films über die sehenswerte Stadt sollten Sie sich ein filmisch besonders interessantes Schmankerl suchen. In Edinburghs Zentrum finden Autofahrer Hinweisschilder mit der Aufschrift „Forth Bridges Road". Sie führen zum kleinen Ort Queensferry. Wo früher die Fähren über die Bucht Firth of Forth fuhren, spannt sich heute die 1890 gebaute gewaltige Eisenbahnbrücke mit ihrer 2,5 km langen und 50 m hohen Eisenkonstruktion. Direkt neben der Brücke fanden wir die alte Kneipe „The Hawes Inn". Ein kleines Juwel, vor allem am Spätnachmittag und am Abend. Ein gemütliches Plätzchen auf der Holzbank vor der Kneipe und ein Bier in der Hand, dazu die Brückenszenerie in der Dämmerung und das Rattern der Güterzüge hoch über einem. Eine eigenartige Stimmung erfüllte uns und die versuchte ich, mit entsprechenden Aufnahmen einzufangen. Das war die richtige Atmosphäre für eine stimmungsvolle Filmsequenz.

Fazit unserer Entdeckungstour durch die schottische Metropole

Es gibt keine allgemein gültigen Filmregeln um Sehenswürdigkeiten ins rechte Licht zu setzen. In Abhängigkeit von den örtlichen Gegebenheiten und in Verbindung mit Ihrem filmischen Konzept müssen Sie sich vor Ort auf die Situationen einstellen. Das Beispiel von Edinburgh ist ein möglicher Weg zu einer interessanten Stadtreportage, zumal hier die wichtigsten Sehenswürdigkeiten dicht beieinander zu finden sind.

Begegnungen mit Menschen

- Auf Menschen eingehen
- Emotionen wecken
- Das Spiel mit der Zeit

Auf Menschen eingehen

Für die Reise in ein für Sie noch unbekanntes Land können Sie mit Hilfe von Reiseführern und Landkarten eine Planung für die Route entwerfen. Sie suchen sich dabei auch die landschaftlichen und kulturellen Höhepunkte heraus. Was Sie nicht planen können, was für das Kennenlernen einer fremden Kultur mit am wichtigsten ist, das ist die Begegnung mit den dort lebenden Menschen. Erst diese Aufnahmen vervollständigen den Reisebericht und machen ihn auch für den Zuschauer so interessant. Natürlich tauchen Menschen in den meisten Reisefilmen auf, allerdings oft nur klein und kaum erkennbar in den Straßen, in der Weite der Landschaft oder am Strand.

Vor allem auf Fernreisen in exotische Länder üben Menschen als Videomotive eine starke Anziehungskraft auf jeden Videofilmer aus. Allerdings sollten Sie sich dabei bewusst sein, dass die Mutter mit dem Kind von der Insel Kuba, die Tuareg in der Sahara, die Trauergäste beim Totenfest auf Bali, der Rikschafahrer in Bombay oder der Reisbauer in Thailand ein Recht am eigenen Bild haben und Sie sich entsprechend verhalten sollten.

Entscheidend sind aber die Groß- und Detailaufnahmen der Gesichter, damit jeder Zuschauer ihr Mienenspiel, ihr Alter und ihre Schönheit

Charakter

Die Nahaufnahme vom alten Mann und der Frau auf Kuba zeigen deren Mienenspiel, das Alter und die Schönheit in den Gesichtern.

betrachten kann. Was Sie dazu unterwegs brauchen, sind Neugier, Zeit, Höflichkeit und Einfühlungsvermögen. Bewerten Sie das Gastland und seine Menschen nicht an den mitgebrachten Normen und Wertvorstellungen. Beachten Sie deren Kultur und den Umgang mit dem Thema Bild. Die behutsame Annäherung an das Land sollte immer im Mittelpunkt stehen. Zeit brauchen Sie, um sich mit den Gegebenheiten der Situation vertraut zu machen und den Kontakt mit den Menschen herzustellen, die Sie filmen möchten.

Lokale Sitten und Tabus beachten

Viele Reisefilmer stellen sich aufgrund mangelnder Kenntnis der lokalen Sitten und Tabus einfach vor die Einheimischen und filmen aus nächster Nähe drauf los. Das Ergebnis sind dann keine guten Aufnahmen. Meistens sieht man den Betroffenen die Ablehnung an und nicht selten drohen sie oder wenden sich ab, da sie nicht gefilmt werden möchten. Lediglich Kinder sind da offener. Sie drängeln sich lachend vor dem Objektiv des Camcorders und halten danach die Hand für ein Bakschisch auf.

Vor allem in islamischen Ländern ist zurückhaltendes Filmen besonders geboten. Der Koran verbietet Muslimen, Bilder von Menschen zu machen. Einschränkungen oder

Verbote aus sittlichen oder religiösen Gründen bei rituellen Kulthandlungen finden wir in zahlreichen afrikanischen und asiatischen Ländern. Auch Volksgruppen, wie zum Beispiel die Amish und Hutterer in Nordamerika, lehnen es ab, sich filmen und fotografieren zu lassen. Der Glaube, das fotografische Abbild verschaffe Macht über die gefilmte oder fotografierte Person ist in Schwarzafrika weit verbreitet. Das alles sollte respektiert werden.

Ich möchte hier nicht als Besserwisser mit dem erhobenen Zeigefinger verstanden werden, der unterwegs immer alles richtig macht und nun klug darüber sprechen kann. Auch ich habe gelegentlich so gefilmt und musste schnell den Rückzug antreten. Als Alternative filmte ich dann die Menschen mit der Teleeinstellung. Mit dem Ergebnis, dass sie dann zwar unbeobachtet waren, aber die Verwacklungen ohne Stativ konnte ich nicht immer vermeiden.

Kinder auf Jamaika
Kinder reagieren spontan und natürlich vor der Kamera.

Menschen vor der Kamera

Besser werden die Aufnahmen, wenn ich mich bemühe, vor der Aufnahme eine Beziehung zu den Menschen herzustellen. Das gelingt natürlich am besten von Auge zu Auge und nicht durch das Camcorderobjektiv und schon gar nicht durch die Sonnenbrille. Oft genügen eine Geste oder ein Lächeln und schon kann die Sprachbarriere überwunden sein. Fragen

Hobby
Das gemeinsame Hobby Musik verbindet den Sänger auf Barbados und die Gitarrenspieler auf Puerto Rico.

Kontakte behutsam aufbauen

Sie, ob Sie filmen dürfen und akzeptieren Sie, wenn Ihr Gegenüber das ablehnt oder dies signalisiert. Nach den Aufnahmen bedanken Sie sich, wenn möglich, in der landestypischen Weise, mit der Sie sich vor Reiseantritt vertraut gemacht haben.

Bessere Aufnahmen für Ihren Reisefilm erhalten Sie natürlich immer, wenn Sie als Individualtourist reisen. Dann bestimmen Sie die Reiseroute und den Zeitplan und können so Ihre Kontakte zu den Menschen aufbauen.

Als Pauschaltourist in einer Reisegruppe bestimmt der Reiseleiter das Tempo und die Zeitspanne des Aufenthalts. Wenn er Ihnen dann noch sensationelle Aufnahmen verschaffen will und dabei in die Privatsphäre der Bewohner eindringt, dann trägt auch er seinen Anteil an der Aufdringlichkeit und Rücksichtslosigkeit bei. Ein verantwortlicher Reiseleiter wird bei Bedarf erklären, wann und warum der Camcorder in der Tasche bleiben sollte und ebenso behutsam die Kontakte zur Bevölkerung knüpfen.

Man spricht heute viel vom sanften Tourismus. Damit ist nicht nur die Rücksichtnahme auf die Natur und die Umwelt gemeint. Unter sanftem Tourismus versteht man auch die Rücksichtnahme auf die dort lebenden Menschen, auf ihre Wertvorstellungen und auf ihre Kultur.

Alltagssituationen

Zeigen Sie die Menschen in ihren Alltagssituationen wie die alten Männer beim Spiel auf der Insel Kuba und die Frauengruppe beim Klöppeln auf Puerto Rico.

All diese kritischen Überlegungen sollen das Filmen auf Reisen nicht verhindern, aber die schädlichen Auswüchse möglichst gering halten. Jeder Videofilmer hat natürlich ein Recht darauf, seine Erlebnisse mit dem Camcorder festzuhalten. Ein Reisefilm kann auch ein Mittler zwischen den Kulturen sein. Er kann Ereignisse dokumentieren, die vielleicht schon bald unwiederbringlich vorbei sind und damit Interesse und Verständnis für andere Völker und Länder schaffen. Wir sollten jedoch immer daran denken, dass wir als Gast in den anderen Ländern unterwegs sind.

Natürliche Porträts

Wie kommen Sie zu den informativen Nahaufnahmen? Unterwegs auf einer der karibischen Inseln zum Beispiel, haben Sie oft die Möglichkeit beim Entstehen eines Bildes dem Maler über die Schulter zu sehen oder die Herstellung von Schnitzereien zu beobachten. Dabei ergibt es sich fast von selbst, dass Sie die handwerkliche Kunst bewundern und dies auch ausdrücken, indem Sie sich nach Einzelheiten erkundigen und sich die Zeit nehmen, alles in Ruhe zu betrachten. Dann fragen Sie, ob Sie den Maler oder Holzschnitzer bei seiner Arbeit filmen dürfen. Meistens wird Ihnen das erlaubt. Zeichnet der Camcorder die Szene auf, so ist es nicht schwer, von den Händen zum Gesicht zu schwenken und damit weitere Szenen einzufangen. Bevor sich nun Ihr Gegenüber in Positur setzen kann, sind Sie schon fertig und haben so die Natürlichkeit gefilmt. Das klappt aber nur, wenn Sie den Camcorder mit der Standby-Schaltung und der Weitwinkeleinstellung schon vorbereit haben und ohne Stativ filmen. Auf diese Weise strapazieren Sie die Geduld des Arbeitenden nicht allzu sehr.

Märkte sind ein bevorzugtes Motiv für Großaufnahmen von Menschen. Alle sind beschäftigt und achten folglich nicht so sehr auf einen Reisefilmer. Zuerst erkunden Sie den Markt, betrachten die Waren und das übrige Treiben, bevor Sie die ausgesuchten Motive filmen. Vielleicht agieren Sie dann etwas verdeckt durch Waren und mit etwas Tele, um unbemerkt die Natürlichkeit der Marktfrauen und Händler zu erfassen.

Arbeitsplatz
An seinem Arbeitsplatz kann der Maler auf Puerto Rico besser charakterisiert werden als durch eine neutrale Porträtaufnahme.

Markttag
Märkte, in diesem Bildbeispiel auf Barbados, sind bevorzugte Motive, um unbemerkt das Marktgeschehen und die Marktfrauen zu filmen.

So filmen Sie ausdrucksstarke Porträts

Wenn Sie merken, dass Sie entdeckt wurden oder erkennen, dass die Aufnahmen nicht erwünscht sind, hören Sie sofort auf und gehen weiter. Sie können aber auch freundlich mit Handzeichen und Worten um Erlaubnis bitten und haben dann sicher mehr Erfolg.

Wollen Sie mehr vom Privatleben einer von Ihnen besuchten Familie erfahren, so ist natürlich etwas Zeit, gemessen in Tagen, vonnöten. Dann entsteht sicherlich ein Vertrauensverhältnis und vielleicht können Sie dann das Alltagsleben einer Großfamilie filmen. Das sind dann Erlebnisse, von denen Sie vor der Reise nicht einmal zu träumen wagten.

Nicht immer haben Sie die Zeit für ein derart intensives Kennenlernen und so müssen Sie sich auf Porträtaufnahmen aus dem Alltagsleben in der Stadt oder auf dem Land konzentrieren. Menschen sind zwar meistens in Bewegung. Mit Geduld finden Sie aber auch Orte der Beschaulichkeit, an denen sie sich treffen, wie zum Beispiel im Straßencafé, im Park, am Strand oder in der Sportarena. In Stadien und bei Festen sind die Besucher von den Vorgängen gefesselt. Warten Sie auf den richtigen Moment, um auch die Reaktionen und die Gesichtsausdrücke im Film zu dokumentieren.

Ein paar Hinweise sollen Ihnen helfen, ausdrucksstarke Porträts zu erhalten:
– Finden Sie vor den Videoaufnahmen heraus, was die Person so interessant macht. Dann können Sie die Einstellung besser gestalten.
– Bei Gesichtern mit einem Charakter nutzen Sie den engen Bildausschnitt, um Spannungen zu erzeugen.
– Der direkte Blick in den Camcorder wirkt immer besonders überzeugend. Deshalb muss die Bildschärfe auf die Augen gesetzt werden.
– Auf Reisen lässt sich das Licht nicht planen. Deshalb nutzen Sie das natürliche Licht. Filmen Sie bei leichtem Gegenlicht, empfiehlt sich die manuelle

Feste und Feierlichkeiten
Ein Porträt verrät viel von den Interessen und Hobbys der gefilmten Person, wie die überraschende Aufnahme vom Karneval auf der Insel Curacau von den Niederländischen Antillen zeigt.

Belichtungsmessung per Teletaste auf das Gesicht mit anschließender Korrektur über die +/- Taste für die richtige Belichtung.
- Mit der Teleeinstellung lösen Sie das Gesicht vom unscharfen Hintergrund. Wollen Sie dagegen die Person in ihrer Umgebung zeigen, so nutzen Sie die Normalbrennweite mit einem attraktiven Hintergrund.
- Bei Aufnahmen von dunkelhäutigen Menschen ist oft eine Belichtungskorrektur um bis zu plus 1 Blende durchzuführen, da die Kontraste zum Umfeld hoch sind. Bietet der Camcorder keinen manuellen Eingriff, so wählen Sie einen engen Bildausschnitt und blenden damit die Umgebung aus.

Noch mehr Aufnahmetipps

Noch mehr zum Thema Menschen vor der Kamera finden Sie im nächsten Kapitel.

Begegnungen mit Menschen

- Auf Menschen eingehen
- Emotionen wecken
- Das Spiel mit der Zeit

Emotionen wecken

Als Filmemacher sind Sie bemüht, dem Zuschauer mit den Szenen und Sequenzen den Filminhalt verständlich zu vermitteln und ihn in die passende Stimmung zu versetzen, damit seine Aufmerksamkeit erhalten bleibt. Ist die Szene informativ, soll er gespannt die Handlung verfolgen. Ist die Szene lustig, soll er lachen oder schmunzeln können und ist sie traurig oder tragisch, soll er mitfühlen können.

Ausdrucksstarke Porträts, die zur Situation passende Bildgestaltung und die entsprechenden Stilmittel sind die Zutaten, um Menschen in ihrem Umfeld bestmöglich vorzustellen und zu porträtieren.

Emotionen beziehungsweise Gefühle sind Formen des Erlebens und Denkens, die uns ständig begleiten. Sie spielen im Miteinander der Menschen in allen Bereichen eine große Rolle. Das können Freude, Liebe, Freundschaft und Begeisterung ebenso sein, wie Ängste, Gleichgültigkeit oder Ablehnung. Emotionen werden durch Situationen, Personen, Orte, Erinnerungen und Gedanken ausgelöst.

Sichtbar werden sie durch die Mimik und durch Reaktionen und Handlungen der gefilmten Person. Diese sichtbaren Gefühlszustände lösen beim

Emotionen
Gefühle spielen im Miteinander der Menschen eine große Rolle. (Bildbeispiele auf dieser Seite: Japan)

Zuschauer ebenfalls spürbare Gefühle aus. Es vollzieht sich demnach ein Wechselspiel der Gefühle.

Was im Spielfilm durch die Dominanz der Schauspieler und deren Großaufnahmen sehr wichtig für die Handlung ist, kann sich der Reisefilmer beim Porträtieren von Menschen im kleineren Maßstab zunutze machen. Welche Mittel stehen Ihnen zur Verfügung, um das gefühlsbetonte Leben der Person in Ihren Videoaufnahmen sichtbar zu machen und gleichzeitig den Zuschauer in Ihren Bann zu ziehen?

Der klare Bildaufbau

Bilder gestalten
Der klare Bildaufbau lenkt die Aufmerksamkeit des Zuschauers in die gewünschte Richtung.

Da ist zum einen die klare Sprache der Bilder. Mit der Auswahl der Einstellungen, die Sie filmen, beschreiben beziehungsweise interpretieren Sie die Situation. Je näher Sie sich mit dem Camcorder der Person nähern, desto stärker wird auch die Aufmerksamkeit des Zuschauers in die gewünschte Richtung gelenkt. Mit der Halbtotalen informieren Sie, mit der Großaufnahme, mit der Sie der gefilmten Person in die Augen

sehen können, beteiligen Sie den Zuschauer emotional. Die mit „Close-up" bezeichnete Aufnahme ist deshalb für Personen besonders geeignet, um deren Gefühle zu zeigen. Je nachdem, ob Sie erzählend oder dokumentierend auftreten, werden unterschiedliche Gefühle sichtbar. Die Großaufnahme hat weiterhin den Vorteil, dass Sie sich um den klaren Bildaufbau nicht weiter kümmern müssen. Denn rund um das Gesicht bleibt nur wenig Platz für Hintergrundmotive.

Die „Close-up"-Aufnahme

Im Zusammenhang mit der Kontinuität der Handlung steht die gefilmte Person nicht selten allein in der Szene. Vor allem dann nicht, wenn Sie sich mit einer anderen Person unterhält. Folglich werden Sie darauf achten, dass sich in der ersten Szene die eine Person im linken Bildteil mit Blickrichtung nach rechts und in der nächsten Einstellung sein spiegelbildliches Pendant mit der Position im rechten Bildteil samt Blickrichtung nach links befindet. Nun kann sich aber ein Problem ergeben, wenn beide Personen nur mit kurzen Sätzen abwechselnd sprechen. Schnelle Schwenks sind nicht die Lösung und wenn Sie auf Abstand gehen, damit beide in der Szene zu sehen sind, entfernen Sie sich von der aussagekräftigen Großaufnahme. Alternativ könnten Sie auch mit Schuss und Gegenschuss arbeiten, wobei Sie den Kamerastandpunkt hinter derjenigen Person wählen, die überwiegend zuhört, währenddessen Sie der sprechenden Person ins Gesicht schauen.

Der Blick in die Kamera
Der unmittelbare Kontakt zum Zuschauer wirkt sehr intensiv. (Bildbeispiel: London, England)

Spricht nur eine Person, so kann sie dabei natürlich direkt in die Kamera blicken. Dieser unmittelbare Kontakt zum Zuschauer wirkt in Verbindung mit der Großaufnahme sehr intensiv. Bei all diesen Sprachaufnahmen kommt die Motivnähe natürlich auch der O-Tonaufzeichnung zugute. So direkt vor der Person kann das Mikrofon einen lauten und klaren O-Ton ohne Störgeräusche aufzeichnen.

Beobachtung bei der Arbeit

Filmen Sie die Person bei einem Arbeitsvorgang, wie zum Beispiel beim Schnitzen einer Holzfigur, so zeigen Sie in der Totalen die Zusammenhänge, in der sich die Handlung abspielt. Die anschließenden Detailaufnahmen zeigen die wichtigsten Einzelheiten in chronologischer Reihenfolge. Mit neutralen Zwischenschnitten überbrücken Sie die Zeit und Bildsprünge vermeiden Sie durch neue Kamerapositionen und Blickwinkel. Entscheidend sind aber auch hier wieder die direkten Kamerablicke in das Gesicht der Person. Nur so können Sie die Anspannung, die Nervosität und später die Freude über das gelungene Werk optisch ausdrücken.

Attraktive Blickwinkel für bessere Aufnahmen

Trotz der Nähe zur Person bemühen Sie sich immer um attraktive Varianten der Bildgröße und des Blickwinkels. Vor den Aufnahmen verschaffen Sie sich natürlich auch Klarheit darüber, welche Position des Camcorders dem gewünschten Ausdruck am besten entspricht. Damit erweitern Sie auch die Sehgewohnheiten und nutzen das Camcorderobjektiv als Instrument der Interpretation.

Unterwegs in fremden Ländern filmen Sie sicherlich auch folkloristische Darbietungen wie zum Beispiel Tänze und religiöse Rituale. Hier variieren Sie die Bildausschnitte in dem Sie die Person zusätzlich in ihrer Umgebung zeigen, denn der Tanz steht im Mittelpunkt. Folglich schildern Sie den unmittelbaren Ablauf des Geschehens. Längere Aufnahmen sind zwangsläufig die Folge und so ist der Bildinhalt wichtiger als die Bildgestaltung. Diese durchgehenden Aktionsaufnahmen bilden später die

Der Akteur und seine Umgebung
Das Umfeld der gefilmten Person kann im Handlungsablauf eine wesentliche Rolle spielen. Deshalb gehören auch diese Aufnahme dazu.
(Bildbeispiele: London, England)

Grundlage für die attraktive Montage mit den Reaktionsbildern der Zuschauer. Sie kennen ja bereits die Wechselwirkung von Aktion und Reaktion aus Ihren bisherigen Filmererfahrungen. Die Reaktionsaufnahmen in Form von Zwischenschnitten, die in direkter Beziehung zum Geschehen stehen, sind notwendig, um Filmlängen und Brüche zu vermeiden. Sie können die Reaktionen der Zuschauer vor Ort auch nachträglich filmen, da die Tanzdarbietungen immer aus vielen Tänzen bestehen. Mit der Montage von Aktion und Reaktion imitieren Sie den Einsatz mehrerer Kameras, die zum Beispiel bei Fernsehübertragungen von Sportveranstaltungen live ineinander geschnitten werden.

Die Wechselwirkung von Aktion und Reaktion

Die aktive Kamera

Der für den Umgang mit Menschen passende Stil der Kameraführung ist die aktive Kamera. Mit dem handgeführten Camcorder interpretieren Sie und führen den Zuschauer mitten ins Geschehen hinein. Die Aufnahmen leben vom Ausdruck der Person und ihren Bewegungen. Mit den Nah- und Großaufnahmen dominiert der emotionale Stil. Sie versuchen damit,

Bildausschnitte variieren
Ausdrucksstarke Porträts mit einer positiven Grundstimmung lösen auch beim Zuschauer entsprechende Gefühle aus.
(Bildbeispiele: Gran Canaria, Spanien, Japan und Deutschland)

die Handlung und den Ausdruck und damit die Emotionen auf den Zuschauer zu übertragen.

Zur Charakterisierung der gefilmten Person gehören auch persönliche Details, wie um Beispiel die Art, wie sie sich bewegen oder kleiden. Typische Accessoires aus ihrer näheren Umgebung oder vom Arbeitsplatz beschreiben eine Person ebenso.

Die subjektive Kameraführung

Eine besondere Steigerung in der Bildaussage ist die subjektive Kameraführung, mit der Sie die Sichtweise der Person übernehmen. Direkter und emotionaler können Sie das Fühlen und Denken der gefilmten Personen nicht aufzeichnen. Damit schaffen Sie eine besondere Nähe. Das Beispiel vom Mann, der durch das Fenster seiner Werkstatt hinaus auf die belebte Straße blickt, soll diese Kameraeinstellung verdeutlichen: Sie zeigen einen Handwerker vor seinem Haus. Er geht hinein in die Werkstatt. Schnitt. Nun folgen Aufnahmen von seiner Arbeit. Er hört Stimmen und geht zum Fenster. Jetzt filmen Sie die Nahaufnahme mit dem Fenster. Sie zeigen gleichzeitig das Geschehen auf der Straße. In der nächsten Einstellung schüttelt der Mann den Kopf und wendet sich ab. Das Ergebnis ist eine objektiv gefilmte Sequenz mit einer subjektiven Einstellung als Höhepunkt. Sie können damit sichtbar machen, was der Mann sieht und warum er anschließend den Kopf schüttelt.

Mit diesem Beispiel wird aber auch deutlich, dass das Stilmittel der subjektiven Kameraführung zum Inhalt der Szene passen muss. Wenn es Ihnen gelingt, Personen im Gastland nicht nur kurz abzubilden, sondern ein wenig detaillierter vorzustellen, sie in ihrer Umgebung und bei ihren Tätigkeiten zu zeigen und ihnen dabei ein wenig von ihren Gefühlen zu entlocken, haben Sie filmisch und auch menschlich viel erreicht.

Begegnungen mit Menschen

▶ **Auf Menschen eingehen**

▶ **Emotionen wecken**

▶ **Das Spiel mit der Zeit**

Das Spiel mit der Zeit

Das Interview mit Ihrem Gegenüber dauert eine Minute. Das können Sie mit dem Camcorder auf dem Stativ durchgehend aufnehmen. Beim Tanz der Volkstanzgruppe kann es schon anders aussehen. Den 3-Minuten-Tanz durchgehend zu filmen kann gut gehen, wenn Sie aufgrund der Kameraposition mit leichten Schwenks und Zoomfahrten auch die Zuschauer ins Bild einbeziehen können.

Jede Videoaufzeichnung zwischen Start und Stop hält den Moment in der Realzeit fest. Probleme entstehen, wenn das Gespräch, die Handlung oder die Musikdarbietung zu lange dauern. Dann muss die Echtzeit zur filmischen Zeit verkürzt werden, ohne dass die Verständlichkeit darunter leidet.

Ansonsten wirkt die Aufnahme langweilig. Filmen Sie frei aus der Hand und von einem ungünstigen Platz aus, wird es sicherlich besser sein, den Anfang und das Ende zu filmen sowie ein paar neutrale Zwischenschnitte der Zuschauer, die Sie später zur Vermeidung eines Medienbruchs dazwischen montieren. Solch ein Zwischenschnitt signalisiert außerdem, dass inzwischen eine Zeitspanne verstrichen ist. Ein langer Zwischenschnitt oder mehrere derartige Einstellungen zeigen an, dass viel Zeit vergangen ist.

Die Verkürzung auf die filmische Zeit

Problematischer wird es bei großen Veranstaltungen, wie zum Beispiel bei der Musikparade vor dem Parlamentsgebäude in der kanadischen Hauptstadt Ottawa. Die Aufzeichnung kann nur das Fernsehen in Realzeit und damit vollständig übertragen. Sie als Reisefilmer werden sich mit gut gefilmten Ausschnitten begnügen, zumal diese Parade nur eine Episode im Reisevideo über die Städte in Kanadas Osten ist. Schließlich kann man keinem Zuschauer eines Amateurvideos zumuten, eine Stunde lang nur Musik zu hören und Paradeschritte zu sehen. Zu lang dauernde Szenen empfindet der Zuschauer als besonders langatmig.

Über die Zeit im Film

Die Zeit ist unsichtbar, aber immer vorhanden. Von Minute zu Minute treibt sie die Handlung voran. Folglich geht der Zuschauer von dieser Vorwärtsbewegung aus. Es sei denn, Sie signalisieren ihm mit Bildern oder mit dem Kommentartext, dass soeben eine Rückblende beginnt. Die Richtungsänderung zurück, aber auch der Zeitsprung nach vorn, sollte immer mit einem klaren Hinweis vermittelt werden, damit sich der Zuschauer darauf einstellen kann. Wollen Sie die Spannung in der Handlung steigern, in dem Sie kurzfristig offen lassen, ob die gefilmte Person ihr Ziel erreicht oder nicht, so können Sie die Handlung mit nebensächlichen Vorgängen oder mit Zwischenschnitten strecken.

Wachablösung
Ein eindrucksvolles Schauspiel ist die Wachablösung in Kanadas Hauptstadt Ottawa.

Die Verkürzung der Zeit spielt auch beim Ortswechsel eine Rolle. Ein Beispiel soll das verdeutlichen: Auf der Reise durch Indien verlässt der Reisefilmer Kalkutta in Richtung Bombay. Die Anschlußszene spielt bereits in Bombay. Als optisches Hilfsmittel können Sie Blenden für den weicheren Szenenübergang einsetzen und so einen Moment Zeit gewinnen, denn der harte Schnitt würde den Zeitsprung nur unzureichend dokumentieren. Wenn Sie Kalkutta mit dem Zug verlassen, kann die letzte Szene aber auch einen in der Ferne verschwindenden Zug zeigen. Sie bleiben damit optisch noch am Ort und lassen dem Zuschauer ein wenig Zeit zum nachdenken, bevor Bombay mit neuen Eindrücken seine volle Aufmerksamkeit verlangt. Alternativ können Sie auch echte Fahraufnahmen von der Zugfahrt zwischen beide Orte montieren, wenn es attraktive Bilder sind, oder wenn die Ereignisse im Zug zum Fortgang der Handlung beitragen.

Mit diesen Beispielen wird klar, dass Sie die Lücke im Zeitablauf optisch oder akustisch überbrücken müssen, damit die Verständlichkeit im Film erhalten bleibt,

Während Spielfilme mit dem Faktor Zeit die Handlung stark beeinflussen und mit der Spannung zwischen dem Held und seinem Gegner gespielt wird, muss sich der Amateur lediglich im Hinblick auf die Darstellung des Tagesablaufs, einer Handlung oder der Fertigstellung eines gefilmten Produkts mit dem Thema Zeit beschäftigen.

Der Faktor Zeit beeinflusst die Handlung

Ein einfacher und vermeidbarer Fehler ist der unmotiviert platzierte Sonnenuntergang mitten in einer Szenenfolge zum Beispiel am Strand. Schließlich steht der Sonnenuntergang für die Zeiteinheit „Nachmittag-Abend" und „Ende des Tages". Mit der Folge, dass der Zuschauer davon ausgeht, dass die danach folgenden Szenen wirklich einige Zeit später, mindestens am nächsten Tag oder in den nächsten Wochen spielen. Ein weiteres Beispiel: Wenn Sie Sommer-, Winter- und wieder Sommeraufnahmen hintereinander montieren, glaubt der Zuschauer, dass immer Zeitsprünge von mehreren Monaten vorliegen.

Wichtige Übergänge zwischen den Szenenkomplexen mit zeitlichen Sprüngen können Sie auch mit der Überblendung verkürzen. Es gibt einige Camcorder, die frieren auf Tastendruck das letzte Bild der Szene im digitalen Speicher ein und blenden die nächste Laufbildszene darüber. Die so entstandene weiche Überblendung ist zwar eine Variante, die man bereits bei der Aufnahme nutzen kann, aber nicht die beste Lösung. Verschieben Sie das Thema Überblendung lieber auf die Montage, denn erst dann entscheiden Sie im Rahmen der Gestaltung des Films, wo und wann sie am besten für den Fortgang der Handlung eingesetzt werden

Der Umgang mit der Zeit

Schon früh am Morgen ist der Platz vor dem Parlamentsgebäude in Ottawa weiträumig abgesperrt worden. Jetzt kann man sich den besten Kamerastandort suchen und den Einstieg in den Videoteil filmen, bevor die musikalische Wachablösung beginnt.

kann. Außerdem gelingt die Überblendung mit ihrer frei wählbaren Überblenddauer am PC oder am Casablanca immer optimal. Die so entstandene weiche Überblendung ist die sanfte Art, zwei Szenen miteinander zu verbinden und damit die reale Zeit in eine filmisch verkürzte Zeit umzuwandeln.

Die Wachablösung

Die Wachablösung im kanadischen Ottawa ist im Sommer ab 10 Uhr ein eindrucksvolles Schauspiel. Die Zeremonie erinnert stark an englische Vorbilder, ist aber trotzdem sehenswert. Das Areal vor dem Parlamentsgebäude wird dafür weiträumig abgesperrt, und so sieht man als Videofilmer die Musiker nur sehr klein in der Totalen. Außerdem kommt der O-Ton nicht laut genug aufs Videoband. Zusammen mit den Gesprächen der umstehenden Personen ergibt das eine buntgewürfelte Tonmischung. Was tun?

Zuerst erkundigen Sie sich, aus welcher Richtung die Musikband kommt und wo sie den Platz betreten wird. Genau dort suchen Sie Ihren Standort. Hören Sie dann die herannahende Musik, schalten sie den Camcorder auf Aufnahmebereitschaft. Nun filmen Sie die an Ihnen vorbeiziehenden

Soldaten nah und in der Großaufnahme samt Musik, die nun laut und dominant auch übers Camcordermikrofon aufgezeichnet wird. Im Anschluß daran schwenken Sie leicht auf die neben Ihnen stehenden Zuschauer. So erhalten Sie trotz des fortlaufenden O-Tons bereits einen Zwischenschnitt, denn die nächsten Szenen filmen Sie erst später bei den einzelnen Höhepunkten der Wachablösung.

Allerdings ist das leichter gesagt als getan. Zum einen stehen Sie weit entfernt und müssen mit Tele von einer sicheren Unterlage oder mit dem Bildstabilisator filmen. Zum anderen kennen Sie den Ablauf des Schauspiels nicht. Daher bleibt Ihnen nichts weiter übrig, als viel zu filmen und die endgültige Szenenfolge erst bei der Nachbearbeitung zu schaffen. Der Bildstabilisator für den ruhigen Bildstand hilft allerdings auch nur gegen das Handzittern. Im Telebereich nimmt seine Leistung drastisch ab. Deshalb sollten Sie möglichst ein Stativ benutzen oder eine Mauer zum Aufstützen suchen.

Auf den O-Ton kommt es an

Wichtig sind die Nahaufnahmen der Soldaten und Besucher sowie andere Details, die Sie vor Ort finden, damit Sie die Szenenteile auch optisch verbinden können. Grundsätzlich dominiert bei Musikaufnahmen der O-Ton. Folglich sollten Sie neben dem Anfang der Musik auch oft erst gegen Ende eines Stücks filmen, damit Sie den Ausklang sowie den Applaus des Publikums einfangen können. Zum Einsatz kommt bei derartigen Aufnahmen vor allem ein extra angeschlossenes Richtmikrofon mit Nierencharakteristik.

Landschaften

▸ **Malerische Momente**

▸ **Details erforschen**

▸ **Naturschauspiele**

Malerische Momente

Ein attraktives Beispiel ist das Bild mit der klassischen Ansicht der Stadt Pythagorion auf der griechischen Insel Samos. Die Zutaten für die gute Bildkomposition sind schnell genannt: der erhöhte Kamerastandort für den bestmöglichen Überblick. Der angeschnittene Balkon im Bildvordergrund zur Darstellung der Tiefe in der Szene. Die geschwungene Linienführung der Hafenanlage im Bildzentrum zur Unterstreichung der Dreidimensionalität. Die angedeutete Bergkette als Hintergrund und die hochgezogene Horizontlinie, die die Wichtigkeit des Ortes noch unterstreichen.

Landschaftsaufnahmen stehen bei Reisefilmern ganz oben auf der filmischen Wunschliste. Kein Wunder, denn unsere Augen genießen den breiten Bildausschnitt, die Weite, die Tiefe, die Farben und Formen.

Die Beschränkung auf wenige Bildelemente und das Zusammenspiel von Farben, Licht und Formen sind die besten Voraussetzungen für gute Landschaftsaufnahmen.

Einfach besser filmen

Im fertigen Video macht sich jedoch oft die Enttäuschung breit. Die Totalen geben die Natur nicht strukturiert wieder, das passende Licht war nicht vorhanden, der Bildausschnitt wurde ungünstig gewählt und wichtige Bildelemente zum Größenvergleich fehlen ganz einfach.

Deshalb wollen wir uns in diesem Kapitel mit Licht und Schatten, mit der Dominanz der Farben und den entsprechenden Bildkompositionen näher beschäftigen.

Grundsätzlich sollten Sie ein leichtes Dreibeinstativ immer dabei haben. Erst dann „stehen" die Landschaftsaufnahmen sauber, ruhig und durchgehend scharf auf dem Fernsehschirm und auf der Leinwand.

Licht und Schatten

Das Sonnenlicht an einem schönen Urlaubstag am Mittelmeer schafft natürlich die besten Voraussetzungen für helle und klare Aufnahmen mit viel Tiefenschärfe. Während wir in unseren Breitengraden schon froh über jeden Sonnenstrahl sind, sollten Sie in südlichen Ländern die Gunst der Stunde nutzen und die Art und die Richtung des Lichts in Ihre Bildgestaltung einbeziehen.

Meistens werden Sie das Rückenlicht bevorzugen, damit die Szenerie gleichmäßig ausgeleuchtet ist. Wenn Sie allerdings das fotogene Seitenlicht in die Bildgestaltung einbeziehen können, dann werden Berge, Landschaften und Bäume detailreich modelliert. Festzuhalten ist in dem

Weiche Farbtöne
Die warmen Farbtöne dominieren die Morgen- und Abendaufnahmen mit dem Blick aus der Hotelanlage hinaus auf das Meer vor der griechischen Insel Samos.

Landschaften

Zusammenhang auch, dass das kalte Mittagslicht mit seinem Touch ins Blaue eigentlich selten die gute Wahl ist. Besser, Sie entscheiden sich für die Morgen- oder Spätnachmittagsstunden. Das schräg einfallende Licht mit seinen Schatten bringt mehr Tiefe ins Bild und die warmen Töne des Abendlichts geben den Einstellungen eine besondere Stimmung.

Bekanntlich erzeugt jede Lichtsituation andere Videoaufnahmen. So ist das diffuse Licht sehr kontrastarm und das Schlechtwetterlicht oft monochrom, während das Schleierlicht wie ein Weichzeichner wirkt. Starke Wirkungen erzielen Sie auch bei Nebel; Dunst und Regen. Sie vermitteln die ganz besonderen Lichtstimmungen einer Landschaft. Allerdings sollten derartige Aufnahmen immer passend zum Filminhalt eingesetzt werden.

Nicht immer können Sie dem harten Schatten der Mittagszeit ausweichen. Deshalb sollten Sie den besten Standort für die Aufnahmen suchen und festlegen. Beobachten Sie die einzelnen Motive in der Landschaft auf ihren Schattenwurf. Gehen Sie näher heran oder weiter weg und beobachten Sie die Wirkungen des Seitenlichts.

Jede Lichtstimmung erzeugt neue Videobilder

Eine weitere Möglichkeit, die Stimmungen des jeweiligen Lichts einzufangen, sind die Effekte, die das natürliche Tageslicht erzeugt. Die lichtdurchfluteten Blätter des Baumes im Gegenlicht sind ein beliebtes Beispiel, weil neben der Leuchtkraft auch die Struktur der Blätter sichtbar wird. Doch Blätter können noch mehr. Sie werfen auf die unter ihnen befindlichen Gegenstände und Personen ein sich veränderndes Lichtgeflecht.

Das Spiel mit Licht und Schatten ist bestens geeignet, die Tiefe und die Dreidimensionalität der Videoaufnahmen zu unterstützen. Das Wechselspiel, das die schnell an der Sonne vorbeiziehenden Wolken auf der Landschaft hinterlässt, schafft die entsprechende Atmosphäre. Auch die Wolken selbst können eine wichtige Gestaltungsrolle in den Landschaftsaufnahmen spielen. So symbolisieren die drohenden Gewitter- und Sturmwolken, dass in der folgenden Szene das Unheil naht. Kumuluswolken beschreiben dagegen die Leichtigkeit und Schönheit eines Sommertages.

Die Dominanz der Farben

Farben wirken auf vielfältige Weise. Da sie nie allein, sondern in Kombination mit anderen Farben auftreten, rufen sie beim Zuschauer bestimmte Empfindungen hervor. Rot, Orange und Gelb identifiziert man mir den

Goldene Momente
Das Licht der untergehenden Sonne taucht nicht nur den kleinen Ort auf der griechischen Insel Paros in einen warmen Farbton. Auch die Landschaft leuchtet in goldbraunen Farbtönen.

Begriffen „Aktivität" und „Energie". Die Kombination aus Rot, Blau und Orange beschreibt die „Dynamik", und Weiß, Grau und Schwarz stehen für die „Funktionalität". „Männlichkeit" setzt sich aus Blau, Schwarz und Braun zusammen, während die „Hoffnung" durch die Farbkombination Grün, Blau und Weiß symbolisiert wird.

Den Umgang mit den Farben können sie ganz einfach durch praktische Erfahrungen und Probeaufnahmen im häuslichen Umfeld erlernen. Beherzigen Sie doch mal die folgenden Beschreibungen und kontrollieren Sie später die filmischen Resultate auf ihre Wirkungen: Reine und gesättigte Farben wirken dominant, helle Farben leicht und freundlich. Dunkle Farben haben eine düstere Wirkung. Warme Farben schaffen Nähe, kalt Farben dagegen erzeugen eine Distanz. Und zarte Farben stehen für die Empfindlichkeit.

Zum richtigen Umgang mit den Farben gehört der passende Farbanschluss zur Folgeszene. Vermeiden Sie krasse Farbsprünge. Versuchen Sie lieber, dass sich die Hauptfarbe in der Folgeszene fortsetzt, auch wenn sie dann nicht mehr so dominant ist.

Nach diesen theoretischen, aber notwendigen Bemerkungen zum Thema Farbe möchte ich Ihnen ein praktisches Beispiel

geben, das sicherlich schon viele Reisefilmer in ihre Videofilme eingebaut haben: der „Indian Summer". Besonders im Nordosten der USA, in den New England-Staaten, und im Osten Kanadas ist die Laubfärbung im Herbst eine besondere Besucherattraktion. Dann explodiert das Ahorn- und Espenlaub im Sonnenlicht in einer wahren Farborgie. Wer dort seinen Urlaub verbringt, wird die roten und warmen Farbtöne nicht nur als kompakte Sequenz zeigen, sondern die Farben bei all seinen übrigen Aufnahmen immer irgendwo im Hintergrund präsent haben. Wer dagegen nur kurz die US-Bundesstaaten durchquert, der wird ganz bewusst eine Sinfonie der Farben filmen und sie mit einer passenden Musikuntermalung dem Zuschauer vorführen.

Der „Indian Summer" und die Sinfonie der Farben

Da die Laubfärbung nicht präzise vorhergesagt werden kann, empfiehlt es sich, beim Fremdenverkehrsamt für die USA und für Kanada zu informieren sowie im Internet nachzuschauen, damit Sie das Naturschauspiel auch hautnah erleben können. Die Intensität der Laubfärbung ist auch abhängig vom Zuckergehalt der Blätter, der Anzahl der Tagesstunden und den Temperaturen. In den Bundesstaaten Main, New Hampshire und Vermont ist der Höhepunkt der Laubfärbung meistens zwischen der letzten Woche im September und den ersten zwei Wochen im Oktober.

Die Laubverfärbung finden Sie aber auch in allen anderen Regionen, wenn im Herbst die Blätter fallen. Und so gibt es immer wieder das farbenfrohe Schauspiel, das in der entsprechenden Jahreszeit auch in Reisereportagen seinen Platz findet. Vielleicht benötigen Sie aber auch noch einen Kommentartext und dann stellt sich Ihnen vielleicht die Frage „Wer malt im Herbst eigentlich die Blätter so bunt?"

Bevor das Laub zu Boden fällt, zieht der Baum wichtige Stoffe aus den Blättern ab und lagert sie im Stamm und in den Wurzeln ein, damit im nächsten Frühling genügend Reserven für das neue Wachstum zur Verfügung stehen. Als erster Schritt erfolgt der Abbau des Chlorophylls. Dieser Pflanzenfarbstoff erzeugt das Blattgrün. Nach dem Verschwinden der grünen Blattfarbe werden im Blatt die anderen Pigmente sichtbar, wie zum Beispiel die Karotine und ihre Abkömmlinge, die Xanthophylle. Sie lassen die Blätter in gelben, orangenen und roten Farben erstrahlen. Ist der Abbauprozess abgeschlossen, erfolgt die Blattablösung. Es bildet sich eine korkartige Trennschicht zwischen Blattstiel und Zweig. Die Wasserversorgung wird unterbrochen und das Blatt fällt schließlich zu Boden.

Landschaften komponieren

Die geschwungene Linienführung

Die menschliche Fähigkeit, alles dreidimensional zu sehen, kennt die Kameraoptik nicht. Die differenzierte Betrachtung mit Vordergrund, Mitte und Hintergrund müssen wir durch die Komposition der Bildelemente künstlich erzeugen, damit der Zuschauer die Einstellung richtig interpretieren und – was bei Landschaftsaufnahmen auch wichtig ist – auch genießen kann.

In der Landschaft finden wir überwiegend die geschwungene Linienführung. Das kann der Kamm der Bergekette ebenso sein, wie das Rund des tief unter Ihnen liegenden Bergsees. An der Küste zeichnet das Watt die Linienführung und ebenso gehören die Deiche, die Flussläufe und die Feldmarkierungen dazu. Eine ästhetisch ansprechende Aufteilung erhalten Sie, wenn die Einstellung im Verhältnis 1:2 aufgeteilt wird.

Ist der Vordergrund für die Handlung wichtig, so platzieren Sie den

Bildaufbau

So einfach kann der richtige Bildaufbau sein: Dominiert die Landschaft, so wird der Himmel im oberen Bildteil platziert. Die geschwungene Linienführung der Bergkette und die diagonal am Hang angeordneten Häuser schaffen die notwendige Tiefe im Bildraum.

Hintergrund bzw. den Horizont beim Blick auf den Monitor im oberen Bilddrittel. Dann bleiben für die Landschaft die restlichen zwei Drittel. Jetzt stimmen die Bildproportionen. Doch damit allein entsteht noch keine gute Bildkomposition. Der Vordergrund darf keine leere Fläche sein. Das Reisfeld zum Beispiel, besteht zwar aus vielen Details, sichtbar werden sie erst durch die folgenden Nahaufnahmen. Deshalb ist es wichtig, den Reisbauern und seine Familie in den Bildaufbau einzubeziehen. Sie können aber auch die Bäume, Zäune oder Tiere am Rand des Reisfeldes im Bildvordergrund platzieren und damit die Raumtiefe und die Plastizität schaffen. Sollen jedoch die Wolkenbewegungen in der Videoaufnahme dominieren, so ziehen Sie den Horizont als unterste Drittellinie in die Einstellung.

Der Vordergrund
Bei dieser Einstellung liegt der Schwerpunkt auf den im unteren Bildteil sichtbaren Sträuchern. Sie sind nicht nur Beiwerk um die Tiefe im Bild darzustellen. Die Sträucher spielen auch in der Folgeszene eine Rolle. Deshalb werden sie scharf abgebildet.

Nahaufnahmen
Neben den Übersichtsaufnahmen beschreiben auch die Detaileinstellung eine Landschaft.

Der klare Bildaufbau

Der klare Bildaufbau ist bei Landschaftsaufnahmen immer wichtig. Je klarer, desto besser! Gemeint ist damit, dass der Bildaufbau keine unnötige Verwirrung stiften sollte. Während man in der Fotografie jedes Bild beliebig lange betrachten kann, ist eine Videoszene und damit auch eine Landschaftstotale von relativ kurzer Dauer.

Ist in der Szene viel zu sehen, so wandert das Auge des Zuschauers umher, um alles zu erfassen. Der Zuschauer möchte erfahren, welchen Informationsgehalt Sie als Kameramann oder Kamerafrau liefern wollen. Überladene Bilder, zumal mehrere nacheinander folgen, ermüden den Betrachter und das wäre schade für Ihren Film.

Der Blick hinter das Motiv

Die Ursachen dafür sind schnell genannt: Entweder Sie haben im Bildraum zu viele Details untergebracht, oder Sie haben das Hauptmotiv derart ungünstig vor dem Hintergrund platziert, dass es nicht richtig zur Geltung kommt. Deshalb sollten Sie immer einen Blick hinter das Motiv werfen, auch wenn es sich nur um einen Baum im Vordergrund handelt. Auch der kann ungünstig vor dem Zaum oder vor dem Bauernhaus platziert sein.

Auch das ist wichtig: Landschaftsaufnahmen wollen betrachtet und genossen werden. Deshalb sollten Sie möglichst nicht schwenken. Längere und ruhige Einstellung vom Stativ gefilmt mit möglichst guten Bildausschnitten lassen den Zuschauer teilhaben an der Faszination der Weite, der Farben und der Ruhe. Und das wollen Sie doch mit den Landschaftsaufnahmen im Reisefilm erreichen.

Nachhelfen ist erlaubt

Um Stimmungen zu vermitteln oder die Bildaussage zu verstärken, bietet sich neben den Kameraeinstellungen auch der gezielte Einsatz von Filtern an. Ein Zirkularpolfilter zum Beispiel, schaltet störende Reflexe aus. Durch das Polfilter wird die Fernsicht verbessert, und weiße Wolken stehen kontrastreich vor dem Himmelsblau. Ebenso schaltet es die störenden Reflexe auf dem Wasser aus.

Aus dem Bereich der Effektfilter will ich nur zwei Beispiele nennen, damit auch der sparsame Einsatz deutlich wird. Verlauffilter sind halbseitig eingefärbt und bringen weiche und fließende Übergänge. Sie verstärken eine Bildpartie und steigern damit die Dynamik der Aufnahme. So kann zum Beispiel der blaue Himmel verstärkt oder in einen leicht röt-

Gezielter Filtereinsatz

Mit dem Polfilter stehen die Wolken kontrastreich am Himmel.
Der rötliche Verlauffilter steigert die Bilddynamik, was deutlich sichtbar ist im Gegensatz zur Aufnahme ohne den Filtereinsatz.
Die Konzentration auf das Wesentliche schafft ein Spotfilter.

Polfilter

lichen Farbton korrigiert werden, um die Dramatik der Einstellung zu unterstreichen. Spotfilter mit ihrem scharfen Mittelpunkt und den nebelig schwimmenden Randzonen sind Weichzeichner und Ausrufezeichen in einem. Der Blick des Zuschauers wird dabei zwangsläufig auf den Bildmittelpunkt gelenkt.

mit Verlauffilter

Sie müssen sich entscheiden

Neben den technischen Hinweisen zur besseren Landschaftsaufnahme müssen Sie bei Ihren Aufnahmen auch an die zu treffende Bildaussage denken. Wollen Sie vor allem die Schönheit der Landschaft zeigen? Oder steht die zeitlose Landschaft mit ihrem symbolischen Aussagewert im Mittelpunkt? Wollen Sie die Landschaft interpretieren oder sogar in den Folgeszenen dokumentarisch beschreiben? Oder handelt es sich lediglich um eine bekannte Landschaft, die als Einstieg in das Reisefilmthema angelegt ist?

Im Detail kann die Grandiosität einer Landschaft durch deren Harmonie zum Ausdruck kommen – eine zeitlose Landschaft, die das Gleichgewicht in der Natur

ohne Verlauffilter

Spotfilter

Landschaften interpretieren   zeigt. Als Kontrast dagegen können Sie mit entsprechenden Landschaftsaufnahmen auch die Zersiedelung, die Verschmutzung und die Eingriffe des Menschen zeigen. Sie können mit Ihren Aufnahmen bestimmte Landschaften interpretieren und mithilfe detaillierter Kenntnisse und den entsprechenden Bildern auch das Wesen der Landschaft dokumentieren. Damit wird deutlich, dass Landschaftsaufnahmen nicht nur aus einer oder mehrerer Totalen bestehen. Auch mit den Landschaften lassen sich Geschichten erzählen, die eingebettet in die Handlung des Reisefilms, diesem die notwendige Atmosphäre geben und ihn voranbringen. ○

Landschaften

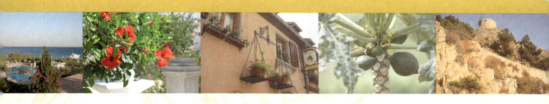

- **Malerische Momente**
- **Details erforschen**
- **Naturschauspiele**

Details erforschen

Im Elsass, einer vielfältigen Region im Herzen Europas, treffen französische und deutsche Einflüsse mit landschaftlichen und klimatischen Vorzügen zusammen. Eine reizvolle Mischung für ein sommerliches Reisevideo. Als Beispiel von unserer Fahrt durch das Elsass greife ich die südliche Weinstraße von Colmar bis Ribeauvillé heraus. Eine Hügellandschaft mit Höhenstraßen, herrlichen Ausblicken und gepflegten Städten und Winzerorten.

Landschaftsaufnahmen bestehen nicht nur aus Naturbildern mit Wiesen, Feldern und Bäumen. Auch die Dörfer und Städte prägen das Landschaftsbild.

Die ersten Aufnahmen sollen einen Überblick über die Landschaft zeigen. Dazu eignet sich sehr gut die Höhenstraße. Allerdings kommen wir erst in den nächsten Tagen dort vorbei, denn die Reise beginnt mit der Anfahrt auf Colmar. Was tun? Hier muss ich schon eine grundsätzliche Entscheidung bereits vor der Reise treffen: Filme ich chronologisch, dann benötige ich für den Einstieg in das Filmthema die Landschaftsaufnahmen aus der Nähe von Colmar. Die sind aber nicht so reizvoll, wie die Aufnahmen der Weinberge mit den verschlungenen Straßen und kleinen Orten im

Hintergrund. Daraus folgt: Auf die Chronologie wird verzichtet. Es werden alle attraktiven Eindrücke gefilmt und später beim Videoschnitt in die gewünschte Reihenfolge gebracht.

Das Stichwortkonzept als Hilfe für unterwegs

Und so sieht das Filmkonzept dann in Stichworten aus: Einleitung mit zahlreichen Landschaftsaufnahmen im Wechsel zwischen Totalen, Halbtotalen und Nahaufnahmen aus der Nähe von Kayserberg mit Weinbergen. Im Kommentar wird die Landschaft vorgestellt und auf den Ausgangspunkt Colmar verwiesen. Nun folgen die Aufnahmen von der Anreise nach Colmar, die Stadt mit ihren Details und die Fahraufnahmen durch die Ausläufer der Vogesen und weiter nach Kayserberg, Riquewihr und Ribeauvillé.

Ein Motiv – drei Varianten

In den beiden ersten Einstellungen sehen Sie das weiße Fachwerkhaus und links daneben den braunen Turm. In der ersten Teleeinstellung ist der Bach im Bildmittelgrund „zusammengedrückt" und kaum zu erkennen. Ein paar Schritte nach links auf die Brücke genügen, um den Bach in seiner Breite und die Häuser am rechten Uferrand in den Bildaufbau einzubeziehen. Eine Folgeaufnahme, die sich nahtlos an die erste Einstellung anschließt. Ebenso elegant folgt dann mit der Zoomfahrt auf die rechte Häusergruppe die Beschreibung des idyllischen Ortes. Umrahmt werden alle Aufnahmen durch Bäume, Hecken und den angrenzenden Wald.

Noch ein Hinweis aus dem bereits zu Hause gefertigten Stichwortkonzept. Da die Landschaft im Mittelpunkt steht, die Orte aber dazugehören, soll die Naturverbundenheit in den einzelnen Einstellungen möglichst oft sichtbar sein. Deshalb ist es ein zentrales Anliegen meines Films, möglichst immer Bäume, Sträucher und Blumenkübel und damit viel Grün in den Bildausschnitt einzubeziehen. Dass diese Notizen unterwegs sehr hilfreich sind, können Sie sich vorstellen. Zu schnell ist man in seine Motive „verliebt" und vergisst dann oft die grundlegenden Gedanken. Ein Blick auf den Zettel genügt, schon weiß man wieder Bescheid und die Bildgestaltung wird besser.

Auch in diesem Kapitel sollen wieder ein paar technische Begriffe ins Bewusstsein gerufen werden, die unterwegs sinnvoll eingesetzt werden können: Da ist zum einen der Weißabgleich mit seinen Möglichkeiten die Farben einer Landschaft möglichst naturgetreu darzustellen. Zum anderen helfen die in den Camcorder eingebauten und auswählbaren Motivprogramme bei der Bildgestaltung weiter.

Ein Motiv hat viele Seiten

Selbst das einfachste Landschaftsmotiv können Sie in attraktiven Bildern zeigen und so die Aufmerksamkeit des Zuschauers wach halten. Eine Übersichtsaufnahme mit der Postkartenansicht reicht nicht aus. Schauen Sie sich das Motiv vor der Aufnahme erst einmal an und suchen Sie den bestmöglichen Kamerastandpunkt. Sie werden erstaunt sein, dass sich das Motiv immer wieder von neuen Seiten präsentiert. Achten Sie auch auf den Sonnenstand. Jetzt kennen Sie das Motiv und erst jetzt beginnen Sie mit den Videoaufnahmen.

Der Weißabgleich

Grundsätzlich arbeitet der automatische Weißabgleich in vielen Aufnahmesituationen zur vollsten Zufriedenheit. Trotzdem gibt es Abweichungen, die mehr oder weniger stark sichtbar sind. So zum Beispiel in den Morgen- und Abendstunden, wenn die Rot- und Blautöne dominieren, sowie bei wenig Licht oder in den verschiedenen Kunstlichtsituationen. Wer mit seinem Camcorder schon einmal Vergleichsaufnahmen mit den verschiedenen Einstellmöglichkeiten gemacht hat, der kennt sein Aufnahmegerät genau und weiß wann manuelle Eingriffe – soweit der Camcorder das zulässt – notwendig sind und in welcher Farbvariante der aufgeklappte LCD-Monitor unterwegs die Farben zeigt. Lässt der Camcorder keine Korrektur über Festwerte oder über die manuelle Speicherung zu, dann müssen Sie mit der Automatik filmen. Ansonsten sollten Sie möglichst immer die passenden Alternativen wählen, damit letztlich farbgenaue Aufnahmen gespeichert werden.

Die manuelle Korrektur Die beste Farbwiedergabe erhalten Sie mit der manuellen Korrektur. Sie halten dann einfach ein weißes DIN-A4-Blatt bildfüllend vor das Objektiv oder Sie richten den Camcorder auf eine weiße Hausfläche, drücken auf die entsprechende Taste, warten bis sich das blickende Symbol im Sucher beruhigt hat (dann hat die Elektronik den korrekten Wert gefunden), und drücken erst jetzt auf den Auslöser. Allerdings müssen Sie diesen Vorgang dann bei jeder folgenden Aufnahme immer wiederholen, da sich die Kamera diesen Wert merkt, während sich die Farben im Laufe des Tages aus der Sicht der damit verbundenen Farbtemperatur ständig ändern. Deshalb werden Sie normalerweise mit der Automatik filmen und nur dann, wenn Sie die „Falschfarben" im Sucher oder auf dem Monitor erkennen, auf den manuellen Weißabgleich umschalten.

Motivprogramme

In den technischen Daten des Camcorders werden die Motivprogramme auch AE-Programme genannt. Gemeint ist damit eine vielseitige Automatik, die vor allem den Einsteiger bei der Aufzeichnung technisch einwandfreier Aufnahmen unterstützt. Die entsprechenden Symbole zur Auswahl

Vordergrund und Tiefe im Bild
Der Fluss in der Bildmitte führt in den Bildhintergrund und erzeugt damit die Tiefe – die so genannte dritte Dimension. Ein entsprechender Vordergrund unterstützt die Tiefenwirkung. Welche Aufnahme ist Ihr Favorit? Die Weitwinkeleinstellung mit dem Brückengeländer oder die minimale Teleaufnahme mit den angedeuteten Blumen am unteren Bildrand?

werden entweder auf einer Schaltfläche angeordnet oder sie sind über das Menü am Monitor auswählbar. Je nach Aufnahmesituation wählen Sie jetzt nur noch das benötigte Symbol aus, und die Elektronik kombiniert Belichtungszeit, Blende, Weißabgleich und Schärfe so miteinander, dass bessere und auf das Motiv abgestimmte Videoszenen aufgezeichnet werden.

Nützliche Helfer

Im Rahmen unserer Reise durch das Elsass kann die Funktion „Sand" vorkommen, wenn Personen zu dunkel vor der hellen Landschaft stehen. Alternativ kann auch die Gegenlichttaste schon ausreichen, um das Hauptmotiv aufzuhellen. Die Einstellung „Porträt" rückt die Person oder den gefilmten Gegenstand durch weniger Tiefenschärfe deutlich in den Vordergrund und der Hintergrund wird unschärfer abgebildet. Abendliche Einstellungen aus den Winzerorten könnten darunter leiden, dass die Personen im Lichtkegel überstrahlt werden. Hier beugen die Einstellungen „Spotlight" oder „Party" vor.

Sie sehen, all dies sind sehr nützliche Hilfen, die vor allem in der Anfangszeit des Videofilmens gern wahrgenommen werden sollten. Im Laufe der Zeit entwickeln Sie dann Ihre Kenntnisse kontinuierlich weiter und dann nutzen Sie auch die manuellen Einstellungen, um noch mehr aus Ihren Videoszenen herauszuholen.

Nahaufnahmen zeigen die Details

Kommen wir wieder zurück zum Kernthema dieses Kapitels „Details erforschen". Gemeint sind damit die Nahaufnahmen, die einen Videofilm erst so richtig interessant machen. Ich habe schon viele Reisefilme gesehen, in denen überwiegend nur Totalen und Halbtotalen vorkamen. Wurde der Autor darauf angesprochen, so stieß ich dann oft auf Unverständnis, da doch alles in der Szene zu sehen war. Hier offenbart sich der

Details erforschen

Liebevoll arrangierte Details finden Sie an vielen Häusern im Elsass. Mit einem leichten und langsamen Schwenk von oben nach unten entlang der Hausfassade lassen Sie den Zuschauer teilhaben an dem freundlichen Bild, bevor die ersten Gäste das Restaurant betreten.

Noch mehr Details

Viele landestypische Mitbringsel finden wir hinter den Schaufensterscheiben. Sie lassen sich filmen, wenn Sie den Standort so wählen, dass die Spiegelungen in der Glasscheibe möglichst gering sind. Alternativ können Sie auch ein Polfilter auf das Objektiv schrauben und damit die Spiegelungen unterdrücken. Zu den Details gehören neben den Leckereien und Keramikschalen, Vasen und Dosen auch die diversen Weinsorten, für die das Elsass so berühmt ist.

Unterschied zwischen dem, was man selbst erlebt hat und dem, was der Filmer dem Zuschauer zeigt. Der Zuschauer sieht bekanntlich nur den Bildausschnitt und die Folge der Aufnahmen und macht sich daraus einen Gesamteindruck.

Deshalb ist es für den Kameramann so wichtig, dass er bei seinen Aufnahmen die Details optisch herausstellt, die Zusammenhänge erarbeitet und die Handlung vorantreibt. Wenn nötig, kann der später hinzugefügte Kommentar noch weitere Erläuterungen, die im Bild nicht sichtbar sind, geben.

Oft genügt es auch nicht, das Detail nur mit einer Naheinstellung vorzustellen. 5 Sekunden Dauer für die Aufnahme sind für den Zuschauer nur ein Wimpernschlag und so hat er es vielleicht gar nicht gesehen. Deshalb auch von den Nah- und Detailaufnahmen immer mehrere großformatige Einstellungen aus unterschiedlichen Blickwinkeln filmen. Zwingen Sie sich einfach zu den Nah- und Großaufnahmen und zwar immer wieder. Besser ist es, Sie filmen zu viele davon als zu wenig.

Das gilt übrigens auch für die neutralen Zwischenschnitte, die Sie später bei der Videomontage benötigen, um die Szenen kontinuierlich miteinander zu verbinden und die Handlung ohne Brüche voranzubringen. Daraus folgt, dass auf Ihrem Stichwortkonzept die Stichworte „ran an das Motiv" und „Zwischenschnitte nicht vergessen" dick unterstrichen vorkommen sollten. Dass Sie Ihr Stichwortkonzept nicht nur schreiben, sondern unterwegs oft durchlesen, das setze ich natürlich voraus. Denn sonst wären Ihre Notizen vergebene Liebesmühe gewesen.

Auch bei den Nahaufnahmen lohnt sich der Blick auf das Motiv aus verschieden Perspektiven. Sie werden staunen, wie vielfältig die Bildausschnitte und ihre Wirkungen sein können. Unter- und Obersicht, Gegenlichtaufnahmen, formale Strenge, ruhige Idylle, der Kontrast zwischen den einzelnen Einstellungen und die Verknüpfung von dominanten Farben, die auch in den Folgeszenen auftauchen, sind nur Beispiele für die Vielfalt der Bildkompositionen. Natürlich wirkt eine Nahaufnahme noch stärker, wenn sie sich sichtbar vom Hintergrund abhebt. Mit Tele und wenig Licht erreichen Sie schnell das Ergebnis. Probieren Sie auch das Motivprogramm „Porträt" einmal aus.

Ich will das Kapitel nicht abschließen, ohne Ihnen ein paar Reisetipps mit auf den Weg zu geben:

Colmar, die nach Straßburg und Mühlhausen drittgrößte Stadt im Elsass, hat in weiten Teilen das historische Stadtbild erhalten. Eine wahre Fundgruppe für Videofilmer und damit ein attraktiver Einstieg in das Reisevideo sind die Fachwerkhäuser und das viele Grün. An der Rue des Marchands finden Sie die Maison Adolph, das älteste Gebäude der Stadt und das Maison Pfister mit seinem reich geschnitzten Fachwerk. In der Nähe liegt auch das Schongauer-Haus mit seiner prächtigen Fassade. Ansehen und filmen sollten Sie auch unbedingt Klein-Venedig am Flüsschen Lauch. Dort finden Sie den Inbegriff Colmarer Fachwerkromantik.

Noch mehr Motivtipps

Weiter nördlich der Stadt Colmar kommen Sie nach einer Fahrt durch Weinberge nach Kayserberg. Ein malerischer Ort mit vielen Gassen und Höfen. Riquewihr, der in einem Seitental gelegene Ort, hat sein historisches Stadtbild fast unverfälscht erhalten. Man könnte es auch als das elsässische Rothenburg bezeichnen. Der Vergleich ist angebracht und der Camcorder wird zwangsläufig permanent im Einsatz sein. Das gilt auch für das nördlich gelegene Städtchen Ribeauvillé. Die Einzigartigkeit hat allerdings auch den Nachteil, dass Sie nicht allein sein können. Der Touristenansturm in den Sommermonaten ist schon enorm. Am besten, Sie filmen in den Morgenstunden. Dann ist das Licht noch weicher und die Ruhe tut auch Ihren Videoaufnahmen gut.

Landschaften

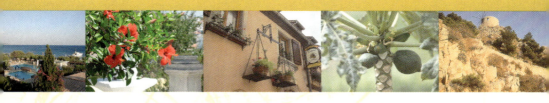

▸ **Malerische Momente**

▸ **Details erforschen**

▸ **Naturschauspiele**

Naturschauspiele

Es müssen aber nicht unbedingt die großen und spektakulären Naturereignisse sein. Die Welt ist voller Wunder und dazu gehören auch die regionalen Naturschauspiele, die sich dem Betrachter erst dann offenbaren, wenn er sich näher mit ihnen beschäftigt.

Ich möchte das am Beispiel der Insel Gran Canaria näher beschreiben. Vor meinem ersten Inselbesuch war in meinem Gedächtnis die Insel mit den Begriffen „Sommer, Sonne, Action, Trubel und die Dünen von Maspalomas" besetzt. Doch schon bei der Planung für den Reisefilm entdeckte ich Informationen über die Bergwelt. Auf Gran Canaria angekommen, unternahmen wir mit dem Jeep eine mehrtägige Tour durch die Berge.

Dass die Insel vulkanischen Ursprungs ist, sieht man sofort, wen man sich ins Innere der Insel aufmacht. Vulkankrater, enge Schluchten und

Einmal am Grand Canyon in Arizona stehen und das atemberaubende Panorama genießen oder die Faszination eines Sonnenuntergangs mit abendlicher Stimmung am einsamen Bergsee erleben. Einmal die Victoriawasserfälle an der Grenze zwischen Simbabwe und Sambia bestaunen oder mit dem Flugzeug die Weite Australiens erkunden. All das sind Träume und Wünsche, die viele Reisefilmer haben und die sich manche auch erfüllen können.

Schroffe Berge und enge Schluchten
Durch den Horizont am oberen Bildrand dominiert die Landschaft. Das modellierende Seitenlicht und die Nahaufnahmen der Felsen beschreiben die Vulkanlandschaft.

schroffe Berge bestimmen das Landschaftsbild. Ständig finden Sie wunderschöne Ausblicke, die eine Pause lohnen. Beherrschen sollte man sein Auto schon ziemlich gut, um mit den engen Kurven und den beengten Straßenverhältnissen zurechtzukommen. Das ist nichts für Anfänger. Besonders reizvoll an solch einer Tour ist, dass Sie die verschiedenen Vegetationszonen vom trockenen Süden bis zum feuchten Norden kennen lernen.

Im Gegensatz zu den sonst üblichen mit dem Stativ ruhig gefilmten Landschaftsaufnahmen steht infolge der Fahraufnahmen die dynamische Kameraführung im Vordergrund. Das bedeutet aber nicht, dass Sie dem Zuschauer permanent unruhige oder verwackelte Einstellungen anbieten müssen. Als Beifahrer im Geländewagen werden Sie mehr als üblich filmen müssen, damit Sie später beim Videoschnitt die besten Einstellungen auswählen können. Ebenso gehören die Nahaufnahmen vom Fahrer, von seinen Händen am Lenkrad und die Details vom Armaturenbrett dazu. Schließlich bildet die Fahrt den roten Faden durch die Bergwelt Gran Canarias.

Da Sie viele Pausen einlegen, denn die Landschaft lädt dazu ein, kommen dann die ruhigen und durchkomponierten Aufnahmen zum Einsatz. Eine Landschaft in ihrer Räumlichkeit dazustellen, bedeutet, dass Sie immer einen Vordergrund in die Bildgestaltung einbeziehen müssen. Erst jetzt erkennt der Zuschauer die Tiefe. Außerdem kann der Camcorder dann das Bildelement im Vordergrund detailliert und scharf aufnehmen, während der Bildhintergrund mit der schroffen Bergwelt meistens nur als graugrüne Fläche auf der Leinwand oder auf dem Fernsehschirm zu erkennen ist.

Der positive Bildaufbau

Wenn Sie sich die Landschaftsaufnahmen ansehen, verstehen Sie, was ich meine. Gute Aufnahmen erhalten Sie, wenn Sie zum einen den Horizont ganz an den oberen Bildrand ziehen oder ihn ausblenden. Seitenlicht, schräge Bergwände und ein felsiger Vordergrund unterstützen den positiven Bildaufbau. Dazu kommen dann noch Nahaufnahmen vom felsigen Gestein. Damit der Zuschauer auch die Größenverhältnisse erkennen und beurteilen kann, zeigen Sie auch die vorbeifahrenden Jeeps. Mit ihrem knalligen Rotton bilden sie einen wohltuenden Farbtupfer in der fast einfarbigen Landschaft.

Der Blick vom Gipfel des Berges hinter ins Tal zeigt eine ähnliche Licht- und Farbsituation. Bedingt durch den Dunst und die weiten Entfer-

Der Blick vom Gipfel

Drei Bildbeispiele vom selben Motiv. Die Küstenlandschaft mit dem Hafen und seiner deutlich sichtbaren Mole wird erst durch einen entsprechenden Vordergrund zu einer gelungenen Einstellung. Wie Sie den Vordergrund in der Szene platzieren, bleibt Ihnen überlassen. Die drei Varianten zeigen, dass es sich lohnt, verschiedene Blickwinkel für den Vordergrund zu suchen.

nungen fehlen den Aufnahmen die notwendige Schärfe und die Detaildurchzeichnung. Als Ausweg bietet sich dann der angeschnittene Baum im Vordergrund oder entsprechende Felsbrocken an.

Nah- und Großaufnahmen beleben die Szenen

Eine Abwechslung bringen auch die Aufnahmen der vereinzelt anzutreffenden weißen Häuser und ebenso die Bergdörfer. Hier sollten Sie sich wieder eine Pause gönnen und die Szenerie mit vielen Nah- und Großaufnahmen beschreiben. Dann haben Sie auch die Chance, dem Zuschauer die Fauna und Flora näher vorzustellen. Auch hier finden Sie wieder viele Farbtupfer, die die Szenen beleben.

Was bleibt nach einem so naturnahen Tag? Am einsamen Bergsee werden die Zelte aufgeschlagen und Sie genießen den weiten Blick auf die gegenüberliegende Bergkette. Die Sonne geht unter und die Silhouetten der Bäume stehen vor dem klaren Himmelsgrau. Das ist dann eine mögliche Variante für den Ausklang der Reisereportage durch die Bergwelt Gran Canarias.

Für Abwechslung sorgen
Damit im Laufe der Reisereportage keine Langeweile aufkommt, sollten Sie Ausschau nach attraktiven Motiven halten. Orte, Häuser und Felder bieten sich dazu an.

Nicht umsonst habe ich den Begriff „Naturwunder" in der Überschrift des Kapitels vermieden. Es sind vielmehr die Naturschauspiele, die eine Landschaft mit ihren vielfältigen Variationen prägen und die es wert sind, beachtet und gefilmt zu werden. Ob Sie die Natur in den Mittelpunkt Ihres Reisevideos stellen oder als zweiten Handlungsstrang neben Ihren Reiseerlebnissen in den Film einbauen, das hängt ganz von ihrem Konzept ab. Auf jeden Fall sensibilisieren Sie damit Ihren Blick auf die Natur und deren Zusammenhänge. ○

Vielfältige Variationen prägen eine Landschaft

Die subtropische Pflanzenwelt einzufangen, fällt dem Fotografen oft leichter als dem Videofilmer. Während der Fotograf das Hochformat nutzen kann, muss der Videofilmer sein Motiv entweder in mehrere Einzelaufnahmen auflösen oder mit einem Vertikalschwenk aufnehmen.

Naturschauspiele | 175

Rundreisen

▸ **Traumhafte Motive auf einer Kreuzfahrt**

▸ **Unterwegs mit Reisemobil und Fernreisebus**

Traumhafte Motive auf einer Kreuzfahrt

Auch ein Traumurlaub mit der MS Columbus von Hapag Lloyd Kreuzfahrten beginnt für den Reisefilmer mit der Planung des zu drehenden Reisefilms bzw. einer Vielzahl von Filmen. Denn so manch einer unternimmt einen längeren Törn oder sogar eine Weltreise. Unter dem Gesichtspunkt des Filmens steigen wir in die Recherche ein, nachdem

Die Kreuzfahrt ist ein ganz besonderes und beliebtes Erlebnis. Haben Sie doch Ihr komfortables oder sportliches Hotel immer dabei, und fast jeden Morgen wachen Sie in einer anderen Stadt, in einem anderen Land oder vor einer neuen Insel auf.

Sie sich mit ihrem Partner für die Reise entschieden und diese gebucht haben. Was Sie so alles für eine Kreuzfahrt in den oder die Koffer legen, das ist ein anderes Kapitel. Dass Sie Ihren Camcorder auf seine Betriebssicherheit prüfen, genügend Akkus und Videokassetten bzw. 8-cm-DVDs mitnehmen, die Stativfrage klären, gegebenenfalls ein Unterwassergehäuse einplanen und Reinigungsmaterialien wie einen Objektivpinsel und ein sauberes weiches Tuch in die Camcordertasche packen, das setze ich alles als selbstverständlich voraus. Vergessen sollten Sie auch die Kabel für den

Die AIDAaura von AIDA Cruises
Mythen, Mayas und magische Momente stehen im Mittelpunkt der Mittelamerika-Fahrt der AIDAaura. Mayastätten, Tempel, Palmenstrände, unberührter Dschungel, Korallenriffe, traumhafte Lagunen und nicht zuletzt der weltberühmte Panamakanal bezaubern auf den Spuren des Sonnengottes.

Die AIDAblue von AIDA Cruises
Entdeckungsfahrten auf den Weltmeeren und jede Menge „Lust auf Schiff"

Anschluss an ein TV-Gerät nicht. Schließlich steht in der Kabine meistens ein Fernseher, auf dem Sie dann Ihre „Tagesausbeute" begutachten können.

Planung und Stichwortkonzept

Beginnen wir unsere Recherchen beim stichwortartigen Filmkonzept, denn das erleichtert Ihnen später die tägliche Videoarbeit. Zuerst besorgen Sie sich nähere Informationen über Ihr Schiff. Die erhalten Sie zum einen von der Reederei, aus deren Prospekten und aus dem Internet. Im Prospekt finden Sie auch die Deckspläne Ihres Schiffes. So können Sie schon mal daheim einen virtuellen Rundgang unternehmen, die Schiffsdetails kennen lernen und überlegen, was Sie so alles vom Schiff filmen wollen. Natürlich lassen Sie in Ihrem Konzept auch genügend Freiraum für Überraschungen. Schließlich erfahren Sie erst an Bord, wann welche Veranstaltungen wo stattfinden und die wollen Sie dann auch filmen können.

Einen breiten Raum nehmen die vielen Landausflüge ein. Sie werden den Kreuzfahrern schon in den Prospekten nicht nur mit Text und Bildern, sondern auch in den Tabellen mit dem Fahrplan und den Ankunfts- und Abfahrtszeiten schmackhaft gemacht. Viele Veranstalter legen einem nahe, die Ausflüge schon zu Hause zu buchen. Das hat dann zur Folge, dass Sie sich auch über Länder, Städte, Gegenden und Ereignisse in den Reiseführern informieren werden und auch diese Informationen in Ihr Stichwortkonzept einfließen lassen.

Der dritte Punkt bei der Planung betrifft die Mitreisenden. Unternehmen Sie die

Kreuzfahrt allein, als Pärchen oder als Gruppenreise, wie sie zum Beispiel als Leserreise Ihrer Tageszeitung angeboten wird. Dann ist normalerweise ein Treffen der Teilnehmer einige Tage vor Reisebeginn bei der Tageszeitung vorgesehen. Dort lernen Sie die Gruppenteilnehmer kennen, starten später gemeinsam die Fahrt zum Flughafen und den Flug zum Ort, wo das Schiff Sie erwartet. Folglich kann das Gruppenerlebnis ebenfalls Bestandteil des künftigen Reisefilms sein.

Gruppenerlebnis – eine Variante im Reisefilm

Verschiedene Rahmenhandlungen

Im Fernsehen ist es „in", eine Reportage möglichst immer mit einem mehr oder weniger spektakulären Aufmacher zu beginnen. Das weckt die Neugierde und fördert die Aufmerksamkeit der Zuschauer. Eine Möglichkeit, die Sie auch nutzen können. Allerdings lässt sich der Aufmacher vorher nicht planen. Es wird vielmehr ein Ereignis sein, das erst unterwegs und meistens überraschend eintritt.
Insofern wird er auf Ihrem Papier mit den Stichworten höchstens als „auf einen Aufmacher während der Reise achten" notiert, damit Sie ein waches Auge haben, wenn solch ein spektakuläres Ereignis eintritt.

Windjammer
Die 3-Mast-Barkentine LILI MARLEEN der Peter Deilmann Reederei aus Neustadt in Holstein wurde von der Elsflether Werft AG an der Weser gebaut und ist seit 1994 auf den Weltmeeren zu Hause.

Traumhafte Motive auf einer Kreuzfahrt | 181

Vorschläge für den Aufbau des Reisefilms

Sie können Ihre Reise bereits am Heimatflughafen beginnen und mit Flugaufnahmen anreichern, bevor Sie das Schiff zeigen und dann in den eigentlichen Film einsteigen. Diese filmische Einleitung hat den Vorteil, dass Sie genügend Zeit für den einleitenden Kommentar haben. Vielleicht wollen Sie im Reisefilm zu Beginn wichtige Textinformationen unterbringen und dann brauchen Sie Videomaterial vor der Kreuzfahrt.

Die chronologische Reihenfolge ist natürlich auch eine Möglichkeit für den Reisefilm. Dann wechseln sich Schiffsaufnahmen und Ausflüge zeitlich geordnet ab. Jeden Ausflug filmen Sie dann als eigene Geschichte mit Anfang, Höhepunkt und Ausklang. Eine Variante bietet sich an, indem Sie alle Schiffsaufnahmen als einen Block beim Videoschnitt aneinander setzen und dann die Ausflüge folgen lassen. Sie sollten auch jeden Ausflug möglichst mit einer neuen Videokassette beginnen. Dann haben Sie es später beim Videoschnitt einfacher, weil das Material in übersichtlicher Form vorliegt.

Eine weitere Variante kann die Aufteilung von Schiff und Ausflügen in jeweils einen eigenständigen Videofilm sein. Dann haben Sie den Vorteil, dass Ihre Gäste und Freunde auch mal nur ein ganz bestimmtes Ziel sehen können und nicht immer mit der ganzen Reise konfrontiert werden. Vielleicht wollen auch Sie sich später, nachdem Sie schon so oft Ihre Kreuzfahrt nacherlebt haben, nur bestimmte Teile anschauen, auch dann kann solch eine Aufteilung sinnvoll sein. Dauerte die Kreuzfahrt viele Wochen oder haben Sie zwischendurch in einem Land pausiert und sich länger aufgehalten, weil Sie erst bei der Rückreise wieder an Bord gehen oder mit dem Flugzeug dem Schiff hinterher fliegen, so kann es durchaus ratsam sein, so zu verfahren.

Ein weiterer Vorschlag. Sie filmen auf dem Schiff die folgende kleine Rahmenhandlung: Sie sitzen gemeinsam mit Freunden oder Bekannten beim Frühstück oder beim Kaffee auf dem Sonnendeck und erzählen sich gegenseitig von den Landausflügen. In die Gespräche schneiden Sie später als Rückblende die einzelnen Ausflüge hinein. Da die Rahmenhandlung vom O-Ton der Gespräche lebt, sollten Sie sich eine ruhige Ecke suchen, wo der Wind nicht bläst und ein

Plauderstunde
Mit einer kleinen gespielten Rahmenhandlung schaffen Sie die Voraussetzung für die gefilmten Ausflüge, die später als Rückblenden zwischen den Gesprächen platziert werden.
(Bildbeispiel: an Bord der MS Columbus, Hapag-Lloyd Kreuzfahrten)

gutes Kugel- oder Richtmikrofon an den Camcorder anschließen und sich möglichst nahe vor den Teilnehmern hinstellen und filmen. Denn der O-Ton muss laut und deutlich zu hören sein. Ein Ansteckmikrofon wäre noch besser, aber dann müssen Sie es immer wieder bei der jeweiligen Person befestigen, bevor sie spricht. Da geht dann viel Spontanität verloren. Wem das zu kompliziert ist, der kann den O-Ton auch einfach nur als Tonkulisse aufnehmen und später diese Rahmenhandlung aus dem „Off" heraus kommentieren.

Die Vorschläge sollen kleine Anregungen für Sie sein. Sicherlich fallen Ihnen vor oder während der Kreuzfahrt noch weitere oder vielleicht sogar bessere Rahmenhandlungen ein, die Sie bei all Ihren Filmen noch nicht benutzt haben. Auf jeden Fall sollten Sie darauf achten, dass auch der Kommentar immer sehr persönlich bleibt und nicht als neutraler TV-Kommentar später zu hören ist. Schließlich ist es Ihre Kreuzfahrt, die Sie selbst erlebt haben und da zählen nicht nur Ihre persönlichen Videoaufnahmen, sondern auch Ihr persönlicher Text.

Filmen auf dem Schiff

Ihr Traumschiff von außen und dazu noch während der Fahrt zu filmen, wird Ihnen sicher nicht vergönnt sein. Dieses Privileg haben nur die Profis vom Fernsehen. Da wird mit einer Schlauchboot- oder Motorbootfahrt rund um das Schiff dann schon mal eine Ausnahme gemacht. Dem Urlauber bietet sich dennoch ab und zu die Chance, sein Hotel von außen zu sehen und zu filmen. Zum Beispiel beim Ausbooten. Nicht immer kann das Kreuzfahrtschiff in einem Hafen anlegen. Dann ankert es außerhalb und mit kleinen Tenderbooten werden die Passagiere an Land gebracht. Deshalb den Camcorder aufnahmebereit halten und vom Ausbooten eine kleine Geschichte mit vielen Einstellungen filmen. Das Entfernen vom Schiff wird dann eine durchgehende längere Einstellung und schon haben Sie nicht nur eine echte Fahraufnahme, sondern auch Ihr schwimmendes Hotel formatfüllend aufgezeichnet.

Um das Schiff vorzustellen, eignet sich am besten ein Tag auf See. Beginnend mit den Morgenaufnahmen bei aufgehender Sonne bis hin zur Abendstimmung bleibt Ihnen genügen Zeit für die besten Aufnahmen. Draußen zu filmen ist kein Problem, denn die Lichtverhältnisse sind da, wo Kreuzfahrtschiffe unterwegs sind, fast immer sonnig. Drinnen im Schiff lohnen sich ebenfalls die Aufnahmen. Da ist ein Zusatzlicht aus der Leuchte gar nicht notwendig. Die Veranda, das Restaurant und der

Was bei Innenaufnahmen zu beachten ist

Panoramasalon, all diese Räume liefern genügend Tageslicht durch die vielen und großen Fenster. Allerdings sollten Sie immer darauf achten, dass sich die Fenster möglichst hinter Ihnen befinden. Filmen Sie in Richtung der Fenster, so misst die Belichtungsautomatik im Camcorder das einfallende Licht und der Raum und die Personen werden zu dunkel aufgezeichnet.

Schummrig wird es in der Bar und im Theater bzw. Veranstaltungsauditorium. Aber dort liefern dann die farbigen Scheinwerfer zumindest auf der Bühne genügend Licht, um die attraktiven Shows zu filmen. Hier können Sie das passende Motivprogramm wie zum Beispiel Spotlight am Camcorder auswählen, damit die Szenerie richtig belichtet wird. Vor allem dann, wenn die Strahler Punktlichter erzeugen und der Rest der Szene im Dunkeln bleibt. Filmen Sie eine Totale von der Bühne, so würde sich die Elektronik an den dunklen Flächen orientieren, die Blende weit öffnen und so die angestrahlten Personen und Showelemente überstrahlen.

Ein Tag auf See

Um das Schiff vorzustellen, eignet sich am besten ein Tag auf See. (Bildbeispiele: MS Europa, Hapag-Lloyd Kreuzfahrten, MS Columbus, Hapag-Lloyd Kreuzfahrten, MS Deutschland, Deilmann-Reederei)

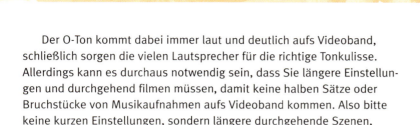

Der O-Ton kommt dabei immer laut und deutlich aufs Videoband, schließlich sorgen die vielen Lautsprecher für die richtige Tonkulisse. Allerdings kann es durchaus notwendig sein, dass Sie längere Einstellungen und durchgehend filmen müssen, damit keine halben Sätze oder Bruchstücke von Musikaufnahmen aufs Videoband kommen. Also bitte keine kurzen Einstellungen, sondern längere durchgehende Szenen, gepaart mit leichten Zoomfahrten und Schwenks aufnehmen. Schließlich dominiert hier der O-Ton!

Falls Sie die Chance zur Besichtigung der Schiffsbrücke haben, so nehmen Sie den Camcorder mit und schauen Sie dem Kapitän und seinem Steuermann über die Schulter. Filmen Sie den Blick auf die Instrumente und ebenso den Blick nach vorn hinaus zum Bug des Schiffes. Vergessen sollten Sie auch nicht die Aufnahmen von der Weite des Meeres mit der Reeling oder einem angeschnittenen Rettungsboot im Bildvordergrund.

Im Laufe der Reise finden einige Veranstaltungen draußen an Deck statt, die filmenswert sind. Auch wenn Sie Ihre übrigen Bordaufnahmen als Tagesablauf gefilmt haben, können Sie diese Veranstaltungen dazwischensetzen und so den Tagesablauf künstlich verlängern. Das akzeptiert der Zuschauer. Wichtiger ist der roten Faden als Tagesablauf, der die Bordaufnahmen zusammenhält.

Diskretes Auftreten ist gerade an Bord, wo viele Passagiere auf engem Raum zusammen sind, angebracht. Es ist eigentlich selbstverständlich, dass man vor der Aufnahme den Betreffenden um Erlaubnis bittet. Nicht einfach mit dem Camcorder draufhalten, indem man sich direkt vor die Passagiere im Liegestuhl stellt.

Mit Weitwinkelvorsatz filmen

Da die Camcorderobjektive nicht gerade mit Weitwinkel gesegnet sind, kann es sinnvoll sein, eine Weitwinkellinse auf das Objektiv zu schrauben, wenn Sie den Blick vom Brückendeck über das Vorschiff beim Einlaufen in einen Hafen filmen wollen. Ebenso gelingt die Übersichtsaufnahme am Heck des Schiffes mit den Sonnendecks besser mit einer Weitwinkelaufnahme.

Ob Sie ein Stativ verwenden, sich an die Reeling anlehnen bzw. auf Tische oder halbhohe Gegenstände aufstützen können, müssen Sie ausprobieren. Nicht das Schaukeln des Schiffes, sondern dessen Vibrationen, ausgelöst vom Schiffsmotor, können zu zittrigen Aufnahmen führen. Moderne Kreuzfahrer werden aufgrund der Geräuschdämpfungen sehr ruhig fahren. Aber Vorsicht ist angebracht, denn später zu Hause können Sie das nicht mehr korrigieren. Machen Sie ein paar Probeaufnahmen und betrachten Sie die Ergebnisse in Bild und Ton auf dem

Weiße Pracht
Mit den Zodiacs, motorisierten Schlauchbooten, erleben Reisende die Vielseitigkeit der Arktis vor Grönland aus idealer Perspektive.

Bordfernseher in Ihrer Kabine. Apropos Kabine: Auch hier sollten Sie filmen, damit Sie später noch einmal sehen können, wie schön Ihr „Hotelzimmer" war. Damit es keine starre Möbelschau wird, erfinden Sie eine kleine Rahmenhandlung, indem Ihre Frau die Kabine betritt, sich an den kleinen Tisch setzt, hinaus aufs Meer blickt, sofern Sie eine Außenkabine gebucht haben, und gegebenenfalls mit den Verwandten zu Hause per Telefon und Satellitenverbindung spricht. Probieren Sie auch hier den Einsatz

Die Arktis
Azurblaue Eislandschaften, Eisbären und Papageientaucher. (Bildbeispiele auf dieser Seite: Hapag-Lloyd Kreuzfahrten)

der aufgeschraubten Weitwinkellinse. Sofern sie nicht all zu großen Verzerrungen zeigt, können Sie damit die Kabine in ihrer ganzen Breite aufnehmen.

Die Ausflüge

Eine Kreuzfahrt wird erst dann zum vollständigen Erlebnis, wenn Sie sich dabei etwas von der Welt ansehen können. Deshalb haben Sie sich nicht nur Ihr Traumschiff, sondern auch die angebotenen Ausflugsziele ausgewählt. So vielfältig, wie die Reiserouten und die Zielorte sind, so unterschiedlich werden die Ausflüge und damit die filmischen Ergebnisse sein.

Höhepunkte filmen

Hier in diesem Kapitel möchte ich Ihnen stellvertretend ein paar Traumziele schmackhaft machen, die nicht auf den normalen Routen durchs Mittelmeer und durch die Karibik angeboten werden.

Abenteuer im ewigen Eis

Die Arktis hoch oben im Norden ist eine kalte und unwirkliche Gegend. Dennoch zieht es

Abenteuerurlaub
Die BREMEN von Hapag-Lloyd Kreuzfahrten ist spezialisiert auf Entdeckerreisen
in der Arktis.

Traumhafte Motive auf einer Kreuzfahrt | 187

Ein Fernsehstar

Das Traumschiff DEUTSCHLAND gehört neben der BERLIN und dem Passagiergroßsegler LILI MARLEEN zu den bekanntesten Schiffen der Peter Deilmann-Reederei.

Reisefilmer nach Spitzbergen, ins das Land der Walrosse und Eisbären oder zu einer Expedition zum Franz-Joseph-Land. Faszinierend sind die unterschiedlichsten Landschaften von azurblauen Gletschern über farbenprächtige Wiesen bis hin zu Wasser speienden Geysiren.

Die Schiffe passieren auf ihrem Weg von Grönland über Island bis nach Spitzbergen die vergletscherten Küsten, es geht vorbei an Eisbergen und so kann der Abenteuerurlauber die arktische Tierwelt mit Robben und Walen, Seevögeln und Eisbären, Polarfüchsen und Rentieren beobachten.

Zu den Kreuzfahrtschiffen, die sich auf Entdeckerreisen in der Arktis spezialisiert haben, gehören auch die BREMEN und die HANSEATIC von Hapag-Lloyd Kreuzfahrten. Auf den Entdeckerschiffen wird die Erkundung der Welt nördlich des Polarkreises zum unvergesslichen Erlebnis.

Die Reise nach Spitzbergen ist eine von mehreren mittsommerlichen Kreuzfahrten der DEUTSCHLAND, die in den Wochen vorher auch St. Petersburg und Grönland ansteuert. Die Passagiere erwarten bleibende Eindrücke in einem oft unwirklich schönen Teil der Erde. Island, die Insel aus Feuer und Eis, sorgt für einen spektakulären Reisebeginn. Es folgt eine Woche durch die atemberaubende arktische Inselwelt rund um Spitzbergen.

In der Antarktis

Die Antarktis, das Gegenstück im Süden unserer Erdkugel, ist ein Kontinent der Superlative. Was bewegt den Reisefilmer am südlichsten und kältesten Kontinent der Erde die Eisberge, die Tierwelt und die Naturschauspiele zu erleben und zu filmen? Es sind die außergewöhnlichen Momente, die so faszinieren, und die „süchtig" machen können. Es ist die andere Sicht der Natur, die uns sonst verborgen bleibt. Ein teures Unternehmen, sicherlich. Aber zugleich ein einmaliges Erlebnis.

Spannende Ziele verspricht zum Beispiel die Saison der MS BREMEN. Dank ihrer höchsten Eisklasse - 1AS (E4) - kann die BREMEN bei ihren

Expeditionen ins ewige Eis auch Regionen mit nahezu geschlossener Eisdecke befahren, die fast allen anderen Schiffen verwehrt bleiben. Premieren-Anläufe der Falklandinseln George- und Barren Island, die erst seit 2001 der Öffentlichkeit zugänglich sind, unvergessliche Naturerlebnisse auf Südgeorgien und Süd-Shetland sowie die heißen Quellen von Deception Island sind nur einige Highlights der eindrucksvollen Antarktisreisen. Zodiacanlandungen am legendären Kap Hoorn, Besuch von Forschungsstationen wie die argentinische Orcadas oder die Durchquerung der Drake Passage lassen Passagiere auf den Spuren großer Entdecker wandeln und Abenteuer hautnah erleben.

Die tiefen Temperaturen verlangen eine besondere Sorgfalt im Umgang mit dem Camcorder. Schließlich ist es dort viel kälter als in unseren Breitengraden im Winter. Der Blick in die technischen Daten Ihres Camcorder wird Sie vermutlich nachdenklich

Die Antarktis

Faszinierende Naturschauspiele, Adeliepinguine und die BREMEN im ewigen Eis. (Bildbeispiele auf dieser Seite: Hapag-Lloyd Kreuzfahrten)

machen. So können beispielsweise die folgenden Werte darin genannt werden: Temperaturbereich (Betrieb) 0 Grad bis + 40 Grad Celsius, Temperaturbereich (Lagerung) – 20 Grad bis + 60 Grad Celsius und relative Luftfeuchtigkeit (Betrieb) 30 % bis 80 %. Dennoch können Sie auch im Winter filmen, wie Sie sicherlich schon festgestellt haben. Folglich wissen Sie, wie Ihr Camcorder reagiert hat und so können Sie sich auch unterwegs darauf einstellen.

Damit die Camcorder-Akkus genügend Leistung bringen können, sind Sie immer in einer Tasche am Körper warm zu halten. Ebenso sollten Sie den Camcorder in einer gut gepolsterten Videotasche aufbewahren. In den Aufnahmepausen schützen Sie ihn am besten kurzzeitig unter Ihrer dicken und gepolsterten Jacke. Haben Sie zusätzlich eine digitale Fotokamera dabei, so machen Sie auch damit Aufnahmen, die Sie dann als Standbilder in den Videofilm einarbeiten. Damit sind Sie auf der sicheren Seite und erhalten Aufnahmen von ungewöhnlicher Schönheit und Aussagekraft.

Manueller Weißabgleich

„Blaue" Aufnahmen sind vorherrschend durch das Wasser und das Eis. Dennoch sollten Sie, soweit der Camcorder das ermöglicht, den manuellen Weißabgleich durchführen. Ein weißes Blatt zur Sicherheit werden Sie dabei haben. Diese Festlegung ist immer noch präziser als den Schnee in Verbindung mit der Sonneneinstrahlung als Weißersatz für den Abgleich zu nehmen.

Schneelandschaften können toll wirken, wenn in den Aufnahmen durch Vorder-, Mittel- und Hintergrund die Tiefenwirkung entsteht. Nutzen Sie dabei auch das Spiel von Licht und Schatten. Die unübersehbare Fülle an Eisschollen bietet sich als gestalterisches Mittel an, um die grandiose Weite der Landschaft zu zeigen. Auch ein bedeckter Himmel kann sehr hilfreich sein. Das diffuse Licht sorgt dafür, dass das sonst grelle Weiß von Eis und Schnee in der Szene nicht überstrahlt.

Bei der Rückkehr an Bord wird die Objektivlinse in der Kabine beschlagen. Deshalb gönnen Sie dem Gerät die Zeit zur Erholung und stellen ihn ohne Objektivdeckel auf den Tisch. Danach säubern Sie Ihr Aufnahmegerät und laden die Akkus wieder auf. Der nächste Landgang kann kommen.

Amazonas-Abenteuer

Aus der unendlichen Weite des Eises hinaus fährt zum Beispiel die MS BREMEN von Hapag-Lloyd Kreuzfahrten auch zu den exotischen Expedi-

Auf Entdeckertour
Schiffseigene Zodiacs bringen die Passagiere in die schmalen Seitenarme.

Immer wieder sehen Sie kleine Pfahldörfer und Indiohütten. (Bildbeispiele auf dieser Seite: Hapag-Lloyd Kreuzfahrten)

tionszielen wie dem Amazonas oder dem „Vater aller Flüsse", Orinoco. Die spezielle Bauweise und der geringe Tiefgang von maximal 4,80 m erlauben es dem Entdeckerschiff, auch flache Gewässer zu befahren oder in versteckten Häfen und kleinen Buchten zu ankern.

Im größten Öko-System der Erde erwartet Sie eines der letzten großen Reiseabenteuer. Schiffseigene Schlauchboote, die Zodiacs, bringen Sie in die schmalen Seitenarme. Die Ufer sind gesäumt von dichtem tropischen Regenwald. Vogelschwärme steigen auf. Die tropi-

Prachtvogel
Hyacinth-Papagei im Amazonas-Delta. Fantastische Videomotive, die mit Tele und ruhiger Hand gefilmt werden können.

sche Luft ist erfüllt vom Gekreische der Affenhorden. Immer wieder sehen Sie kleine Pfahldörfer und Indiohütten. Und dann taucht die geheimnisvolle Stadt plötzlich auf: Manaus, die einstige Metropole der Gummibarone, mit Palästen und dem legendären Amazonas-Opernhaus.

So könnte Ihr Amazonas-Abenteuer aussehen, das kleinere Kreuzfahrtschiffe, wie die MS BREMEN, auch als eine Teilreise mit Flug von und nach Deutschland ebenso anbieten, wie spezielle Reiseveranstalter, die mit örtlichen Flussschiffagenturen zusammenarbeiten. Sie haben Schiffsreisen auf Amazonas-Booten ab Manaus in der für Europäer angenehmsten Reisezeit von Mai bis Oktober im Programm.

Rundreisen

▸ **Traumhafte Motive auf einer Kreuzfahrt**

▸ **Unterwegs mit Reisemobil und Fernreisebus**

Unterwegs mit Reisemobil und Fernreisebus

Der mobile Urlaub im Reisemobil bietet viele Vorteile. Kein Koffer packen, kein Flugstress und keine Hotelvorschriften. Solch ein Urlaub ist berechenbar und so fängt er bereits vor der Haustür an.

Und da kann auch Ihr Reisefilm beginnen, indem sie Ihr Reisemobil bzw. ihren PKW samt Wohnwagen beim Beladen mit Lebensmittel, Bekleidungsstücken und den sonstigen Urlaubsutensilien filmen. Gleichzeitig setzen sie auch Ihre Familie in Szene und ebenso kommen Sie als Kameramann bzw. Kamerafrau aufs Videoband, indem Sie Ihr Partner filmt.

In der nächsten Sequenz besprechen Sie gemeinsam noch einmal die Fahrtroute mit den Zwischenstopps und dem Reiseziel. Als Zwischenschnitte setzen Sie später die Aufnahme mit der entsprechenden Landkarte ein, in der zum Beispiel ein von Ihnen geführter Kugelschreiber die Strecke bis zum Ziel zeigt.

Im Frühjahr ist es wieder soweit: Die mobile Reisesaison beginnt. Für die einen ist nur der Reisemobil- oder Wohnwagenurlaub die richtige Mixtur aus Mobilität, Komfort und Erholung. Andere wiederum nehmen diese Prädikate ebenfalls für sich in Anspruch, bevorzugen jedoch das Reisen in der Gruppe im Fernreisebus.

Stilvoll
Innenaufnahmen vom Reisemobil sind ein fester Bestandteil im Reisevideo.

Diese Besprechungsszene kann im Wohn-/Essbereich des Reisemobils gedreht werden. Auf diese Weise stellen Sie Ihr Zuhause für die nächsten Wochen detailliert vor. Dass Ihr Wohnmobil nicht am Anfang eines jeden Reisevideos stehen wird, ist klar. Wenn es sich allerdings um die Jungfernfahrt handelt, so ist dieser Einstieg in das Reisevideo legitim.

Während der Fahrt können Sie den Fahrer aus dem Beifahrersessel heraus bequem filmen und dabei auch die Schönheiten der vorbeiziehenden Landschaft zeigen. Dynamische Fahraufnahmen erhalten Sie mit dem auf einem kleinen Saugstativ befestigten Camcorder, dass auf der Innenseite des Fensters mit Blick nach vorn und ab und zu auch umgekehrt mit Blick nach hinten befestigt ist.

Abwechslung im Reisevideo ist garantiert. Denn neben den Fahraufnahmen und Besichtigungen gehört auch der „Arbeitsalltag" auf den Stellplätzen dazu. Das kann die Zubereitung des Mittagessens in der neuen Küchenwelt Ihres mobilen Zuhauses ebenso sein, wie die Freizeitaktivitäten auf dem Campinplatz oder das Angelvergnügen am nahegelegenen See.

Nützliche Helfer
Dynamische Fahraufnahmen erhalten Sie auch mit dem auf einem kleinen Saugstativ befestigten Camcorder.

Gruppenerlebnisse

Rundreisen mit einem Fernreisebus durch landschaftlich reizvolle Gegenden sind bei vielen Reisefilmern mit einem hohen Erlebniswert verbunden. Im Laufe der Fahrt lernt man seine Nachbarn im Bus und auch die anderen Mitreisenden kennen. Es entsteht eine ausgelassene Ferienstimmung und zu sehen und zu filmen gibt es immer genug.

Beginnen Sie den Reisefilm bereits vor Reisebeginn mit der Begrüßung der Gruppe und beim Verladen der Koffer sowie des Reiseproviants. Wenn es sich einrichten lässt, wählen Sie Ihren Sitzplatz vorn in der ersten Reihe, möglichst schräg hinter dem Busfahrer. Dann können Sie ihm mit dem Camcorder während der Fahrt über die

Schulter sehen und mit einer leichten Zoomeinstellung auch die Details seines Arbeitsplatzes zeigen. Gleichzeitig haben Sie freie Sicht nach vorn für ruhige Fahraufnahmen, soweit es die Straßenverhältnisse zulassen.

Beim Blick durch die Frontscheibe müssen Sie den Bildausschnitt so wählen, das eine korrekte Belichtung der Straße vor dem Bus erfolgt. Filmen Sie aus einer der hinteren Reihe im Bus mit Blick nach vorn, so mißt die Belichtungsautomatik des Camcorders die Lichtverhältnisse im Bus und öffnet dabei die Blende. Die Belichtung stimmt für die Innenaufnahmen, allerdings ist die Szenerie draußen dann überbelichtet.

Nach und nach stellen Sie auch die Mitreisenden im Film vor. Für die erste Übersicht suchen Sie sich einen Platz im Gang und filmen sozusagen in die Tiefe des Raumes. Egal mit welchen Bemerkungen Sie von Ihren Mitreisenden begrüßt werden, Sie halten einfach mit dem Camcorder drauf. Den O-Ton kontrollieren Sie später zu Hause. Erst dann entscheiden Sie, ob er im Film bleibt oder durch die nachvertonte Musik oder durch eine Kommentarstrecke ersetzt wird.

Damit es keine zu starken Brüche zwischen den Fahraufnahmen und den Besichtigungen gibt, sollten Sie möglichst viele neutrale Einstellungen aus dem Innern des Busses sowie vom Ein- und Aussteigen der Reisegruppe filmen. Auf diese Weise sammeln Sie Schnittmaterial für die Videomontage.

Die Besichtigungen filmen Sie immer als kleine, in sich abgerundete Geschichten mit Einleitung, Hauptteil und Ausklang. Aneinandergereiht und gemischt mit den Fahraufnahmen entsteht eine Chronik über die

Komfortabel
Rundreisen im Bus haben bei vielen Reisefilmern einen hohen Erlebniswert.

Der Blick über die Schulter
Dynamische Fahraufnahmen erhalten Sie, wenn Sie dem Busfahrer über die Schulter blicken und filmen.

Willkommene Pausen
Die Pausen bieten eine willkommene Abwechslung zu den Fahraufnahmen. Jetzt können Sie die Mitreisenden in Aktion filmen.

Rundreise, an der sich auch die Zuschauer und Urlaubsbekanntschaften erfreuen. Vielleicht müssen Sie dann auch noch Kopien des Reisevideos verteilen. Doch was kann dem Reisefilmer schöneres passieren, als wenn auf diese Art sein kreatives Schaffen anerkannt wird.

Skandinavien bis zum Nordkap

Einfach atemberaubend – diese Natur! Das könnte nicht nur der Tenor Ihres Reisevideos von der Reise zum Nordkap im hohen Norden Norwegens sein. Es kann auch das anerkennende Lob Ihrer Zuschauer beim Anblick der faszinierenden Naturaufnahmen sein. Ob die tief ins Land einschneidende Fjorde, gesäumt von senkrecht abfallenden Felsen, ob verträumte Seen, die Mitternachtssonne oder die Stille in den skandinavischen Wäldern – der Norden Europas ist ein Juwel.

Busdetails
Neben den Aufnahmen von den Sehenswürdigkeiten sind die Zwischenschnitte vom Ein- und Aussteigen sowie die neutralen Einstellungen die Zutaten für den abwechslungsreichen Film.

Einsam, aber herrlich
Die Campingplätze liegen meist wunderschön am Meer, an einem Bergsee oder dicht am Fjord.

Wer mit seinem Reisemobil Norwegens Hauptstadt Oslo auf der E6 in Richtung Norden verlassen hat, für den beginnt das Abenteuer Nordkap. Bleiben Sie auf der E6, so kommen Sie geradewegs nach Alta und Hammerfest. Sie können aber schon gleich hinter Oslo auf die E16 abbiegen und Bergen besuchen.

Bergen mit seinen 225.000 Einwohnern war das wichtigste Hansekontor im Mittelalter. Geblieben sind die historischen Kaufmannshäuser im Stadtteil Bryggen mit den spitzen Giebeln und kleinen Höfen. Das

Sehenswert
Die Kontorhäuser im Stadtteil Bryggen von Bergen gehören zum Weltkulturerbe.

Blick auf Ålesund
Ein wichtiger Hafen für die Schiffe der Hurtigrouten.

Hanseatische Museum berichtet über die Hansezeit und in der Schøtstuene an der Mariakirche versammelten sich im Mittelalter die Hansekaufleute.

Das Stadtbild Bergens ist geprägt von seiner Lage „zwischen den sieben Bergen". Die Standseilbahn Fløybahn führt zum 320 Meter hohen Fløyfjell mit einer wunderbaren Aussicht über die Stadt und den Fjord.

Ein weiterer Abstecher lohnt sich nach Ålesund. Die Stadt mit ihren 40.000 Einwohnern ist Norwegens größter Fischereihafen und auf drei Inseln gebaut. Die ganze Innenstadt wurde nach dem Brand von 1904 im Jugendstil neu errichtet. Sehenswert sind die schönen Speicher am Brosund, das Ålesund Museum im ältesten Gebäude der Stadt und das Aquarium. Eine prächtige Aussicht auf die Stadt bietet sich vom 189 Meter hohen Aksla.

Ein majestätischer Anblick
Die MS Columbus im Fjord. Für Videofilmer die Gelegenheit, das Einlaufen und die Größenverhältnisse zu den Naturschönheiten zu zeigen.

Die Lofoten

Ein dritter und sehr attraktiver Abstecher sind die Lofoten, die nördlich des Polarkreises und westlich im Meer gelegene Inselgruppe zwischen dem 67. und 68. Breitengrad.

Die Fährpassage von Bodø nach Moskenes auf den Lofoten ist mit den aus dem Meer aufsteigenden Felswänden ein Erlebnis. Charakteristisch auf den Lofoten sind die rot getünchten Häuser. Für Reisefilmer bieten sich auf den Lofoten so viele Videomotive, dass die Stippvisite sicherlich nur der Anfang einer lang andauernden Freundschaft sein kann. Viele kommen immer wieder um diese rauhe Schönheit zu erleben und in vielen Videofilmen darüber zu berichten.

Der warme Golfstrom macht das Klima auf den Lofoten viel milder, als es in anderen Gegenden der Welt ist, die so weit nördlich liegen, zum Beispiel auf Grönland. Milde Winter mit durchschnittlich -1 Grad und kühle Sommer mit den mittleren Temperaturen um 12 Grad prägen das Leben auf den Inseln.

Für den Reisefilmer lohnt sich der Besuch

Lofoten-Impressionen

Malerische Orte und der Fischfang prägen die Lofoten. Reise gilt als der schönste Fischerort der Lofoten. Suchen Sie das Gespräch mit den Fischern. So entstehen ganz persönliche Videogeschichten.

Stockfisch – das Gold der Lofoten.

Hennigvaer, Hafen auf den Lofoten.

Die Farbenpracht des Nordens

Sommerliches Harstad auf den Lofoten.

der Vogelfelsen auf Værøy und Røst. Das Zoomobjektiv des Camcorders überwindet dabei die großen Distanzen. Oder machen Sie einen Ausflug zu den kleinen Fischerdörfern wie Hamnøy, Reine und Å. Schauen Sie dem Schmied in Sund zu, wie er seine Kormorane schmiedet, oder dem Glasbläser in Vikten, wie er sein Glas formt. Entdecken Sie, warum Henningsvær das Venedig der Lofoten genannt wird. Unterhalten Sie sich mit den Fischern, besuchen Sie den majestätischen Trollfjord und entspannen Sie sich in der großartigen Natur der Lofoten. Vor allem aber entdecken Sie ihre ganz persönliche Inselwelt, denn dann wird auch Ihr Reisevideo geprägt sein von der Individualität des Reisefilms.

Zurück auf dem Festland geht die Fahrt auf der E6 flott gen Norden, vorbei an Wasserfällen und Bergseen. Sie passieren Tromsø, die Pforte des Nordens, wie die Stadt am Eismeer auch genannt wird. Von hier sind weltberühmte Polarforscher wie Roald Amundsen und Fridtjof Nansen aufgebrochen. Eine besondere Attraktion finden Sie in der Küstenstadt Alta. Im Ortsteil Bossekop, dem einstigen Marktplatz der Samen, der Ureinwohner des Landes, wurden Felszeichnungen freigelegt. An die 3000 Abbildungen aus der Zeit vor 2500 bis 6000 Jahren zeigen Menschen bei der Jagd sowie Rentiere, Boote und Fische.

Am Nordkap

Die letzten 100 km zum Nordkap fahren Sie dicht am Porsangerfjord entlang. Das Nordkap liegt am Ende der Insel Mageroya. Als Touristenmagnet ist das Kap auf 71 Grad 12,21 Minuten nördlicher Breite in den

Unvergessliche Naturschauspiele

„Aurora Borealis, Polarlicht am norwegischen Winterhimmel.

Ein Hurtigrutenschiff in der norwegischen Mitternachtssonne.

Sommermonaten immer gut besucht. Im Kino der Nordkaphalle, die elegant in den Berg hinein gebaut ist, können Sie sich Ivo Caprinos Film über das Nordkap und die Finnmark ansehen. Natürlich sollten Sie die Ausssicht nach Norden mit Blick auf die Barentsee genießen. Ein windiger und kalter Platz ist das Nordkap, das trotzdem zu einem unvergesslichem Erlebnis wird. Besonders reizvoll soll es im August sein, wenn das Meer und die Berge bei besserem Wetter ein faszinierendes Farbenspiel bieten.

Die Alternative per Bus

Busrundreisen beginnen mit der Fahrt zur deutschen Ostseeküste, zum Beispiel nach Kiel, und einer Fährpassage, zum Beispiel nach Göteborg in Schweden. Die Fahrt durch die schwedische Landschaft über Jönköping und Linköping führt durch das Södermanland nach Stockholm und dort mit der Nachtfähre nach Helsinki.

Sie sehen in Finnland auf der Fahrt im Landesinnern zum Bottnischen Meerbusen die herrliche Seenlandschaft und Oulu, das nördlichste Zentrum der finnischen Holzindustrie. Bei Rovaniemi überqueren Sie den Polarkreis und sind nun im Land der Mitternachtssonne angelangt. Richtung Norden auf der „Eismeerstraße" geht es nach Saariselkä bei Ivalo.

Am Inarisee entlang fahren Sie weiter Richtung Porangerfjord und kommen nach Kafjord. Durch einen untereseeischen Tunnel erreichen Sie die Nordkapinsel Magerøya. 307 Meter hoch ragt der grauschwarze Schieferfels, das Nordkap, aus dem Eismeer, über dem während der Sommermonate die Sonne 80 Tage lang nie untergeht. Zum Nordpol sind es nur noch 2000 km.

Der Ausflug zum Nordkap, das 307 Meter hoch aus dem Eismeer ragt, ist für viele Reisende ein „Muss". Besonders faszinierend ist der Blick auf die Mitternachtssonne vor Honningsvåg am Nordkap.

Genießen, sehen und filmen

Diese Tätigkeiten bestimmen die Zeit während der langen Fahrten im Fernreisebus

Die Rückfahrt beginnt wieder mit der Tunnelfahrt zum Festland und weiter geht es nach Hammerfest. Über die längste Hängebrücke Norwegens erreichen Sie Skaidi und dann Alta, die Verwaltungshauptstadt der Finnmark.

Entlang der Küste bis nach Bjerkvik führt der Weg weiter zur imposanten Inselgruppe der Vesteralen und Lofoten. Die Fähre bringt Sie von Refsnes nach Fiesnes und weiter mit dem Bus über eine 1000 Meter lange Brücke nach Sortland und Stokmarknes. Mit einer weiteren Fähre geht es auf die Lofoten zur Inselhauptstadt Svolvaer. Die wild zerklüfteten, bizarren Berge und die malerischen roten Holzhäuser sind Videomotive von einzigartiger Schönheit. Zurück mit der Fähre nach Bodø erreichen Sie wieder das Festland und durch das Namdal, das vom 210 km langen Namsen, einem der besten Lachsflüsse Norwegens durchzogen wird, erreichen Sie Trondheim, die alte norwegische Königsstadt. Über Oslo verlassen Sie dann wieder mit einer Fähre Skandinavien.

Box für
Marginaltext

MS Finnmarken:
Polarwasser-Pool.

Auf dem Weg nach Kirkenes
MS Finnmarken

Die Hurtigruten

Wer von Norwegen erzählt, der darf die Hurtigruten nicht vergessen. Die modernen Postschiffe transportieren Güter und Passagiere von Bergen nach Kirkenes und zurück. Es ist oft eine Reise durch die Jahreszeiten. Für so manchen Skandinavienfan ist solch eine Schiffsreise das Nonplusultra, für andere kommt lediglich eine Fahrt auf einem Teilstück in Frage. Wer die Kreuzfahrt durch Eis und Mittsommernacht genießen will, der kann die ganze, 12-tägige Rundreise buchen, nur eine Tour buchen mit Flug nach oder ab Kirkenes oder nur kurze Teilstrecken kombinieren.

MS Finnmarken: Blick in die „Kystarkaden".

Solche Kurztrips haben viele Bustouristikveranstalter in ihre Streckenführung hoch zum Nordkap eingebaut. Sie genießen die Abwechslsung an Bord eines Postschiffes, beobachten und filmen die grandiosen Landschaften und Fjorde, während Ihr Bus Sie am Zielort wieder erwartet.

Ein Hurtigroutenschiff im Raftsund

Der Ton im Reisefilm

▶ **Der bessere Originalton**

▶ **Musikalische Klangvariationen**

▶ **Der Kommentar und seine verbindende Funktion**

Der bessere Originalton

In unserer Umwelt werden wir immer mit Tönen konfrontiert. Mal sind es laute, mal leise Töne, mal passende und mal störende Geräusche. Gott sei Dank besitzen wir die Fähigkeit, damit selektiv umzugehen. Wir können die Schallquellen analysieren und so den Ton filtern. Wenn er uns nicht interessiert oder wenn wir von einem Vorgang, einem Ereignis oder vom spannenden Film im Fernsehen abgelenkt werden, registrieren wir die Töne in unserer Umgebung nicht mehr.

Jeder Camcorder zeichnet den vorhandenen Ton über das eingebaute Mikrofon ganz automatisch auf. So schön das im Einzelfall auch ist, so nervig kann er sein, wenn falsche Umweltgeräusche dominieren. Wie Sie den besseren O-Ton mit den Videobildern aufzeichnen, sollen Sie in diesem Kapitel erfahren.

Im Gegensatz zu den menschlichen Fähigkeiten arbeitet ein Mikrofon mit seiner Aufzeichnungselektronik im Camcorder neutral. Das eingebaute Mikrofon zeichnet die vorhandene Tonkulisse entsprechend seiner eingebauten Charakteristik auf. Je nach Eigenschaft kann es ein Rundumton oder ein eng begrenzter Ton sein. Die aufgezeichnete Lautstärke hängt dabei von der Elektronik im Camcorder und von der Nähe des Mikrofons zur Schallquelle ab.

Das eingebaute Mikrofon ist am vorderen Handgriff des Canon-Camcorders XM2 optimal platziert. Alternativ kann ein Zusatzmikrofon auch im Zubehörschuh befestigt werden wie das Beispiel mit einem Hama-Mikrofon belegt.

Mikrofon ist nicht gleich Mikrofon

Mit dieser Beschreibung wird deutlich, dass es Mikrofone mit unterschiedlichen Eigenschaften geben muss, damit letztlich ein ordentlicher oder sogar ein guter O-Ton auf dem Videoband bzw. auf der DVD synchron zu den Szenen aufgezeichnet wird. Sehen wir uns die wesentlichen Eigenschaften der Mikrofontypen einmal näher an.

Die Ausrichtung des Mikrofons auf der Frontseite des Camcorders hat natürlich den Vorteil, dass es sich direkt in Richtung Schallquelle befin-

Ein Mikrofon mit Kugelcharakteristik nimmt den Schall quasi von allen Seiten gleichlaut auf

Töne oder Geräusche von der Seite oder von hinten werden von Mikrofonen mit Nierencharakteristik ausgeblendet

Die Keulencharakteristik erfordert eine sehr präzise Ausrichtung auf die Tonquelle

det. Überwiegend sind es Stereo-Mikrofon mit einer Kugelcharakteristik, die die Schallquellen von allen Seiten aufnehmen. Typisch für derartige Mikrofone ist, dass Sie bei der Wiedergabe auch Töne hören, deren Verursacher gar nicht im Bild zu sehen sind. Folglich müssen Sie den Originalton ebenso wie die Videoaufnahmen als Rohmaterial ansehen. Deshalb werden Sie sich beim Videoschnitt nicht nur mit den Videoszenen, sondern auch mit den Tonstücken näher beschäftigen müssen.

Der Originalton ist Rohmaterial

Besser wird die Tonaufzeichnung, wenn Sie mit dem Camcorder direkt vor der Schallquelle stehen. Das kann eine Person, eine Drehorgel oder beispielsweise auch eine Musikkapelle sein. Nicht immer können Sie sich so günstig platzieren und dann brauchen Sie ein Zusatzmikrofon.

Richtmikrofone

Es gibt dynamische Mikrofone, die ohne eine zusätzliche Stromversorgung auskommen, und Kondensatormikrofone, die den Strom aus Batterien erhalten. Im Amateurbereich werden überwiegend Kondensatormikrofone eingesetzt. Ein gutes Zusatzmikrofon sollte den wichtigen Ton herausfiltern und Nebengeräusche sowie zu starke Windgeräusche unterdrücken. Es sollte klein und handlich sein und möglichst im Zubehörschuh auf dem Camcorder befestigt werden können.

Gute Ergebnisse liefert ein Mikrofon mit einer Nierencharakteristik. Solch ein Mikrofon schränkt den Aufnahmewinkel ein und unterdrückt die rückwärtigen Töne. Der Ton kommt auch dann noch gut auf das Videoband bzw. auf die DVD, wenn Sie die Schallquelle mal nicht so ganz präzise „anpeilen". Diese kleinen Unachtsamkeiten nimmt Ihnen allerdings ein Mikrofon mit Supernieren- oder Keulencharakteristik schon übel. Hier ist der Aufnahmewinkel noch enger. Deshalb müssen Sie die Schallquelle mithilfe eines Kopfhörers genau kontrollieren und das Mikrofon präzise ausrichten. Nicht vergessen sollten Sie den Windschutz, egal, um welchen Mikrofontyp es sich handelt. Er wird über das Mikrofon geschoben und mildert so die Windgeräusche deutlich.

Der Windschutz über dem Mikrofon verbessert die Tonaufzeichnungen in Freien.

Eigentlich ein klassisches Gesangsmikrofon: Das Shure beta 58 eignet sich aufgrund seiner besonders starken Nierencharakteristik („Superniere") auch für die Nahbesprechung bei Videoproduktionen

Das Richtmikrofon Sennheiser MKE 300 wird auf den Fotoschuh der Kamera gesteckt und nimmt bevorzugt nur den Schall auf, der aus der Richtung des gefilmten Objekts kommt

Ansteck- oder auch Kavaliermikros sind sehr empfindlich und sollten nur mit Umsicht und in ruhigen Räumen verwendet werden. Das Sony ECM-TS125 bildet da keine Ausnahme

Damit Ihre Reisefilme nicht nur optisch, sondern auch akustisch sehr gut werden, sollten Sie sich mindestens für ein Mikrofon mit Nierencharakteristik entschließen. Voraussetzung ist allerdings, dass Ihr Camcorder eine Anschlussbuchse für ein externes Mikrofon hat. Optimal wäre dann noch die Kopfhörerbuchse für das Mithören unterwegs über den angeschlossenen Ohr- oder Kopfhörer. Denn dann können Sie das Mikrofon optimal auf die Schallquelle ausrichten. Bei der Verwendung eines externen Mikrofons schaltet die Elektronik im Camcorder das eingebaute Mikrofon automatisch ab.

Noch besser gelingt die O-Ton-Aufzeichnung, wenn Sie den Ton manuell aussteuern können. Doch dieses Feature bieten leider nur wenige Camcorder. Überwiegend wird der Ton automatisch ausgesteuert. Folglich kann das externe Richtmikrofon seine Talente leider auch nicht voll ausspielen. Wenn beispielsweise der O-Ton einmal leiser wird, so zieht die Automatik die Verstärkung hoch und schon hören Sie und Ihre Zuschauer die Wind- und Laufwerksgeräusche des Camcorders oder den Verkehrslärm besonders laut. Das gilt auch für zu lange Sprechpausen bei einem Interview.

Zwei Tipps aus der Praxis

Prüfen Sie den Anschluss des Zusatzmikrofons gleich beim Kauf vor Ort an Ihrem Camcorder. Kontrollen Sie den Ton über den angeschlossenen Kopfhörer und ebenso über das Fernsehgerät. Ist die Aufnahmequalität gut?

Anschluss-alternativen

Lässt sich das Mikrofon im Zubehörschuh oben auf dem Camcorder nicht befestigen, dann müssen Sie es als Einmannfilmer unterwegs in der Hand halten. Alternativ bietet sich auch eine Zubehörschiene mit Halterung an, die Sie unten am Camcorder im Stativgewinde befestigen.

Interviewaufnahmen

Informationen aus erster Hand erhalten Sie zum Beispiel bei einem Interview oder bei einem Statement. Ihr Interviewpartner kann der Kapitän des Traumschiffes oder sein Kreuzfahrtdirektor ebenso sein wie die hübsche Reiseleitern auf der Safari in Kenia. Solch ein Dialog im Interview kann manchmal glaubwürdiger klingen, als der Kommentar, den Sie zum Film sprechen. Das Interview lässt sich legerer gestalten, da Ihr Gesprächspartner direkt auf die Fragen antwortet. Etwas förmlich wirkt dagegen ein Statement, bei dem die Person direkt in das Objektiv des Camcorders blickt und spricht.

Hier wird die Moderation mit einer Tonangel aufgenommen. Je nach Bildausschnitt angelt man den Ton entweder von unten oder oben

Der bessere Originalton | 213

Tipps für optimale Interviews

Mit Ihren Fragen wollen Sie wichtige Informationen für den Zuschauer erhalten. Deshalb werden Sie die Fragen entsprechend formulieren, auf einem Blatt notieren und dann ablesen. Ob eine Absprache vor der Aufnahme nötig ist, werden Sie vor Ort individuell entscheiden. Spontaner wirkt ein Interview, wenn Sie nur kurze und einfache Fragen stellen und so dem Interviewpartner Gelegenheit geben, einfach in aller Ruhe zu erzählen.

Wollen Sie beim Gespräch selbst in der Szene erscheinen, so brauchen Sie einen Helfer, der die Kamera führt und natürlich auch möglichst ein Dreibeinstativ für den ruhigen Bildstand bei den längeren Einstellungen. Während die Kamera seitlich versetzt den Fragesteller bzw. die Fragestellerin von hinten zeigt, blickt der Interviewpartner in Richtung Camcorder. Den Standort für das Interview sollten Sie nicht zufällig, sondern nach Möglichkeit in einer zum Thema passenden Umgebung wählen.

Nicht jeder Gesprächspartner wird sich in Ruhe und spontan vor einem Camcorder äußern können. Geben Sie ihm genügend Zeit für seine Aussagen und vermitteln Sie ihm ebenso das sichere Gefühl, dass die Aufnahmen jederzeit wiederholt werden können. Dann wird er bzw. sie sicherlich viel unbefangener mit Ihnen sprechen.

Nun werden Sie fragen, ob denn solch ein Interview oder Statement unbedingt im Reisefilm vertreten sein muss? Nein, nicht unbedingt, aber solch ein Filmkomplex bringt zum einen Abwechslung in die Reisereportage und zum anderen erhalten Sie dann einen klaren und deutlich zu verstehenden O-Ton. Ein Beispiel soll das verdeutlichen: Sie stehen mit der Reisegruppe in der kanadischen Hauptstadt Ottawa und die Stadtführerin erklärt der umstehenden Gruppe die Sehenswürdigkeiten. Wenn Sie sich mit dem Camcorder ebenfalls in der Gruppe befinden, können Sie zwar das Gesicht der Stadtführerin heranzoomen. Ihre Worte und Schilderungen und damit der O-Ton wird aber zu leise und gegebenenfalls mit Störgeräuschen,

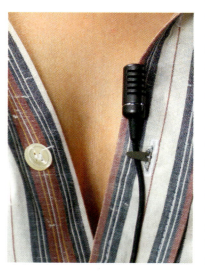

Ansteckmikros eignen sich für Interviews und Kommentare

verursacht durch die nebenstehenden Personen, aufgezeichnet. Hier ist es ratsam, mit der Stadtführerin ein kleines separates Interview zu vereinbaren. Sie stellen eine Frage, die dann in der Nahaufnahme für Bild und Ton beantwortet werden. Schon haben Sie wieder eine perfekte Szene „im Kasten".

Den Ton gestalten

Nach der technischen Lektion in Sachen O-Ton wollen wir uns nun der gestalterischen Seite zuwenden. Zuvor jedoch noch eine begriffliche Klarstellung.

Die Dominanz des Tons gegenüber den Videoszenen.

Originalton (O-Ton): Darunter verstehen wir die Tonaufzeichnung parallel zum Bild. Es ist der Ton im informatorischen Sinn, da er verstehbare und wichtige Informationen liefert.

Atmosphärenton: Dieser Ton wird ebenfalls vor Ort parallel zum Bild aufgezeichnet. Er erschließt sich uns aber mehr in einem psychologischen Sinn. Die Tonkulisse ist die Summe von Einzelgeräuschen, die lediglich den akustischen Hintergrund einer Szene oder Szenenfolge bildet.

Geräusche: Sie können je nach Wichtigkeit ein Teil des O-Tons sein oder lediglich den akustischen Raum füllen.

Eine Einstellung filmen Sie immer nur so lange, wie es für die Betrachtung des Inhalts notwendig ist. Eine Totale dauert dann auch mal zehn Sekunden oder länger, während eine Großaufnahme bereits nach vier bis fünf Sekunden zur nächsten Nahaufnahme wechseln kann. Für unsere Augen ist die Aneinanderreihung all der Einstellungen kein Problem. Jede neue Szene bringt den Film voran und sorgt für Abwechslung.

Mit dem gleichzeitig gespeicherten O-Ton verhält es sich dagegen ganz anders. Er wird mit jeder neuen Einstellung zerhackt. Das ist nicht weiter schlimm, wenn es sich um einen mehr oder weniger belanglosen Atmosphärenton handelt. Doch wehe, wenn eine Person spricht oder eine Musikband spielt. Dann sind derartige Tonbrüche tödlich. In diesen Fällen dominiert nicht das Bild, sondern der Ton. Dann müssen Sie zusätzlich auch noch genau zuhören und den passenden Moment für den Kamerastopp abwarten. Lassen Sie also die Person aussprechen oder warten Sie das Ende des Musikstücks ab. In diesen Sequenzen kommt dann aufgrund der längeren Einstellungen die bewegte Kamera mit Schwenks und Zoomfahrten zum Einsatz.

Bei Musikaufnahmen steht der Ton im Mittelpunkt. Deshalb filmen Sie mit Schwenks und Zoomfahrten längere Einstellungen. Verbinden können Sie die Musikstücke beim Videoschnitt mit einzelnen Überblendungen. Der Ausstieg aus der Sequenz erfolgt mit einem Musikstück, bei dem Sie in der Mitte einsteigen und bis zum Ende einschließlich des Beifalls filmen.

Geräusche

Geräusche sind ein weiteres Element um ein Geschehen akustisch zu unterstreichen. So können Sie Wind- und Sturmszenen mit den sich biegenden Bäumen, den umfallenden Sonnenschirmen und den aufgewühlten Wellen des Meeres optisch dokumentieren. Vollendet wird das Wetterdrama aber erst durch den entsprechenden O-Ton in Form der Geräusche, die Sturm und Wind erzeugen. Die schnellen Schritte einer Person auf den Kieselsteinen am Strand, der Pressluft-

hammer des Bauarbeiters gleich neben der Hotelanlage oder der allgemeine Straßenlärm in Bombay sind Geräusche, die einfach zu den Videobildern dazugehören. Deshalb sollten Sie auch auf Ihren Reisen nicht nur mit den Augen an die Videobilder denken, sondern ebenso mit den Ohren den besseren O-Ton hören und mit einem guten Richtmikrofon die klaren Geräusche einfangen.

Dass der Originalton den realistischen Charakter der Videoaufnahmen unterstreicht, merken Sie spätestens, wenn er fehlt. Dann entsteht eine künstliche Atmosphäre.

Ziehen wir ein Fazit in Sachen O-Ton, so stellen wir fest, dass sich der Ton immer aus verschiedenen Quellen zusammensetzt. Erst

bei der Montage des Reisefilms haben Sie die Möglichkeit, die Zeitsprünge, die durch die aneinander gereihten Videoszenen entstehen, zu einer akustischen Geschlossenheit zusammenzuführen. Gehören einzelne Szenen inhaltlich zusammen, so wird eine durchgehende Tonkulisse gespeichert. Soll zum Beispiel ein Ortswechsel auch akustisch verdeutlicht werden, so kann ein harter Tonschnitt die Szene trennen.

Ziel ist die akustische Geschlossenheit

Beim Lesen dieses Kapitel haben Sie sicherlich gemerkt, dass mal von der Aufnahme und mal von der Montage des Reisefilms gesprochen wurde. Und das ist auch richtig so. Sie müssen bereits bei den Aufnahmen an die Montage und damit an Ihr fertiges Produkt denken. Denn nur was Sie auf Videoband oder auf DVD von der Reise mit nach Hause bringen kann letztlich im fertigen Reisefilm auch vertreten sein.

Der Ton im Reisefilm

▶ Der bessere Originalton

▶ Musikalische Klangvariationen

▶ Der Kommentar und seine verbindende Funktion

Musikalische Klangvariationen

Die Beschäftigung mit der Musik läßt sich in zwei große Bereiche aufteilen. Da ist zum einen die eher handwerkliche Methode, die sich mit der Suche und der Einspielung der Musik befaßt. Ein Bereich, der jedem Videofilmer bekannt ist, der seine Filme mit Musik unterlegt. Neu und vielleicht für viele Autoren noch interessanter ist der zweite Teil, der sich mit der Wirkung der Musik im Film beschäftigt. Ein, wie vor allem die Filmkomponisten meinen, sehr schwieriger Entscheidungsprozess, bei dem am Anfang der Überlegungen viele Fragen stehen. Fragen, die sich auch der Videoamateur stellt: Muss denn Musik in dieser Szenenfolge wirklich

Mit den Augen sehen wir die Videobilder, wir interpretieren sie und ziehen Schlüsse aus der Handlung. All diese Vorgänge spielen sich auf der Ebene des Verstandes ab. Die Musik spricht dagegen die emotionale Ebene des Zuschauers an. Sie erzeugt besondere Stimmungen, sie kann die Wirkung verstärken, sie weckt Erinnerungen, kündigt Ereignisse an oder sie schafft eine harmonische Gesamtatmosphäre. Folglich kommt der Musik im Videofilm eine große Bedeutung zu.

sein? Unterstützt sie die Bilder? Hilft sie mit, die Stimmung und die Emotionen zu verstärken?

Die Musik im Videofilm

Die Musik weckt Erinnerungen und Gefühle

Als Autor des Reisefilms wollen Sie mit Ihren gefilmten Erlebnissen nicht nur Bilder und Ereignisse zeigen. Sie wollen immer eine Aussage damit verbinden. Auch wenn der Zuschauer am Ende nur feststellt, dass es ein schöner Urlaub war. Die Aussage arbeiten Sie optisch bei der Montage und bei der Platzierung der Szenen in der entsprechenden Reihenfolge und Länge heraus. Da der Zuschauer nur den von Ihnen gewählten Bildausschnitt und die Szenenfolge sieht, können Sie ihm die Aussage vor allem optisch deutlich machen. Das gelingt jedoch immer dann nicht, wenn die notwendigen Einstellungen und Szenen nicht vorliegen.

Hier setzt die Musik ein. Eine Entscheidung, die Folgen haben kann. Jeder Zuschauer eines Films begibt sich beim Blick auf die Leinwand oder auf den Fernsehschirm in die Welt der Phantasie und damit in eine Räumlichkeit, die auf Erinnerungen, Stimmungen, Gefühle und auf die Einbildungskraft setzt. Es sind die individuellen Erlebnisse, die den Bereich des Unterbewusstseins ansprechen. Daraus folgt, dass man mit seiner Musikwahl einen Treffer landen kann, weil die Musik die entsprechenden Gefühle wachruft, oder völlig daneben liegt.

Top oder Flop

So gut Sie es dann auch meinen, das ausgewählte Musikstück kann nicht immer die Bilder verstärken. Sie selbst sind zwar von Ihrer Entscheidung überzeugt, der Zuschauer jedoch nicht. Woran liegt das? Es gibt eben nicht nur die eine Stimmung. Jeder Zuschauer empfindet die Musik anders. Hier spielen persönliche Erinnerungen eine große Rolle und so läuft in den Gedanken des Zuschauers vielleicht ein ganz anderer Film ab. Die Folge ist, dass der Zuschauer der Filmhandlung nicht mehr folgt

und die Aussage des Films bei ihm nicht ankommt. Diese Überlegungen treffen auch auf die Auswahl der in der Musik eingesetzten Instrumente zu. Blasmusik verbindet man zwangsweise mit einem Volksfest und einem Umzug, während zarte Geigentöne eine romantische Stimmung suggerieren. Wird ein Musikstück, in dem solch ein Instrument dominiert, falsch eingesetzt, verwirrt es den Zuschauer und auch hier geht die Aussage verloren. Daraus folgt, dass man bekannte Lieder und Instrumentalstücke meiden sollte. Eine Ausnahme bildet das immer wiederkehrende Leitmotiv, daß bekanntlich die Bildaussage verstärken soll.

Das Leitmotiv verstärkt die Bildaussage

Welche Musik ist richtig?

Auf diese Frage kann es keine eindeutige Antwort geben, da der Geschmack zu individuell ist. Einige grundsätzliche Punkte lassen sich jedoch festlegen: Allzu bekannte Lieder und Komponisten sowie gesungene oder gespielte Schlager eignen sich nicht zur Untermalung. Es sei denn, Sie wollen damit die Zeit, in der die Handlung spielt, beschreiben oder den Zeitgeist dokumentieren. Große Orchester wirken zu aufdringlich, kleinere Besetzungen klingen dezenter. Wenn Sie sich verschiedene Titel anhören, werden Sie feststellen, dass innerhalb der Musik ein Spannungsbogen durchlaufen wird. Das kann einmal oder mehrfach der Fall sein. Am Anfang wird die Spannung aufgebaut, sie steigert sich zum Höhepunkt, wird aufgelöst und klingt harmonisch aus. Deshalb eignet sich der Anfang eines Musikstücks für den Beginn der Sequenz und der Ausklang für das Ende des zu vertonenden Videofilmteils, der dann mit einer Abblende beendet wird oder zum nächsten Videofilmteil überleitet.

Musik richtig eingesetzt

Obwohl die Musikeinspielung eine handwerkliche Angelegenheit ist, können Sie auch dabei die Gestaltung des Films beeinflussen. Die Musik soll nicht einfach eine Geräuschkulisse sein, welche die sonst stillen Aufnahmen zum Leben erwecken. Die Musik soll den O-Ton und den Kommentar lediglich unterstützen. Sie soll nicht dominieren. Deshalb dürfen Sie die

GEMA-pflichtig und GEMA-freie Musik

Wer daran denkt seine musikvertonten Filme öffentlich vorzuführen oder zu verkaufen, muss sich mit der urheberrechtlichen Seite dieses Themas befassen. Es gibt ein ganzes Bündel von Rechten an musikalischen Werken, die bei ganz unterschiedlichen Quellen zu suchen sind – beim Verfasser selbst, bei einem Verlag oder einer Plattenfirma.

Ein Teil dieser Rechte wird von der GEMA (Gesellschaft für musikalische Aufführungs- und mechanische Vervielfältigungsrechte) wahrgenommen. Die Organisation vertritt die Komponisten, Musiker, Arrangeure, Texter usw. Sie tritt immer dann in Erscheinung, wenn die beiden Aspekte „öffentliche Präsentation" und „gewerbliche Nutzung" eintreten. Die Öffentlichkeit beginnt bereits außerhalb der eigenen vier Wände. GEMA-pflichtige Musik befindet sich auf nahezu allen handelsüblichen Tonträgern. Und so sind auch die Aufnahmen aus dem Bestand der eigenen CD-Sammlung fast immer GEMA-pflichtige Musikstücke. Details darüber sind bei der GEMA zu erfahren.

Eine Besonderheit betrifft die Mitglieder der Amateurfilm- und Videoclubs, die im Bundesverband Deutscher Filmautoren (BDFA) organisiert sind. Hier zahlt der BDFA an die GEMA eine Jahrespauschale für die öffentlichen BDFA-Veranstaltungen, sodass die Vorführung auf den BDFA-Wettbewerben bereits abgedeckt ist. Andere öffentliche Aufführungen müssen extra vom Veranstalter bezahlt werden.

Günstiger ist der Einsatz GEMA-freier Musik. Hier liegen Kompositionen von Musikern und Produzenten vor, die nicht Mitglied bei der GEMA sind. Zwar sind die CD`s etwas teurer, als normale Tonträger. Dafür erwerben Sie jedoch gleichzeitig die Rechte zur Aufführung der mit dieser Musik vertonten Videos ohne Zusatzkosten.

Anbieter von GEMA-freier Musik (eine Auswahl):

Blue Valley	Highland-Musikarchiv	Raven-Studio Berlin
Kirchditmolder Str. 22	Wolfhager Str. 300	Dudenstr. 11
34131 Kassel	34128 Kassel	10965 Berlin
Tel. 0561 / 937940	Tel. 0561 / 9882591	Tel. 030 / 7855156

(Auswahl, alle Angaben ohne Gewähr)

Musik nicht in voller Lautstärke einspielen. Die Stücke werden entsprechend leiser aufgenommen und bleiben so um 50% reduziert dezent im Hintergrund. Damit umgehen Sie auch das plötzliche Absenken der Musik, wenn der Kommentar beginnt und das volle Aufdrehen, wenn der Text zu Ende ist. Bleibt die Musik leise im Hintergrund, so muss sie für den Kommentar, der deutlich im Vordergrund steht, gar nicht oder nur ganz wenig verändert werden. Die beste Musik ist letztlich immer diejenige, die der Zuschauer nicht so deutlich wahrnimmt, da ihn die starken Bilder faszinieren, die aber dennoch die Ereignisse im Film aufwertet.

Die Wirkung der Musik

Es gibt einige immer wiederkehrende Stilmittel, welche die Wirkung der Musik im Film verdeutlichen.

Die Stilmittel und ihre Wirkungen

  Die Verwendung von Leitmotiven: Das Leitmotiv ist die Erkennungsmelodie, die mit ihrem musikalischen Grundthema und den aus den jeweiligen Situationsveränderungen ergebenden Variationen Themeneinheiten für die Hauptakteure im Film schafft. Das Thema wird dabei in verschiedenen Arrangements mehrfach im Film eingesetzt, vorrangig in den dramaturgischen Schlüsselszenen. Das Leitmotiv dient als „Ausrufezeichen" und unterstützt inhaltlich die Filmhandlung.
  Ort und Zeit dokumentieren: Die Musik macht den Charakter und die Atmosphäre der Zeit deutlich, in der die Handlung spielt.
  Gedanken verdeutlichen: Die Musik unterstreicht und ergänzt mit ihren Akkorden und Klangbildern die unausgesprochenen Gedanken der Darsteller.
  Mit den Gefühlen der Zuschauer spielen: Die Musik kann mit der sich plötzlich ändernden Tonfolge den Zuschauer in ein Wechselbad der Gefühle stürzen, ihn wachrütteln oder bewusst gedanklich in falsche Bahnen lenken. Es sind dramaturgische Ausdrucksmittel, die vor allem in Kriminal- und Spionagetrillern eingesetzt werden.
  Verbindungen schaffen: Die Musik hilft mit, aus den Szenen und Sequenzen harmonische Filmabschnitte zu formen und die ihr zustehenden Räume auszufüllen. Sie schafft die Kontinuität im Film.

Der Ton im Reisefilm

▸ Der bessere Originalton

▸ Musikalische Klangvariationen

▸ Der Kommentar und seine verbindende Funktion

Der Kommentar und seine verbindende Funktion

Eine der wichtigen Grundregeln lautet, dass der Kommentar die Videobilder lediglich ergänzen und nicht beschreiben soll. Er bringt Informationen, die das Bild zu liefern nicht in der Lage ist. Ich möchte in dem Zusammenhang gleich noch ein paar weitere Aussagen hinzufügen: So muss der Kommentar in einer Beziehung zu den Videoszenen stehen. Bilder und Texte dürfen nicht auseinander laufen. Zu viel Kommentar kann den Film „erschlagen", weshalb Sie dem Zuschauer auch Pausen beim Zuhören gönnen sollten. Und das Wichtigste: Vorrang haben immer die Videoaufnahmen und damit die Bilder.

Folglich lässt sich aus all den Aussagen ableiten, dass Sie über die Art und Weise sowie über die Notwendigkeit eines Kommentars erst beim Videoschnitt entscheiden.

Die Vertonung beeinflusst die Gesamtwirkung des Reisefilms. Neben den akustischen Komponenten O-Ton, Geräusche und Musik trägt auch der Kommentar wesentlich dazu bei.

Die Kreativität des Wortes

Worte erleichtern die Verständlichkeit der Szenen

Getreu dem Motto „Ein Bild sagt mehr als tausend Worte" könnte man die Ansicht vertreten, dass ein Film ganz ohne Worte auskommen kann. Dem ist nicht so. Schon in der Stummfilmzeit wurde die musikalische Begleitung zur Untermalung der Filmbilder genutzt, um Stimmungen zu vermitteln und die Bilder akustisch zu unterstützen. Seit der Tonfilm Einzug hielt, dominieren vor allem in den Spielfilmen die Dialoge.

Je nach Filmkategorie können noch weitere Sprachformen zum Einsatz kommen. Reportagen und Dokumentationen brauchen zum Beispiel den Kommentar um Ereignisse und Vorgänge vollständig zu beschreiben. Monologe und Statements sind dagegen spezielle Sprachformen, die in Reportagen und Dokumentationen nur in ausgewählten Filmsequenzen zum Einsatz kommen.

Grundsätzlich erleichtert das gesprochene Wort die Verständlichkeit der Videoszenen. Mit den sprachlichen Mitteln können die Szenen kompakter beschrieben werden, sodass sich die Bilder auf die wichtigen visuellen Informationen konzentrieren können.

Reisefilme sind überwiegend Reportagen und so ist der Kommentar typisch für diese Art Filme mit informierendem Inhalt. Im Kommentar liefern Sie dem Zuschauer ergänzende Fakten und vermitteln folglich die Zusammenhänge, die für das Verständnis des Filmteils notwendig sind. Daraus folgt, dass Sie sich möglichst schon bei der Planung Ihres Reisefilms mit dem späteren Kommentar, mit seinem Umfang und ebenso mit dem Kommentarstil beschäftigen sollten. Denn oft müssen Sie für Fakten und Informationen recherchieren. Das bedeutet aber nicht, dass der Text schon vor der Reise fertig vorliegen muss. Da aber die Filmlänge der jeweiligen Teilgeschichte und der eventuell notwendige Text in einem zeitlich engen Zusammenhang stehen, müssen Sie genügend Filmmaterial mit nach Hause bringen oder den Text später entsprechend kürzen, was aber nicht gerade eine gute Alternative wäre.

Je nach Komfort des Videoschnittprogramms stehen Ihnen mehrere Audiospuren für die Nachvertonung zur Verfügung, auf denen Sie den Kommentartext platzieren und bei Bedarf testen können.

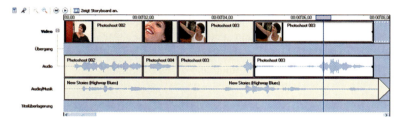

Im Rahmen des Videoschnitts ist es dann sinnvoll, parallel zum Filmschnitt auch ein erstes Textkonzept zu entwerfen und auf seine Tauglichkeit mit der Länge der jeweiligen Filmsequenz abzugleichen. Stufenweise verfeinern Sie dann immer im Zusammenhang mit dem Filmschnitt die Texte, bis die endgültige Textfassung vorliegt.

Der Stil

Ein Kommentar besteht zum einen aus dem Text, den Sie formulieren, und aus der Sprache und damit aus der Art und Weise, wie Sie den Kommentar vortragen.

Der persönliche Stil steigert die Authenzität

Da der Kommentar gesprochen wird, orientiert er sich nicht an einem geschriebenen Text. Ein Roman oder eine Geschichte in der Tageszeitung oder in einer Zeitschrift haben immer Füllwörter und Nebensätze, welche die Gedanken und die Fantasie des Lesers anregen sollen. Diese Funktionen übernehmen im Film natürlich die Bilder und damit Ihre Videoszenen. Beim Schreiben des Kommentars denken Sie bitte immer an Ihr Publikum. Und so wählen Sie kurze Sätze mit verständlichen Ausdrücken und klaren Beschreibungen. Fremdwörter und verschachtelte Sätze sollten Sie vermeiden. Kurze Texte erleichtern nicht nur Ihnen das Sprechen, auch der Zuschauer versteht die Texte dann besser als lange Bandwurmsätze.

Die Videoschnittprogramme bieten auch die direkte Tonaufnahme und die Aussteuerung der einzelnen Audiospuren.

Den Text sollten Sie mit Ihren Worten und damit in einem persönlichen Stil schreiben. Schließlich sprechen Sie ihn später auf die Tonspur des Films. Außerdem ist es nicht nur Ihr Film, sondern es sind auch Ihre Erlebnisse, die da auf dem Fernsehschirm und auf der Videoleinwand zu sehen sind. Bitte nicht die passive Form „Man sieht ..." oder „Es ist passiert...", sondern „Wir haben...." und „Uns passierte es, dass....". Vermeiden Sie bitte nach Möglichkeit auch Zahlen zur Größenbeschreibung und zu viele Jahreszahlen in den Texten. Die kann sich keiner merken. Vergleiche sind besser, wie zum Beispiel „Der See ist so groß wie der Bodensee".

Den Text sollten Sie nicht nur aufschreiben, sondern auch gleichzeitig laut vorlesen. Dann merken Sie sofort, ob Sie den Text flüssig sprechen können. Wollen Sie die Verständlichkeit prüfen, so sprechen Sie den Text zur Probe auf die Tonspur und hören ihn dann ab. Auch diese Variante deckt dann zum Beispiel unlogische oder überflüssige Worte und Formulierungen auf.

Sie erinnern sich sicher an die Aussagen zur Bildgestaltung und zur Erstellung der Szenenblöcke. Dort haben Sie erfahren, dass die Bilder eindeutig vom Zuschauer erfasst werden müssen, sonst versteht er die Handlung nicht mehr. Das gilt auch für den Text. Ihn hört der Zuschauer nur einmal und deshalb muss er ihn sofort verstehen. Ein Zurückblättern wie beim Lesen eines Buches ist im Film nicht möglich. Deshalb: Kurze und richtig betonte Sätze erzeugen die Spannung im Film und das gelingt, wenn die Übereinstimmung von den Hauptsätzen mit den Bildern vorhanden ist.

Die Sprache

Sprechen Sie die Texte selbst

Die Klangfarbe der Sprache, die ungezwungene Wortwahl und die saloppen Redewendungen sind individuelle Eigenarten, die zusätzlich durch die Mundart verstärkt werden. Nun könnten Sie der Versuchung erliegen und die Kommentare in Ihren Reisefilmen unbedingt in Hochdeutsch und möglichst korrekt sprechen zu wollen. Machen Sie sich bitte nicht diese Mühe! Bleiben Sie bei Ihrer Mundart! Sprechen Sie die Texte selbst und lassen Sie die Kommentare nicht von einem Profisprecher formulieren.

Es sind Ihre Erlebnisse und Ihre Reisefilme und zu diesen persönlichen Filmen gehört auch Ihre Sprache!

Nun werden Sie einwenden, dass Sie Ihre eigene Stimme indiskutabel für den Filmkommentar finden. Objektiv betrachtet, trifft das meistens nicht zu. Täglich hören Sie Ihre Stimme sozusagen von innen heraus durch den eigenen Mund- und Rachenraum. Deshalb kennen Sie Ihre Stimme so wenig, wie sie von anderen Personen gehört wird.

Wer jedoch Sprachschwierigkeiten hat, der sollte sich nach einem Sprecher bzw. einer Sprecherin im Familienkreis umsehen. Am besten natürlich die Person auswählen, die mit auf der Reise war.

Sie können Ihre Sprechtechnik auch trainieren, indem Sie verschiedene Übungen durchführen. Das beginnt bei der richtigen Atmung. Sie atmen tief ein und sprechen mit ruhiger Stimme und gleichmäßig. Die wichtigen Wörter betonen Sie und sprechen sie korrekt und deutlich aus.

Sie gliedern die Sätze und trennen nicht zusammenhängende Abschnitte durch die Einlegung kurzer Pausen. Ruhiges Sprechen ist nicht gleichbedeutend mit einer langweiligen und einschlafenden Aussprache. Emotionen machen Sie durch die Abwechslung im Tonfall deutlich. Auf diese natürliche Weise vermitteln Sie bei Bedarf auch Neugierde, Leidenschaft, Erstaunen und ebenso Hass und Zorn. Sie merken schon, mit der Sprache können Sie spielen und mit den Emotionen die Videofilmteile unterstützen.

Damit Ihre Sprache später im Film flüssig klingt, sprechen Sie den vollständigen Text auf einen Tonträger oder über ein Audio-Programm auf eine PC-Datei gleich mehrfach. Sie werden merken, wie die Sprache nach und nach flüssiger wird und Sie die Wiederholungen mit einer besseren Betonung sprechen. Deshalb sind Wiederholungen so sinnvoll. Später bei der Vertonung suchen Sie sich dann die besten Textstücke heraus und platzieren sie auf der Tonspur. Es bringt folglich nichts, heute den ersten Filmteil zu sprechen und in den nächsten Tagen die Fortsetzung. Denn nach jeder längeren Unterbrechung klingt Ihre Stimme ganz anders und das merkt der Zuschauer.

Ein Tipp aus der Praxis

Wollen Sie die spontanen Eindrücke für den Kommentar konservieren, so kann es durchaus sinnvoll sein, ein kleines Diktiergerät in der Videotasche mitzunehmen und unterwegs die „Vor-Ort-Empfindungen" draufzusprechen. Aus der Erinnerung heraus entsteht meistens eine distanziertere Betrachtung und die macht sich dann auch im Kommentartext bemerkbar.

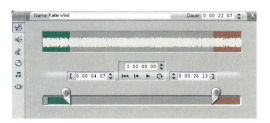

Die auf die Tonspur des Videoprojekts aufgespielten Töne können im Nachhinein der Bildlänge angepasst werden.

Die Stille im Film

Der Kommentar steht bekanntlich am Ende der Filmvertonung, die mit der O-Ton-Aufzeichnung begonnen und durch die Musikeinspielung ergänzt wurde. Deshalb hier nun zum Abschluss ein paar Bemerkungen über die Stille im Film, die sich auf all den genannten Ebenen bemerkbar machen kann. Die Stille im Film gibt es eigentlich nicht, denn überall hören wir Töne und Umweltgeräusche. Im Film wird die Stille lediglich als gestalterisches Mittel eingesetzt, um den Fokus auf die Filmbilder zu lenken. Deshalb ist die Stille in der Filmvertonung etwas Besonderes. Sie nimmt in der Tondramaturgie eine Sonderstellung ein.

Die Stille kann die Aufmerksamkeit des Zuschauers fördern

Die Stille nehmen wir auf unterschiedliche Weise wahr. Das können die natürlichen Pausen zwischen den gesprochenen Sätzen ebenso sein wie die Unterbrechungen beim Musikwechsel im Rahmen der Nachvertonung. Das sind alles uns bekannte Pausen, auf die wir nicht besonders achten. Anders verhält es sich mit der Stille, die als spezielles Ausdrucksmittel im Film eingesetzt wird. Die bewusst platzierte neutrale Stille bekommt im Zusammenhang mit der Videoszene je nach Bildinhalt eine ganz besondere Bedeutung. Deshalb wird das unerwartete Aussetzen des Tons weniger in Reisefilmen, sondern eher in Spielhandlungen zum Tragen kommen. Dennoch möchte ich auch in diesem Kapitel das Thema nicht unerwähnt lassen, denn auch im Reisefilm können spielerische Elemente vorhanden sein, die dann mit den Möglichkeiten der Spannung nicht nur optisch, sondern auch akustisch dargestellt werden sollen.

Mit dem bewussten Einsatz wird die Stille neben dem Bild ebenfalls zum Hauptträger von Informationen. Sie verstärken damit die Aufmerksamkeit des Zuschauers. Die jeweilige Dauer der Stille wird von der beabsichtigten Wirkung und vom Inhalt der Videoszene und den möglichen Empfindungen des Zuschauers abhängen. Die Beziehung von Bild und Ton und damit die richtige Dosierung der Stille schafft dann die dramatische Pause, die der Zuschauer mit den Gefühlen für Angst, Unruhe und Unsicherheit verbinden wird.

Auch wenn Sie jetzt einwenden, dass Sie das dramaturgische Element der Stille in Ihren Reisefilmen nicht benötigen, so werden Sie beim Lesen des Kapitels doch gemerkt haben, dass Sie mit der Tongestaltung im Videofilm sehr differenziert und zielbewusst umgehen müssen. Die Vertonung mit O-Ton, Geräuschen, Musik, Kommentar und bei Bedarf auch mit der Stille spielt neben den Videobildern insgesamt gesehen eine gleichberechtigte Rolle, denn erst mit der optimalen Vertonung schaffen Sie die Gesamtwirkung des Reisefilms.

Motivtipps
für die nächste Reise

▸ Deutschlandreise

▸ Städtetouren

▸ Unter südlicher Sonne

▸ Inseln im Mittelmeer

▸ Auf den Spuren der Vergangenheit

▸ Die Perlen der Karibik

▸ Kanada's Osten

▸ Asiatische Miniaturen

Deutschlandreise

Beginnen wir unsere Reise hoch oben im Norden auf der Halbinsel Eiderstedt in der Nähe von St. Peter-Ording. Dort, wo der Leuchtturm von Westerhever mit seinen beiden kleinen Häuschen als markantes Seezeichen steht. Vor ihm die Nordsee und nach Norden hin sind die Halligen zu sehen.

Warum denn in die Ferne schweifen? Müssen es immer Reisen in fremde Länder sein, die uns Filmemacher so faszinieren? Auch Deutschland hat viel zu bieten. Ich habe es ausprobiert.

Die Welt der Halligen gehört zu den Besonderheiten im Norden Deutschlands. Weit draußen im Wattenmeer der Nordsee liegen mitten im Zentrum des Nationalparks „Schleswig-Holsteinisches Wattenmeer" die Halligen. Jene kleinen und ungeschützten Inseln, die auf Besucher immer einen besonderen Reiz ausüben.

Die Halligen

Die Hallig Hooge, die zweitgrößte unter den Halligen, wird gern die „Königin der Halligen" genannt. Typisch für diese besondere Inselwelt sind die

Deutschlandreise | 237

Die Halligen

Die Halligen unter den Nordfriesischen Inseln spielen eine besondere Rolle. Sie werden regelmäßig überspült. Deshalb haben die Bewohner ihre Häuser auf Warften gebaut.

Warften. Das sind aufgeworfene Erdhügel, auf denen die Bewohner vor den Sturmfluten der Nordsee geschützt sind.

Filmisch interessant finde ich zum einen die Warften mit ihren Häusern und ebenso die Weite der flachen Landschaft. Damit derartige Szenen wirken, habe ich einen Vordergrund, zum Beispiel den Zaun einer Weide oder die Kühe an der Wassertränke, ins Bild einbezogen. Es sind lange und ruhige Einstellungen, damit der Zuschauer die entsprechende Stimmung auch aufnehmen kann. Tagesgästen wird die heimische Tier- und Pflanzenwelt weitestgehend verschlossen bleiben. Wer jedoch für ein paar Tage die Ruhe sucht, der kann sich auch die Zeit nehmen und mit einem Dreibeinstativ auf Beobachtungstour gehen.

Helgoland

Helgoland bietet mehr als die „Lange Anna", den zollfreien Einkauf und die fangfrischen Hummer. Deutschlands einzige Hochseeinsel, der „rote Felsen" mit seinen 1500 Einwohnern, liegt rund 63 Kilometer vom Festland entfernt und ist mit den Seebäderschiffen von verschiedenen Küstenorten sowie mit dem Katamaran von Hamburg aus zu erreichen. Folglich beginnt die Videoreportage mit den Schiffs- und Fahraufnahmen. Filmisch besonders attraktiv ist das „Ausbooten", denn die meisten Schiffe legen nicht im Hafen an. Vor der Insel auf Reede müssen alle Besucher in kleine Boote umsteigen und werden damit zum Hafen gefahren.

Helgolands Wahrzeichen
Die „Lange Anna" – der freistehende Felsen – ist das Wahrzeichen der Insel, die unter anderem auch mit dem Katamaran von Hamburg aus angesteuert werden kann.

Hauptattraktion ist die „Lange Anna", der einzige freistehende Felsturm an Deutschlands Küste. Ein gemütlicher Spaziergang auf dem Oberland führt automatisch zum Wahrzeichen der Insel und der Weg dorthin mit den vielen Besuchern wird ebenfalls gefilmt. Vor der „Langen Anna" sollten Sie den Bildausschnitt so wählen, dass der Wanderweg mit den staunenden Gästen ebenfalls zu sehen ist. Damit machen Sie die Größenverhältnisse deutlich.

Rügen und Hiddensee

Die beiden Inseln filmisch zu beschreiben, dafür gibt es viele Ansatzpunkte. So können die Natur, der Umbruch von gestern auf heute oder der inzwischen gut entwickelte Tourismus im Mittelpunkt stehen. Auf jeden Fall sollten Sie solch ein Inselporträt sorgfältig planen. Das beginnt mit den zahlreichen Inselbesuchen. Denn nur durch das intensive Kennenlernen von Land und Leuten erhalten Sie all die notwendigen Informationen.

Rügens Naturhighlight
Aus 117 Meter Höhe geht der Blick von Rügens Königsstuhl auf die Ostsee.

Hiddensee
Fischerromantik auf der Insel Hiddensee.

Ich habe mich für die markanten Naturschönheiten wie der Kreidefelsen, Cap Arkona und die Strände bei Binz, Sellin und Göhren entschieden. Aber auch vielen stillen Winkel, in denen man noch die Beschaulichkeit früherer Jahrzehnte spürt, gehören in die Sequenz. Dazu die langen Alleen mit ihrem alten Baumbestand und die roten Mohnfelder, die leider nicht immer blühen.

Meine Lieblingsinsel ist jedoch die Nachbarinsel Hiddensee. Eine Insel mit wunderschönen Stränden, einer naturbelassenen Heidelandschaft und verträumten kleinen Fischerorten. Allein schon diese Aufzählung zeigt, aus welchen Bausteinen die Sequenz besteht. Das Ergebnis ist eine lange Szenenfolge innerhalb meiner Ostseetour, die aufgrund ihrer Ruhe, die sie ausstrahlt, der Seele gut tut.

Mecklenburgische Seenplatte

Sie sitzen auf der Terrasse einer Gaststätte bei Kaffee und Kuchen, der Blick geht hinüber auf die Müritz und in der Ferne zieht ein Ausflugsdampfer vorbei. So kann das Reisevideo von der Mecklenburgischen Seenplatte beginnen.

Das Herzstück der Seenplatte ist die Müritz, der größte Binnensee Norddeutschlands. Am Ostufer befindet sich zwischen Waren und Neu-

Die Müritz
Das Herz der Seenplatte ist die Müritz, der größte Binnensee Norddeutschlands.

strelitz der Nationalpark Müritz. Das Naturschutzgebiet ist eines der Europareservate entlang der Vogelzugroute. Einige Wander- und Fahrradwege und eine betreute Busroute führen den Naturfreund zu besonderen Aussichtspunkten in der fast ursprünglichen Landschaft. Ein Dreibeinstativ, den Camcorder und viel Zeit sind die Zutaten für interessante Tieraufnahmen.

Zeit für Tieraufnahmen

Die touristischen Zentren an der Müritz sind Waren und Röbel mit ihren restaurierten Ortskernen. Der Frühsommer und der Herbst sind meiner Meinung nach die schönsten Jahreszeiten zum Kennenlernen der Seenplatte.

Romantische Straße

Die Romantische Straße verbindet als Deutschlands bekannteste Touristenroute 27 Orte zwischen Würzburg und Füssen. Sie durchquert das Taubertal, das Nördlinger Ries, das Lechfeld, den Pfaffenwinkel und erreicht ganz im Süden die bayerischen Königsschlösser. Bekannte Städtenamen, wie zum Beispiel Rothenburg ob der Tauber, begleiten die Strecke.

Ein filmisches Stadtporträt reizte mich vor allem durch das vollständig erhaltene mittelalterliche Stadtbild mit seinen großen Stadttoren, wie dem Burgtor mit seinem separaten Schlupfpförtchen oder mit dem Klingentor und dem Kobolzeller Tor. Aus der Vielzahl sehenswerter Gebäude und Plätze wählte ich beispielhaft das Baumeisterhaus in der Oberen Schmiedgasse, das Feuerleinserker in der Klingengasse sowie die Ratstrinkstube mit Kunstuhr am Marktplatz. Ein besonderer Anzie-

Mittelalter pur
Rothenburg ob der Tauber mit seiner gut erhaltenen Stadtmauer und dem mittelalterlichen Stadtbild

hungspunkt ist der ganzjährige Weihnachtsmarkt im Haus „Käthe Wohlfahrt" mit dem Weihnachtsmuseum in der Herrngasse.

Mein Top-Tipp: der romantische Abendspaziergang mit dem Nachwächter, der auf seinem Rundgang auf unterhaltsame Art viel Wissenswertes zur Stadtgeschichte erzählt.

Am Bodensee

Da ist zuerst einmal die Insel Mainau. Das Blütenwunder im Bodensee zeigt zu jeder Jahreszeit seine Reize. Vor allem aber von Frühling bis Herbst. Hier gibt es Palmen und Bananenstauden, Orangen- und Zitronenbäume. Die Blumen mit ihren Blüten in allen Variationen faszinierten mich besonders. Allein schon die Blumeninsel Mainau ist deshalb eine Reisereportage wert.

In der südlich angehauchten Landschaft rund um den Bodensee wird in einigen Uferregionen auch Weinbau betrieben. Suchen Sie doch einfach mal den Kontakt zu einem Winzer und erzählen Sie dann in ihrer Reportage den Zuschauern ein Stück von der Weinkultur am Bodensee.

Verweilen wir noch ein wenig in der Natur. Gleich hinter Friedrichshafen verändert die Landschaft ihr Gesicht. Sie wird flach und

Mainau
Die Blumeninsel Mainau.

Am Bodensee
Postkartenmotiv Wasserburg am Bodensee.

die landwirtschaftlich genutzten Flächen sowie die Obstplantagen prägen das Bild. Mich interessierten vor allem die Stadt Lindau und der malerisch gelegene Ort Wasserburg. Während man über Lindau keine Worte mehr verlieren muss, so bekannt ist die Stadt, gilt Wasserburg doch noch als Geheimtipp. Sicher, die Kulisse gibt nicht genügend Stoff für eine große Reisereportage. Aber für ein kleines und feines Schmankerl im Rahmen der Bodeseereise reicht es allemal.

Schloss Linderhof

Schloss Linderhof, die Villa Ludwigs II, erreichen Sie auf der Deutschen Alpenstraße zwischen Füssen und Ettal. Das luxuriöse Schloss bietet nicht nur Samt und Prunk und einen herrlich angelegten Park, sondern auch die Venusgrotte. Die künstliche Tropfsteinhöhle ist nach dem Vorbild des Hörselberges aus der Wagneroper „Tannhäuser" nachempfunden. Um das Schloss liegen barocke Gartenräume und Terrassen- und Kaskadenanlagen.

Die Aufnahmen der Parkanlagen bringen durch ihre Staffelung die nötige Tiefe ins Bild. Vor allem dann, wenn ein dominantes Motiv in den Bildvordergrund einbezogen wird.

Schloss Linderhof
Die Terrassen- und Kaskadenanlagen bieten filmische Motive mit Tiefenwirkung.

Am Fuss der Zugspitze
Garmisch-Partenkirchen – ein Urlaubsort für jede Jahreszeit.

Garmisch-Partenkirchen

Inmitten einer schönen Landschaft, die sich am Fuße der Zugspitze ausbreitet, liegt der bekannte Wintersportort, der auch im Sommer nichts von seiner Attraktivität einbüßt. Eine Jahreszeit, die ich für meine Deutschlandreise bevorzugte.

Zu den Hauptsehenswürdigkeiten für Videofilmer gehören die Rokokopfarrkirche St. Martin und die freskengeschmückte gotische St.-Martins-Kirche sowie die beiden Berge vor der Haustür, die 2628 Meter hohe Alpspitze und Deutschlands höchster Berg, die 2962 Meter hohe Zugspitze.

Faszination pur
Die Fahrt hinauf auf die Zugspitze.

Auf der Zugspitze

Als Einstieg in das Thema benutzte ich den einfachsten Weg hinauf auf die Zugspitze in knapp 3000 Meter Höhe: Mit der Zahnradbahn fuhr ich zum Schneeferner-Gletscher auf dem Zugspitzplatt. Weiter ging es mit der Gletscher-Seilbahn auf den Gipfel. Für die Fahrt zurück ins Tal stieg ich ein in die Eibsee-Seilbahn und genoss den Blick auf den See und das Werdenfelser Land. Am Eibsee stieg ich wieder in die Zahnradbahn

und fuhr zurück nach Garmisch-Partenkirchen.

Diese Erlebnisse bietet die Zugspitze: einen Gletscherrundgang im Eis. Den Klettersteig zum Gipfelkreuz oder einfach nur relaxen im Liegestuhl auf der Sonnenterrasse. Als „rasender Reporter" beobachtete ich das Geschehen lediglich. Eine Gletscherwanderung oder den Klettersteig überließ ich lieber den Fachleuten. Den Abschluss bildete dann noch der atemberaubende Panoramablick hinüber zu den anderen Berggipfeln. ◐

Die Zugspitze
Panoramablick auf die unzähligen Berggipfel.

Motivtipps
für die nächste Reise

- Deutschlandreise
- Städtetouren
- Unter südlicher Sonne
- Inseln im Mittelmeer
- Auf den Spuren der Vergangenheit
- Die Perlen der Karibik
- Kanada's Osten
- Asiatische Miniaturen

Städtetouren

Österreichs Hauptstadt ist ein Beispiel für eine attraktive Städtetour. Einfach mal ein paar Tage ausspannen, etwas anderes sehen und den eigenen Horizont erweitern. Städtereisen sind in! Auf engstem Raum bietet eine Stadt viele Motive für Reisefilmer und damit

Das Schloss Schönbrunn, der Prater, der Stephansdom, die Hofburg und der Walzerkönig Johann Strauß. Die Liste der Bilder, an die man beim Wort „Wien" denkt, ließe sich beliebig fortsetzen.

die Möglichkeit, bei jedem Besuch ein neues Stadtporträt zu filmen.

Eines sollten Sie auf keinen Fall versuchen: eine alles zeigende Reportage zu erstellen. Jede Metropole hat so viele Facetten und Blickwinkel, sodass ein einziges Stadtporträt gar nicht alles berücksichtigen kann und wenn, dann wäre es nur eine oberflächige Betrachtung.

Deshalb entwickelte ich bereits rechtzeitig vor der Reise ein Stichwortkonzept mit Themen- und Tourenvorschlägen aufgrund der Informationen aus Reiseführern, Büchern und Internet-Recherchen. Und so habe ich ein paar Rosinen herausgepickt und sie in kleinen Sahnestücken präsentiert. Die Anspielungen auf Süßigkeiten und Kuchen treffen auf Wien immer zu, wo zahlreiche Kaffeehäuser zum Verweilen einladen. Untergebracht sind

Jugendstil in Wien
Die mit einem filigranen güldenen Lorbeerblätterball gestaltete Kuppel des Secessionsgebäudes ist Wiens originellster Jugendstilbau.

Alltagsmotive mit Kunst
Der Stadtbahn-Pavillon am Karlsplatz, geschaffen von Otto Wagner.

die Sachers, Demels und Havelkas oft in architektonisch interessanten Gebäuden der Jahrhundertwende. Sie repräsentieren den Architekturstil der damaligen Zeit.

Die Heimat des Jugendstils

Es war eine Zeit des Auf- und Umbruchs, die in Wien kurz vor den Jahren um 1900 zum Bruch der Stilformen führte und aus dem der Jugendstil hervorging. Ein neues ästhetisches Ideal aus einer Symbiose von Funk-

Das Teleobjektiv überrückt Distanzen
Golden glänzende Medaillons und Palmenblätter am Haus an der Linken Wienzeile 38.

Künstlerisch wertvoll.
Die Fassade des Majolikahauses ist über und über mit bunten Blumenmustern gefliest.

tion und Ornament war gefunden. Geistiger Vater war der Architekt Otto Wagner, der wie kein anderer das Wiener Stadtbild prägte. Er plante und baute die Stadtbahn, schuf Brücken und zahlreiche Stationsgebäude, so auch den mit Ornamenten reich verzierten Stadtbahnpavillon am Karlsplatz. Damit hatte ich schon die ersten attraktiven Motive gefunden.

Nur wenige Schritte weiter gelangen Sie zur Secession, ein schlichtes, geometrisches und mit Ornamenten verziertes Haus, dessen Dach eine vergoldete Blätterkuppel krönt. Nun folgte ich der linken Wienzeile, wie die Straße entlang des Naschmarktes heißt, und entdeckte an der U-Bahn-Station Kettenbrückengasse zwei sehr schöne Wohnhäuser im Jugendstil. Die Fassade des Majolikahauses ist über und über mit bunten Blumenmustern gefliest, während das Nachbarhaus vor allem durch seine golden glänzenden Medaillons, Palmenblätter und Girlanden auffällt. Erst die vielen mit Tele gefilmten unterschiedlichen Nahaufnahmen zeigen die Schönheit der Gebäude.

Glanz- und Gloria-Motive

Wenn Sie ebenfalls Interesse an dem Filmthema gefunden haben, kann ich Ihnen hier gleich noch weitere Tipps aus der Praxis geben.

Zu den imperialen Sehenswürdigkeiten aus der Habsburger Zeit gehört zweifellos die Hofburg-Anlage und ihre Plätze, Parks und Kirchen. Entsprechend viele Außenaufnahmen sowie Nah- und Detailszenen sind zu filmen, damit zum Kommentar genügend Bildmaterial vorhanden ist. Vor der Neuen Hofburg finden Sie auch die Fiaker für eine Kutschfahrt

Touristenmotiv
Fiaker vor der Neuen Hofburg.

Informative Details
Nah- und Detailaufnahmen von Hinweistafeln erläutern die Geschichte.

Architektonische Höhepunkte
Der Blick vom Kohlmarkt auf den Michaelertrakt der Alten Hofburg.

durch das alte Wien. Mit den Fahraufnahmen lockern Sie die statischen Sequenzen auf und schaffen eine wohltuende Abwechslung in der Szenenfolge, bevor Sie sich dem Stephansdom zuwenden.

Weiter geht es zum Karlsplatz. Dort finden Sie Wiens schönsten Barockbau, die Karlskirche. Sie bietet attraktive Ein- und Durchblicke, wenn man die Details an und vor der Kirche in die Bildgestaltung einbezieht. Während in der Totalen die Spannung im Bild fehlt, genügen ein paar Schritte zur Seite, nach vorn oder eine kleine Kamerabewegung und schon können Sie die moderne Plastik von Henry Moore vor der Kirche ins rechte Licht rücken. Welch eine ungeheure Wirkung übt sie jedoch aus, wenn Sie die Plastik in den zentralen Mittelpunkt rücken. Jetzt sind nicht nur die geschwungenen Rundungen der Plastik sehr deutlich zu sehen, Sie öffnen mit diesen Einstellungen auch den Blick hindurch und lenken ihn auf die Engelsfigur im Hintergrund. Derart neugierig gemacht, wechseln Sie nun den Standort, um den Zuschauern das Gotteshaus näher vorzustellen.

Im Stadtpark
Der Kursalon im Neurenaissancestil im Stadtpark.

Nicht unerwähnt bleiben darf im Stadtzentrum der Stadtpark, ein englischer Garten mit Teich und Fluss. Bekannt geworden und viel besucht ist der Park vor allem durch das goldene Denkmal mit dem geigenden Johann Strauß vor einem Torbogen. Verewigt in Stein und Bronze sind dort auch die Komponisten Lehár, Bruckner, Schubert und Stolz zu finden.

Unverzichtbar für jeden Wienbesucher ist die Besichtigung des Schlosses Schönbrunn. Sie war die Sommerresidenz der Habsburger. Nachdem Sie sich die Prunkräume in aller Ruhe angesehen haben, können Sie draußen das Gebäude und ebenso den weiträumigen Schlosspark mit Neptunbrunnen und Gloriette detailliert filmen.

Eine Tour über die Straßenmärkte

Den Naschmarkt zwischen der linken und der rechten Wienzeile muss jeder Reisefilmer mindestens einmal besucht haben. Aus dem einstigen Milchmarkt um 1775 wurde ein Obst- und Gemüsemarkt, der obendrein auch mit Spezialitäten aufwarten kann. Dazu gehören die Früchte und Meerestiere ebenso wie die vielen Waren aus allen Ländern der Welt. Der Markt ist ein Spiegelbild des Vielvölkergemisches Österreichs. Der Bauernmarkt bietet Rustikales in Sachen Fleisch und Wein und der Flohmarkt viel Krimskrams und Skurriles.

Ein Muss für jeden Filmer
Das Johann Strauß-Denkmal im Stadtpark.

Moderne Architektur

Ein filmisches Muss wegen seiner architektonischen Vielfalt an Formen und Farben ist das Hundertwasserhaus an der Ecke Löwengasse/Kegelgasse. Das knallbunte Haus wirkt wie eine Fata Morgana im städtebaulichen Umfeld. Als Pilotprojekt sollte das Experiment des Malers Friedensreich Hundertwasser das menschenwürdige Wohnen in der Zukunft aufzeigen. Filmisch ist das Motiv äußerst interessant wegen seiner Erker, Loggien, Zwiebeltürme, Säulen und Bäume auf allen Terrassen.
  Im Herzen der Wiener Altstadt, am Stephansplatz, ist ein weiteres Bauwerk modernster Architektur zu finden: das Haas-Haus von Hans Hollein aus dem Jahr 1990. Filmisch attraktiv ist der Kontrast zwischen der Moderne und dem altehrwürdigen Stephansdom direkt gegenüber.

Schloss Schönbrunn
Der Blick vom Garten auf Schloss Schönbrunn.

Ein Wochenende in Wien

Für die drei Tage von Freitag bis Sonntag können Sie sich zum Beispiel die folgenden Sehenswürdigkeiten herauspicken.

Freitag: Die Einstimmung auf das kaiserliche Wien beginnen Sie mit einer Fiakerfahrt. Daran schließt sich ein Spaziergang durch den Hofburg-Komplex an. Am Nachmittag verweilen Sie in der Altstadt beim Shopping. Etwas Zeit sollten Sie dann noch für den Besuch des Stephansdoms einplanen.

Samstag: An diesem Tag steht die Kunst im Mittelpunkt. Am Naschmarkt, am Karlsplatz und an der Wienzeile sehen Sie sich die Bauwerke des Jugendstils an. Nicht weit entfernt ist außerdem das Schloss Belvedere.

Sonntag: Heute steht ganztägig das Schloss Schönbrunn im Mittelpunkt. Es gehört einfach zu jedem Besuch der Stadt Wien dazu. Die Vielfalt der Anlage bringt jedem Filmer etwas. Drinnen können Sie den Prunk besichtigen und draußen herrliche Videoaufnahmen von den Gebäuden und ebenso von den Gartenanlagen machen.

Motivtipps für die nächste Reise

- **Deutschlandreise**
- **Städtetouren**
- **Unter südlicher Sonne**
- **Inseln im Mittelmeer**
- **Auf den Spuren der Vergangenheit**
- **Die Perlen der Karibik**
- **Kanada's Osten**
- **Asiatische Miniaturen**

Unter südlicher Sonne

Besonders die Strelitzie ist zu einem Markenzeichen Madeiras geworden. Dabei gehörte sie noch nicht einmal zu den einheimischen Pflanzen des Archipels. Sie wurde vor mehr als 200 Jahren als namenlose Blume aus Südafrika eingeführt und von dem Botaniker Andreas Auge auf den Namen Strelitzie getauft. Als Ehrung für die Königin Charlotte Sophie von Mecklenburg-Strelitz, die Ehefrau von Englands König Georg III. Da die Strelitzie eine vogelkopfähnliche Blüte hat, wird sie bei uns auch Paradiesvogelblume genannt.

Wer Madeira zum ersten Mal besucht, der bekommt Frühlingsgefühle, denn die Insel im Atlantik ist zu jeder Jahreszeit ein blühender Garten. Und so entfaltet gerade irgendeine der über 700 auf der Insel vertretenen Arten ihre Blütenblätter.

Funchal, die Inselhauptstadt, liegt am Nordrand eines Kessels an der Südküste und so schmiegt sich die Stadt an die aufsteigenden Hügel. Hoch oben in 600 Meter Höhe liegt Monte, der Villenvorort der Hauptstadt, der auch mit dem Linienbus zu erreichen ist. Dass er der meistbesuchte Ausflugsort der Insel ist, liegt vor allem an der Touristenattraktion mit einem Korbschlitten unter Begleitung zu Tale zu sausen. Früher war es ein ernst-

Blumenpracht.
Die Strelitzie, auch Paradiesvogelblume genannt.

zunehmendes Nahverkehrsmittel. Heute sitzen zwei Personen auf der gepolsterten Bank und zwei Schlittenführer in ihrer weißen Kleidung mit dem Strohhut auf dem Kopf dirigieren beim Nebenherlaufen das Gefährt. Ein toller Einstieg in den Film, denn in flotter Fahrt ging es in 20 Minuten die 4 Kilometer lange Strecke hinunter bis ans Ende der Rua de Santa Luzia. Den Camcorder fest an die Brust gezogen, so habe ich sehr lange Passagen gefilmt. Das war gut so, denn später beim Videoschnitt entdeckte ich doch viele Verwacklungen. Aufgrund der mitgebrachten Menge konnte ich mir die besten Einstellungen aussuchen.

Eine vor allem für die Naturfreunde unter den Reisefilmern sehr attraktive Adresse ist der botanische Garten. In 300 Meter Höhe gelegen, bietet er eine sehenswerte Blütenpracht. Hier gedeihen die schönsten subtropischen Pflanzen. Und so schließt sich eine ruhige Sequenz mit schönen Detailaufnahmen an die flotte Korbfahrt vom Monte an.

Die meisten Hotels und Ferienanlagen befinden sich an der felsigen Südküste der Insel rund um die Hauptstadt Funchal. Eine Institution unter den Hotels ist das Reid's. Als Reid's New Hotel bereits 1891 eröffnet, wurde es im Laufe der Jahrzehnte erneuert und erweitert. Im Gästebuch finden sich viele prominente Besucher aus Politik und Kultur. Da ich das Glück hatte, in dem Hotel für ein paar Tage zu wohnen, musste ich natürlich das Haus, seinen subtropischen Garten und den abendlichen Blick von der Fünf-Uhr-Tee-Terasse hinüber nach Funchal und hinaus aufs Meer filmen.

Touristenattraktion.
Korbschlittenfahrt von Monte nach Funchal.

Im botanischen Garten.
Die Blütenpracht gibt es auf Madeira das ganze Jahr über.

Die ganze Wucht der felsigen Küste habe ich am besten von einem Boot während der Küstenfahrt nach Câmara de Lobos erlebt. Das kleine Fischerdorf ist vor allem im Sommer einen Besuch wert. Der nicht weit von Funchal entfernt gelegene Ort bietet viele attraktive Videomotive vor allem im Hafenbereich. Bekannt wurde Câmara de Lobos, weil sich Englands früherer Premierminister Sir Winston Churchill in diesem Ort mit der Malerei als Hobby beschäftigte.

Markttag.
Das reichhaltige Obst- und Gemüseangebot in der Markthalle von Funchal.

Überblick verschaffen.
Blick vom Reid's auf Funchal

Unter südlicher Sonne | 259

Alltagsansichten
Im Fischerhafen von Câmara de Lobos.

Einen besonderen Tipp habe ich noch vor allem für den durchtrainierten Wanderer unter den Reisefilmern: die Levada-Wanderung. Hier folgt man den Kanälen des weit verzweigten Bewässerungssystems. Auf rund 2000 Kilometer Länge leiten die seit dem 15. Jahrhundert angelegten Levadas das Wasser aus den Bergen im regenreichen Norden zu den Terrassenfeldern im Süden. Gebaut wurden die Pfade neben den Levadas ursprünglich als Arbeitswege, damit die „Le Vadeiros" die Kanäle kontrollieren konnten. Etwas Mut ist beim Levada-Wandern an so manchen Stellen erforderlich. Dazu ein festes Schuhwerk mit Profil, denn die Pfade können nach Regenschauern rutschig sein.

Dass Madeira sogar eine Insel mit Hochgebirgscharakter ist, zeigt der 1862 Meter hohe Pico Ruivo mit seinen Terrassenfeldern, die an der gesamten Südküste zu finden sind. Hier werden Bananen, Zuckerrohr, Wein und Mais angebaut. Obwohl Madeira ein ganzjährig mildes Klima hat, kann es im August und September auch mal 30 Grad warm werden. Abgesehen von vereinzelten Regenschauern, gilt die Zeit von Juni bis September als regenarm. ◐

Naturschauspiele
Bizarre Lavafelsen säumen die Südküste.

Motivtipps für die nächste Reise

▶ Deutschlandreise

▶ Städtetouren

▶ Unter südlicher Sonne

▶ Inseln im Mittelmeer

▶ Auf den Spuren der Vergangenheit

▶ Die Perlen der Karibik

▶ Kanada's Osten

▶ Asiatische Miniaturen

Inseln im Mittelmeer

Im Laufe der Jahre habe ich einige der Perlen unter südlicher Sonne näher kennen und lieben gelernt, sodass ich meine sehr persönlichen Motivtipps an Sie weitergeben kann.

Die Inseln im Mittelmeer gehören zu den beliebtesten Reisezielen. So vielfältig, wie ihre Naturschönheiten und Traumstrände auch sind, so unterschiedlich präsentieren sie sich in ihrem Erscheinungsbild. Trotzdem ist jede Insel eine Perle im Mittelmeer.

Mallorca

Trotz Massentourismus können Sie auch das ursprüngliche Mallorca finden, wenn Sie bereit sind, es abseits der Strände und Hotelanlagen zu suchen. Mallorca hat noch viel von seiner ursprünglichen Schönheit bewahrt. Sie finden dort für Ihre Reisereportage über das „andere Mallorca" zahlreiche Motive wie die Wälder mit Steineichen, Aleppokiefern, eine reiche Pflanzenwelt, die einsamen Buchten, die Gebirgszüge und die kleinen Orte mit den versteckten Fincas in der Weite der Landschaft.

Sonnenaufgang.
Der stimmungsvolle Sonnenaufgang in Palma begeistert jeden Videofilmer ebenso wie die Nachtaufnahme mit der hell erleuchteten Kathedrale im Mittelpunkt. Aufgenommen wurden beide Szenen von einem höher gelegenen Hotel.

Zu den wichtigen Sehenswürdigkeiten auf der Insel zählt zum Beispiel die prächtige Kathedrale von Palma, die über dem Hafen thront. Ein filmischer Spaziergang durch das historische Palma rund um die Kathedrale kann als Einstieg in den Reisefilm dienen. Eine Sequenz wert ist auch der Besuch des spanischen Dorfes, das Sie im Westen von Palma nahe dem Klinikum Son Dureta finden.

Im 1965 fertig gestellten Dorf können Nachbauten von bedeutenden spanischen Gebäuden in verkleinerter Form besichtigt werden. So finden Sie zum Beispiel Teile der Alhambra in Granada und ebenso El Grecos Haus in Toledo. Nehmen Sie sich beim Rundgang die Zeit und filmen Sie auch die vielen kleinen Details wie die mit Blumen geschmückten Fenster, die farbigen Wandkacheln, die Ecken und Türmchen. Erwecken Sie

Natur pur
Motive im Gegenlicht – gefunden auf Mallorca.

die Steine zu filmischem Leben, indem Sie auch mal behutsam über den Platz schwenken, mit dem Objektiv den Kirchturm emporwandern und die Rosette über dem Kirchenportal in ihrer Schönheit zeigen. Beenden können Sie diese Episode mit einem Überblick über die gesamte Anlage vom Turm, auf dessen Aussichtsbalkon Sie einen guten Blick auf die unter Ihnen liegenden Dächer haben.

Bevor Sie mit einem Mietwagen zur Fahrt quer über die Insel starten, sollten Sie mit der alten Bahn nach Sóller fahren. Der „Rote Blitz", so wird der Oldtimer liebevoll genant, beginnt seine beschauliche Tour in Palma. Unterwegs erreicht er das schöne Dorf Bunyola. Er durchquert die leicht gewellte Hügellandschaft der Serra de Alfàbia und fährt unterhalb des Pass Coll de Sóller, bevor die Endstation der Schmalspurbahn in Sóller erreicht wird. Wenn Sie die Fahrt filmen wollen, so sollten Sie sich nicht nur auf die echten Fahraufnahmen während der Nostalgietour beschränken, sondern den vorbeiziehen „Roten Blitz" auch von außen in seiner landschaftlichen Umgebung zeigen. Schließlich haben Sie den Mietwagen dabei und sind entsprechend flexibel.

Strände.
Auch das finden Sie auf Mallorca: unberührte Strände.

Sizilien

Taormina, das bekannteste Seebad Siziliens, ist beliebt und zieht deshalb die Besuchermassen in den Sommermonaten an. Entsprechend voll ist es dann überall. Der filmische Kontrast mit den herrlichen Aussichten hinunter zum Meer und hinüber zum Ätna entschädigen den Trubel im Ort ebenso wie die Aufnahmen des griechischen Theaters, das eingebettet in den Berghang liegt. Bei Ihren Aufnahmen vom Theater sollten Sie den Sonnenstand beachten, damit Sie gut strukturierte Bilder erhalten. Attraktiv ist auch die Einstellung mit dem Blick auf den Ätna, Europas schönsten Vulkan, im Hintergrund.

Das griechische Theater
Das antike Theater von Taormina mit seinem einzigartigen Rundblick über das Meer, auf die Küste und den Ätna.

Taormina
Bummeln auf dem Corso Umberto, die sonnigen Momente in einem der zahlreichen Cafés genießen – auch diese Touristenmotive gehören in ein Reisevideo.

Verwöhnhotel mit Aussicht
Im früheren Kloster, dem heutigen San Domenico Palace Hotel kann man sich nicht nur verwöhnen lassen, sondern im Garten auch traumhafte Videomotive mit tollen Aussichten auf das Meer finden.

Das Ohr des Dionysios
„Das Ohr des Dionysios", eine künstliche Höhle im Steinbruch, die zur Zeit der Griechen auch als Gefangenenlager diente. Die Akustik der 65 Meter langen und 23 Meter hohen Grotte ist hervorragend. Jedes gesprochene Wort dringt nach draußen und so konnte angeblich Dionysios die Gefangenen belauschen.

Maritime Motive
Boote im Hafen von Syrakus

Grandiose Bauwerke
Der Dom von Syrakus wurde in einen antiken Athenetempel hineingebaut. Mit einem Vertikalschwenk können Sie das Eingangsportal in seiner vollen Pracht zeigen.

Syrakus, die Hauptstadt der gleichnamigen Provinz im Südosten der Insel, lebt mit seinen historischen Bauwerken vom Ruhm der Vergangenheit. Beispiele dafür fand ich im Archäologischen Park mit dem berühmten griechischen Theater und Dom, der in einen antiken Athenetempel hineingebaut wurde.

Beeindruckt hat mich das Teatro Greco mit seinen 61 Sitzreihen. Hier konnten 15 000 Zuschauer Platz nehmen. Es war damit das größte Theater der griechischen Welt.

Einen aktiven Vulkan hautnah zu erleben, das konnte ich auf dem Ätna, Europas größtem Feuerspeier. Bis zu einer Höhe von 3000 Metern konnten wir uns ihm nähern und als Beleg wurde jeder vor der großen Tafel mit der Höhenangabe gefilmt und fotografiert. Der Blick hinauf zum Hauptkegel blieb uns allerdings verwehrt, da das Wetter nicht mitspielte und die Wolken die Gipfelregion verdeckten.

Obwohl unten am Strand in Catania das Thermometer warme 17 Grad zeigte, wehte in 3000 Metern Höhe bei minus 9 Grad ein eisiger Wind. Also machte ich das Beste aus der Situation und filmte vor allem die Nahaufnahmen von den dunkelgrauen Lavabrocken, garniert mit vielen Eiskristallen und die warmen Dämpfe, die aus den vielen

Europas schönster Vulkan
Der Ätna in 3000 m Höhe. Unvergesslich und eindrucksvoll, auch wenn der Wetter mal nicht so freundlich ist.

Erdspalten emporstiegen. Sie lassen den Zuschauer erahnen, welche Naturkräfte hier wirken.

Griechische Inselwelten

Die Seele der Stadt ist der Hafen, hat einmal ein Dichter gesagt. Er hat sicherlich recht. Wer mit einem Segel- oder Motorboot die griechische Inselwelt durchstreift und am späten Nachmittag den Inselhafen ansteuert und am Liegeplatz vor Anker geht, der wird sie entdecken. Die Seele, der Charakter und die Eigenart erschließen sich jedem Besucher auf andere Weise. Ich schwärmte vom geschäftigen Treiben rund um die Mole und von den gemütlichen Gaststätten, die erst nach Einbruch der Dunkelheit zum Leben erwachen, wenn alle Stühle im Freien besetzt sind.

Filmisch ist der Hafen ein stimmungsolles und vielfältiges Motiv. Der Platz ist überschaubar, sodass ich die Leute auch länger beobachten und dann Geschichten einfangen und filmisch erzählen konnte. Das Licht der späten Tageszeit taucht mit der tief stehenden Sonne die Farben der Häuser in ein weiches und warmes Licht. Die Pastelltöne vermittelten eine sinnliche Stimmung.

Die griechische Inselwelt ist voll von solchen kleinen Perlen mit schönen Häfen, die für einen Filmerurlaub bestens geeignet sind.

Santorin zum Beispiel, ist sicherlich die schönste und zugleich faszinierendste Insel der Kykladen. 300 Meter hohe Kraterwände und schwarzes Vulkangestein ragen senkrecht aus dem tiefblauen Meer empor. Die

kleinen weißen Häuser des nach dem Erdbeben 1956 wieder aufgebauten Orte Firá leuchten am Kraterhang.

Überwältigend ist bei der Einfahrt in den Hafen der Blick auf die steile Kraterwand mit den weißen Häusern auf der Kammlinie. Vom Hafen Skala erreicht man den hochgelegenen Hauptort entweder auf dem berühmten Treppenweg mit 586 Stufen zu Fuß oder auf dem Esel oder mit einer Seilbahn. Die Stadt ist ein malerisches Gewirr von verwinkelten Gassen und Treppengängen. Für den Reisefilmer ist die Insel eine wahre Fundgrube. Die weißen Häuser, die tiefblauen Kirchenkuppeln und der überwältigende Panorama-Ausblick bleiben unvergesslich und im Reisevideo immer wieder neu erlebbar.

Insel im Mittelmeer

Die griechische Inselwelt hat viele kleine Perlen mit schönen Häfen, die für stimmungsvolle Videoaufnahmen bestens geeignet sind.

Attraktive Reiseziele sind auch die drei Inseln Poros, Hydra und Ägina. Das Städtchen Poros auf der gleichnamigen Insel ist wie ein Amphitheater gebaut. Die weiß gekalkten Häuser mit den blauen Fensterrahmen schmiegen sich an einen kegelförmigen Hügel. Nicht nur Badegäste lockt es in die stillen Buchten. Auch Künstler kommen gern hierher. Genügend Filmmotive finden Sie nicht nur an der Hafenpromenade von Poros oder in den parallel verlaufenden Gassen. Auch der Aufstieg in den Oberort lohnt sich vor allem am frühen Vormittag.

Eine weitere Perle im Saronischen Golf ist Hydra, eine Felseninsel, die nur 37 Seemeilen von Athen entfernt liegt. Fast alle der rund 3000 Bewohner leben im malerischen Hauptort. Wenn Sie nicht nur einen Tag dort bleiben, können Sie die romantische Atmosphäre der Abendstunden im Videofilm festhalten.

Eine der ältesten Siedlungen Griechenlands soll Ägina sein. Hauptattraktion der Insel ist der Aphaia-Tempel. Nur rund 30 Minuten Fahrtzeit benötigt der Linienbus zum Badeort Agia Marina. Dort stehen die noch heute gut erhaltenen Säulen des dorischen Tempels.

Koúrion
Ein Ausflug in vorchristliche Zeiten: das antike Theater in Koúrion.

Kolóssi
In Kolóssi steht noch der Wohnturm der Burg aus den Zeiten, als die Johanniterritter ansässig waren. Vom Dach aus hat man einen herrlichen Blick über die Ebene bis nach Limassol.

Zypern

Die Insel mit den vielen Gesichtern nutzten schon in der Vergangenheit etliche Eroberer wegen ihrer strategisch günstigen Lage zwischen Orient und Okzident. Ein Beispiel für das griechische und römische Erbe fand ich im Amphitheater in Koúrion in der Nähe von Limassol im Süden der Insel. In den von den Griechen im zweiten Jahrhundert vor Christus auf einer Anhöhe erbauten Theater fanden bis zu 3500 Zuschauer Platz. Die Öffnung des Theaters zum Meer sorgt für einen herrlichen Blick auf die Küste und das Meer, was sich mit dem Camcorder gut einfangen lässt. Das kultische Zentrum der Stadt war das Heiligtum des Apollo Hylates. Von der vermutlich ältesten Kultstätte am westlichen Stadtrand sind nur noch Ruinenfragmente erhalten. Ebenso vom gepflasterten Prozessionsweg, der zum teilweise rekonstruierten Apollo-Tempel führt. All die Ausgrabungen in und um Koúrion lassen auch heute noch genügend Spielraum für die eigene Fantasie, die den Kommentar zu den Aufnahmen interessanter machen.

Neben den zahlreichen Altertümern sind auf Zypern auch viele Klöster mit ihrer Architektur, ihren Ikonen und Malereien zu bewundern. Viele der noch aktiv betriebenen Klöster kann man besuchen. Bevor Sie dort mit den Filmaufnahmen beginnen, sollten Sie sich die Erlaubnis dafür einholen. In den Kirchen durfte ich keine Videoaufnahmen machen und so musste ich mich mit Außenaufnahmen zufrieden geben. Doch auch dort gibt es zahlreiche Motive, wie zum Beispiel die vielen neuen Ikonen an den Wänden des Nonnenklosters Ágios Minás, südwestlich von Léfkara im Süden Zyperns.

Hier kann man handgemalte Ikonen für den Eigenbedarf in Auftrag geben. Wer gute Erzeugnisse des zypriotischen Kunsthandwerks sucht, der sollte den Besuch in einem Geschäft der staatlichen Cyprus Handicraft Association einplanen. Dort findet man neben Ikonen auch filigranen Silberschmuck.

Zypressen
Im Garten der Burg in Kolóssi stehen hochgewachsene Zypressen.

Klosteraufnahmen
Viele, der noch aktiv betriebenen Kloster können besichtigt werden. Mit Naheinstellungen oder Zoomaufnahmen können Sie die Details der Mosaikbilder herausarbeiten.

Motivtipps für die nächste Reise

- Deutschlandreise
- Städtetouren
- Unter südlicher Sonne
- Inseln im Mittelmeer
- Auf den Spuren der Vergangenheit
- Die Perlen der Karibik
- Kanada's Osten
- Asiatische Miniaturen

Auf den Spuren der Vergangenheit

Die Lebensader Ägyptens ist der Nil. Ganz im Norden an der Mündung des Nils liegt Alexandria. Ein verblasster Glanz erinnert an die alten Zeiten als Bürger vieler Nationalitäten von der Hafenstadt aus einen regen

Wenn Sie heute nach Ägypten reisen, dann vor allem wegen der jahrtausendalten Kultur und der wunderbaren Strände am Roten Meer.

Handel trieben. Soweit mein Eindruck vom kurzen Aufenthalt in der Stadt.

Zu den Sehenswürdigkeiten direkt am Mittelmeer gehört das Fort Qait Bey am Osthafen. Von hier aus hatte ich einen schönen Blick über den Fischerhafen und die Skyline der Stadt und damit einen passenden Einstieg in die Reisereportage. Ein Besuch der Abu el Abbas el Mursi-Moschee lohnte sich zum Staunen ebenso wie der Bummel durch die engen Gassen des Basars, der natürlich zahlreiche Motive bot. Eine freundliche Geste genügte und schon ließen sich die Verkäufer und Passanten filmen und fotografieren.

Ein paar Autostunden oder 220 km gen Süden und wir erreichten Kairo, den multikulturellen Schmelztiegel. Wenn Sie die Stadt nicht nur als Museumsstadt erleben wollen, dann sollten Sie unbedingt durch die

In der Altstadt von Alexandria

In den engen Gassen kann man nur Nahaufnahmen und Halbtotalen filmen, da sich die interessanten Motive direkt vor einem befinden.

Gassen unterhalb der Zitadelle bummeln. Alt-Kairo mit seinen engen Häuserfluchten und dem geschäftigen Treiben ist sehenswert. Unbedingt eintauchen sollten Sie auch in den Basar Khan el Khalili. Natürlich gehört das Ägyptische Nationalmuseum zum Pflichtprogramm. Für mich war es ein unvergessliches Erlebnis, einmal im Leben direkt vor dem Schatz des Tutanchamun mit der berühmten Goldmaske zu stehen und in Gedanken versunken die damalige Welt vorzustellen.

Alexandria
Abendstimmung
am Osthafen

Die drei Pyramiden
Die Cheopspyramide in Giseh. Die Pyramiden sind eines der sieben Weltwunder der Antike. Beeindruckend sind die Kalksteinquader mit Ihren Ausmaßen.

Ein weiteres Highlight in direkter Nachbarschaft von Kairo sind die Pyramiden von Giseh (auch als Giza oder Gizeh bekannt). Am Rande der Stadt sind sie schon von weitem zu sehen: die drei Pyramiden des Cheops, Chefren und Mykerinos, eines der Sieben Weltwunder der Antike. Sie sind die höchsten Pyramiden Ägyptens und klassische Beispiele der perfekten Baukunst. Die klare geometrische Form der Pyramiden regte schon immer die Fantasie an. Und so stand auch ich staunend vor den mächtigen Monumenten.

Um die Pyramiden filmisch zu erfassen, musste ich vor allem die Höhe der Bauwerke und die Mächtigkeit der einzelnen Steinblöcke einfangen. Je nach Sonnenstand kann man die Totale am Morgen mit der Sphinx im Vordergrund oder am Nachmittag vom Hügel auf der gegenüberliegenden Seite der weitläufigen Anlage filmen. Hier dominiert ganz zwangsläufig der sandige Vordergrund, will man alle drei Pyramiden aufs Bild bekommen.

Die wahren Größenverhältnisse erschließen sich dem Betrachter erst, wenn sich Personen vor den Bauwerken bewegen. Dann wird einem auch die Mächtigkeit der einzelnen Kalksteinquader bewusst. Bevor ich die einzelnen Pyramiden aufnahm, habe ich in

Gefunden und ausgestellt
Im schiffsähnlichen Bau an der Südseite der Cheopspyramide wird die 1954 entdeckte Sonnenbarke des Cheops aufbewahrt, die ihn im Totenreich befördern sollte.

Filmische Beschreibungen

Die Größenverhältnisse der Pyramiden erschließen sich dem Besucher erst, wenn sich Personen vor den Bauwerken bewegen.

Ruhe alle drei umwandert und so nach den bestmöglichen Kamerastandpunkten gesucht. Mit dem Ergebnis, dass ich lieber etwas mehr als zu wenig aufgenommen habe.

Die Maße der Cheopspyramide sind gewaltig: 227,5 m Seitenlänge, 137 m Höhe und 2,3 Millionen Kubikmeter Volumen. Über fünfeinhalb Millionen Tonnen Gestein schichteten die Arbeiter übereinander. Die Chefrenpyramide ist etwas niedriger, erscheint aber durch ihre Lage auf einem Plateau höher. Dazu gehört noch der nach Osten gerichtete Taltempel mit der Sphinx. Etwa halb so hoch wie die Chefrenpyramide ist die Mykerinospyramide. Ihr zur Seite stehen noch drei unvollendete Miniaturausgaben.

Meistens kann man sich die Tageszeit im Rahmen eines Rundfahrtprogramms nicht aussuchen und dann muss man das beste aus der Situation machen. Und so standen mir nur die Nachmittagsstunden zur Verfügung. Wichtig im Rahmen der Reportage sind

Motiv im Gegenlicht

Der Sphinx, die Statue aus Löwenkörper und Menschenkopf, vor den Pyramiden von Giseh. Nicht immer kann man sich die Tageszeit im Rahmen der Ausflüge aussuchen und dann muss man auch mal mit der abendlichen Stimmung bei seitlichem Gegenlicht vorlieb nehmen.

Typische Videomotive
Kamele stehen für ein paar Pfund zum Ritt um die Pyramiden bereit.

auch die Aufnahmen von den Besuchern und ebenso von der Touristenpolizei, die zu aller Sicherheit immer präsent ist.

Zum Schluss noch ein Tipp:
Wenn Sie noch viel Zeit haben, können Sie die Landschaft am Rande der Lybischen Wüste auf dem Rücken eines Kamels erkunden. Händler vermieten ihre Tiere in der Nähe der Pyramiden an die Touristen. ◐

Ein unvergessliches Erlebnis
Die passende Einstellung für das Ende der Pyramiden-Sequenz: der Ritt in die unendliche Weite der Wüste.

Motivtipps für die nächste Reise

- Deutschlandreise
- Städtetouren
- Unter südlicher Sonne
- Inseln im Mittelmeer
- Auf den Spuren der Vergangenheit
- Die Perlen der Karibik
- Kanada's Osten
- Asiatische Miniaturen

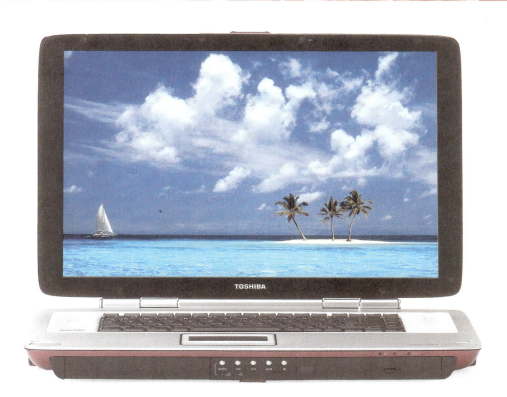

Die Perlen der Karibik

Als Christoph Kolumbus anno 1492 gen Westen segelte und endlich wieder Land sah, glaubte er, Indien erreicht zu haben. Daher der Name „Westindien". Tatsächlich betrat er karibischen Boden, als er auf Guanahani, heute San Salvador, am Rande der Bahamas an Land ging. Noch weitere drei Reisen unternahm er mit seinen Mannen auf den Segelschiffen in die „Neue Welt", bevor die spanischen Silberflotten die nächsten Seiten in der karibischen Chronik schrieben.

Die Karibik auf dem Bildschirm zu betrachten, kann Erinnerungen an unvergessliche Urlaubstage wachhalten. Die Perlen der Karibik selbst zu erleben und einen attraktiven Reisefilm mit nach Hause zu bringen, ist die bessere Alternative. Dann sind es Ihre Erlebnisse, die Sie auf dem Bildschirm genießen können.

Noch heute führt eine ständige Reiselust nach Westen, jedoch in friedlicher Absicht, um Urlaub in der Sonne zwischen Palmen und im smaragdgrünen Wasser zu machen. Sei es mit dem Flugzeug, Kreuzfahrtschiff oder

Filmen unter Palmen mit einer Segeljacht. Mein fahrender Untersatz war das Kreuzfahrtschiff MS ASTOR.

Die karibische Inselwelt in wenigen Sätzen zu beschreiben, ist auch für mich recht schwierig. Zu vielfältig und zu verschieden sind die Inseln hinsichtlich Landschaft, Bevölkerung und Sitten.

Wer seine Urlaubsaktivitäten nur auf die Urlaubszentren beschränkt, oder wie ich, lediglich als Kreuzfahrer für wenige Stunden an Land geht, der wird mit oberflächigen Eindrücken heimkehren. Zusammen mit den Erelbnissen auf dem Schiff ergeben die Momentaufnahmen dennoch ein gutes und interessantes Reisevideo.

Haben Sie jedoch das Glück und aufgrund Ihrer Reiseplanungen die Gelegenheit, auch Kontakte zur Bevölkerung zu knüpfen, so werden Sie einiges mehr über die Bevölkerung, deren Leben, deren Freuden und Sorgen erfahren und so einen in Ihrem Sinne interessanteren Reisefilm drehen können.

Barbados Am Palmenstrand auf Barbados.

Jede Insel ist ein Urlaubsparadies

Im Gegensatz zu den von Amerikanern bevorzugten Bahamas präsentiert sich das einige Seemeilen südlicher gelegene sozialistische Kuba dem Europäer ganz anders. Jahrelang war die Insel tabu. Inzwischen hat sie sich für Urlauber geöffnet und so haben auch deutsche Sonnenhungrige die herrlichen Strände entdeckt. Was den Urlauber anlockt, ist das Baden am Strand von Varadero, die spanische Vergangenheit im südöstlich gelegenen Trinidad und in der Hauptstadt Havanna. Hier sind von den fünf Stadtteilen vor allem Vieja, die Altstadt, und Vedado sehens- und filmenswert. Allen wirtschaftlichen und politischen Problemen zum Trotz gelten die Kubaner als lebensfrohe Menschen. Musik und Rhythmus liegen ihnen im Blut. In der Musikfolklore verbinden sich Elemente aus Afrika, Südamerika und Europas. Einen Beleg dafür lieferte der Regisseur Wim Wenders mit seinem Dokumentarfilm „Buena Vista Social Club", in dem er die kubanische Musikszene porträtierte. Was lernt der Hobbyfilmer daraus? Die Sequenz aus Kuba muss musikalisch mit der entsprechenden Folklore unterlegt werden.

Lieben Sie Ruhe, oder sind Sie auf der Suche nach Sportlichem? Auf den Cayman Islands, auf halber Strecke zwischen Kuba und Jamaika, fand ich beides. Die aus drei kleinen Inseln bestehende Steueroase bietet unter anderem eine Märchenwelt für Taucher. Liegen doch auf dem Grund rund um die Inseln mehr als 300 Wracks, teils noch aus spanischen Zeiten.

Jamaika ist nicht erst seit Harry Belafontes Hit „Island in the sun" bekannt. Die Insel ist für viele der Inbegriff der Karibik schlechthin. Weißer Strand, blaues Meer, Sonne, Segeln, Steelbands, Calypso, Reggae und Rumpunsch – Begriffe, die auf die Touristenorte Montego Bay und Ocho Rios allemal zutreffen. Hier sind auch die Naturschönheiten wie zum Beispiel die Fahrt mit einem

Kuba
Bananenpflücker auf Kuba.

Havanna
Die hoch aufragende Kuppel des Capitolio beherrscht das Stadtbild Havannas ebenso wie die alten Autos..

Cayman Islands
Am Strand von Cayman Islands.

leichten Bambusfloß auf der Martha Brae und die Wasserfälle von Dunn's River Falls zu finden. Kühle, kristallklare Gebirgswasser stürzen über Kalksinterterrassen hinab, sammeln sich und sprudeln weiter, ehe sich der Fluss an einem schönen Strandabschnitt ins Meer ergießt. Es ist zwar ein schon häufig gezeigtes Touristenmotiv, es gehört aber dennoch ins Reisevideo.

Wirtschaftliche und politische Probleme vergangener Tage belasten Haiti, den westlichen Teil der Doppelinsel Hispaniola. Der Massentourismus konnte im ärmsten Land der Karibik noch nicht Fuß fassen. Ich war zwar in der Hauptstadt, würde aber zurzeit den Ostteil der Insel mit der Dominikanischen Republik für Urlaubstage vorziehen.

Das nächste Ziel der Kreuzfahrt war Puerto Rico, die kleinste Insel der Großen Antillen, ein mit den USA verbundener autonomer Staat. Die Insel lebt von ihren landschaftlichen Gegensätzen. Drei Viertel der Fläche sind mit Bergen, tropischen Regenwäldern und Stauseen bedeckt. In der Bergwelt leben seltene Tiere wie der Baumfrosch El Coqui, das Insel-Maskottchen, oder der Puerto Rico-Papagei. Beide bekam ich leider nicht zu sehen. Dafür bekam ich aber im Regenwald ein Gefühl dafür, wie es im Dschungel zugehen muss. Als Kontrast dazu

Jamaika
Wasserfallklettern am Dunn's River Falls auf Jamaika.

Haiti
Naive Malerei auf Haiti.

Puerto Rico
Wandern durch den Regenwald auf Puerto Rico.

Martinique
Die Natur hat die karibischen Insel Martinique mit einer verschwenderischen Blütenpracht ausgestattet.

empfand ich die herrlichen Strände sowie die architektonische Vielfalt aus spanischer Vorzeit im alten Teil von San Juan, der Hauptstadt Puerto Ricos.

Als Frankreichs schönstes Überseedepartment genießt Martinique unter Kennern einen ausgezeichneten Ruf. Von den India-

Am Strand
Reitergruppe an Strand von Puerto Rico.

Die Perlen der Karibik | 287

Barbados
Karneval auf Barbados.

Der Sound der Karik
Eine Steelband mit ihrem typischen Karibiksound.

nern einst Madinia – „Inseln der Blumen" – genannt, gedeihen Orchideen, Hibiskus und andere Tropenblumen im Überfluss. In der Inselhauptstadt Fort de France und an den Stränden der vielen Buchten mit ihren Hotels begegneten mir oft jene jungen Frauen, die diese unnachahmliche französisch-kreolische Atmosphäre ausstrahlen. Das waren dann natürlich die schönsten Filmmotive, gefolgt von den Aufnahmen der Tropenblumen.

Die östlichste der Karibik-Inseln, Barbados, hat sich auf Grund der

Curaçao
Klein-Holland in der Karibik.

gesunden Mischung aus tropischer Wärme und frischer Atlantikluft zu einem bevorzugten Reiseziel vor allem für Engländer und Deutsche entwickelt. Dort ist auch unser Hotel. Geboten wird alles, was zum sportlichen Aktivurlaub gehört, einschließlich der Ausflüge, die auch nach Sam Lord`s Castle führen. Ein ehemaliges Piratennest, wo einst Samuel Hall mit falschen Leuchtfeuern die Schiffe anlockte und sie dann ausraubte. Heute erstreckt sich dort eine schöne Hotelanlage und so dominieren die Aufnahmen vom Baden, Ausruhen und vom Picknick unter Palmen.

Relaxen nach der Kreuzfahrt

Klein-Holland, das ist Willemstad, die Hauptstadt der Insel Curaçao, einer der Inseln unter dem Wind vor der Küste Venezuelas. Zierliche Giebelhäuser und schmucke Plätze – die holländischen Einflüsse sind unverkennbar. Die Renaissancefassaden der Kaufmannshäuser leuchten in den Eiscremefarben und holländisch wirkt auch der Schwimmende Markt im Hafen, wo von den Schiffen aus Obst, Gemüse und Fisch verkauft werden. Zusammen mit den beiden Nachbarinseln Aruba mit den schönen und breiten Korallenstränden von Palm Beach und Eagle Beach, sowie Bonaire mit seinen faszinierenden Tauchgründen, gehört Curaçao zu den Niederländischen Antillen.

Damit endet die Reise durch die karibische Inselwelt. Ich konnte nur einige Perlen herausgreifen kann. Die sollen aber neugierig machen auf Ihre Reise in die Sonne, verbunden mit herrlichen Reisefilmmotiven. ◐

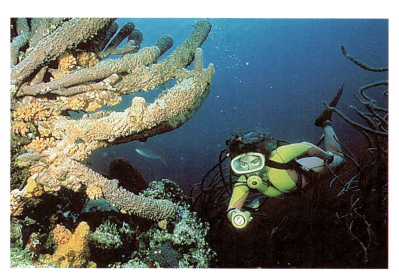

Bonaire
Faszinierenden Tauchgründe vor der Insel Bonaire.

Die Perlen der Karibik | 289

Motivtipps für die nächste Reise

- Deutschlandreise
- Städtetouren
- Unter südlicher Sonne
- Inseln im Mittelmeer
- Auf den Spuren der Vergangenheit
- Die Perlen der Karibik
- Kanada's Osten
- Asiatische Miniaturen

Kanadas Osten

Die Provinzen Ontario und Québec empfingen uns im Sommermonat Juli mit 24 Grad Celsius und Sonnengarantie. Im September werden drei Wochen Indian Summer geboten, wenn sich das Laub der Ahornwälder färbt. Sicherlich für Filmer die schönere Jahreszeit. Dann müsste man mit dem Camcorder unterwegs sein. Vielleicht beim nächsten Besuch. Durchzogen werden die Provinzen vom mächtigen St. Lorenz Strom. Er ist nicht nur der Transportweg für Seeschiffe, sondern auch eine der Lebensadern Kanadas.

Geprägt ist der Osten Kanadas von großen Gegensätzen. Da sind die Metropolen, wie das multikulturelle Toronto, das charmante Montreal und das französisch anmutende Québec. Eine ganz andere Welt erschließt sich dem Besucher jedoch, wenn er die Naturschönheiten außerhalb der Städte besucht.

Ontarios Reichtum sind die unzähligen Seen, mit ihren Angel- und Sportmöglichkeiten und die fast menschenleeren Wälder. Kein Wunder, dass es die Städter am Wochenende hinaus in die Natur zieht. Eine Reise wert sind allein schon die Attraktionen wie der Algonquin Provincial Park und die Niagarafälle. Kanada und die USA teilen sich den Wasserfall. Knapp

Inselwelten

Thousand Islands wird ein Gebiet des Lake Huron genannt, das von vielen kleinen Inseln übersät ist.

65 breit und 56 Meter hoch ist der kanadische Teil. Zwar gibt es auf der Welt weitaus mächtigere dieser Naturschauspiele, doch kaum einer ist bekannter dieser Wasserfall.

Toronto

Gleich nebenan liegt die Millionenmetropole Toronto, die Hochburg anglokanadischer Tradition mit multikulturellen Dimensionen. Die berühmteste Sehenswürdigkeit der Stadt ist sicherlich der 553 Meter hohe CN-Tower. Zum Staunen grandios, für Filmaufnahmen ist der schlanke Turm weniger geeignet. Gleich nebenan steht der Skydome, Torontos Allwetterstadion für über 50.000 Besucher. Weitere architektonische Leckerbissen sind das keilförmige Flatiron Building und die moderne Toronto City Hall des finnischen Architekten Viljo Revell, deren konkave Türme wie Buchstützen den offiziellen Sitzungssaal einrahmen. Diese Gebäude dürfen im Stadtporträt natürlich nicht fehlen. Trotz aller Sehenswürdigkeiten fand ich das wahre Torontoerlebnis jedoch auf den Straßen der verschiedenen Stadtbezirke. Zum Einkaufen gingen wir in

Toronto
Torontos Sehenswürdigkeiten sind die vielen architektonischen Leckerbissen.

das Eaton Center, eine 264 Meter lange, mit Glas überkuppelte Galleria. Genügend Licht für Videoaufnahmen ist vorhanden.

Ottawa

Die Stadt am gleichnamigen Fluss ist der Regierungssitz seit 1857. Das unterstreicht auch das Parlamentsgebäude im neugotischen Stil. Es ist der Westminster Abbey in London nicht unähnlich. Ottawa liegt auf der Grenze zur französischsprachigen Provinz Québec und so hört man auf Ottawas Straßen fast ebenso oft Französisch wie Englisch.

Hier nun meine Praxistipps für den Stadtbummel auf eigene Faust: Da ist zuerst einmal das Völkerkundemuseum, ein modern gestylter Bau. Es bietet ein breites Spektrum der ethnischen und kulturellen Entwicklung Kanadas. Weitere interessante Sehenswürdigkeiten sind die National Gallery of Canada, der Major's Hill Park, der Parliament Hill, das National Arts Centre und der Byward Market, ein Obst- und Gemüsemarkt mit gemütlicher Kleinstadtatmosphäre. Musika-

Wachablösung
Die Zeremonie der Wachablösung vor dem Regierungsgebäude von Ottawa lockt vor allem in den Sommermonaten Scharen von Besuchern an.

Ottawa
Moderne Bauten bestimmen zwar das Stadtbild, dennoch strahlt Ottawa eine anregende Gemütlichkeit aus.

Kanada's Osten | 295

Ein kanadische Filmmotiv lisch geht es bei der täglichen Wachablösung vor dem Parlamentsgebäude zu, der ich in diesem Buch ein eigenes Kapitel gewidmet habe.

Montréal

Montréal ist nicht von anderen nordamerikanischen Metropolen zu unterscheiden. Im historischen Stadtkern am Hafen, im Vieux Montréal, wird die europäische Gründerzeit sichtbar. Sehenswert ist vor allem die neugotische Basilika Nôtre Dame an der Place d'Armes. Hinter einer schmucklosen Fassade erstrahlt sie innen mit einer sakralen Pracht und herrlichen Schnitzereien.

Auch hier wieder mein Praxistipp: Der Blick über die Stadt von der Aussichtsterrasse des Mont Royal, der Hügel, der Montréal den Namen gab. Sehr gut geeignet als Einstieg, aber auch als Ausklang des Videokapitels über die Stadt.

Montréal
Die Skyline von Montréal besteht aus einer Mischung von modernen Hochhäusern und alten, restaurierten Gebäuden.

Québec

Die Hauptstadt der gleichnamigen Provinz erscheint im Vergleich zu anderen kanadischen Großstädten wie ein Relikt aus der Kolonialzeit. Mit seinen über 700.000 Einwohnern ist die Stadt kleiner als Montreal, hat aber viele Sehenswürdigkeiten zu bieten. Von allen bereisten Städten hat mir Québec am besten gefallen. Ein Beispiel ist die pittoreske Altstadt unterhalb des markanten Felsenvorsprungs am nördlichen Ufer des St. Lorenz Stroms. Dort befinden sich die gut erhaltenen ersten französischen Siedlungshäuser. Und so habe ich von dort sehr viele Aufnahmen mitgebracht, die dann ein sehr persönliches Bild von Québec zeigen.

In der Oberstadt dominieren architektonisch der Regierungssitz und das hoch über dem Felsvorsprung aufragende Nobelhotel Château Frontenac. Wie eine Mischung von

Québec
Das schöne alte Stadtviertel am nördlichen Ufer des St. Lorenz Stroms wurden sorgfältig restauriert.

Neuschwanstein und Hohenschangau mutet das Château Frontenac an, dass 1893 auf dem Cap Diamant mitten in Québec errichtet wurde. Das Haus müssen Sie nicht nur von außen filmen. Sie sollten auch mal hineingehen und den Geist der großen Eisenbahnepoche vergangener Jahre atmen. Schon in der Lobby kam ich aus dem Staunen nicht heraus. Die Hotelburg hoch über dem St. Lorenz Strom gilt als eines der Wahrzeichen nicht nur der Stadt, sondern Kanadas. Das Eisenbahn-Imperium „Canadian Pacific Railways" baute damals derartig voluminöse Hotels entlang der gesamten Eisenbahntrasse von Ost nach West. ◐

Eine Sehenswürdigkeit erster Klasse
Château Frontenac, das international berühmte Hotel, zählt zu den markanten Sehenswürdigkeiten von Québec-City.

Motivtipps für die nächste Reise

- Deutschlandreise
- Städtetouren
- Unter südlicher Sonne
- Inseln im Mittelmeer
- Auf den Spuren der Vergangenheit
- Die Perlen der Karibik
- Kanada's Osten
- Asiatische Miniaturen

Asiatische Miniaturen

Zu Japans Geheimnissen gehören nicht nur die exotischen Schriftzeichen, die mir die Orientierung erschweren, sondern auch die Adressen. Denn Japan kommt weitgehend ohne Straßennamen aus. Deshalb ist man in den Großstädten auf Taxis angewiesen. Japan ist nett. Das spürte ich bei jeder Begegnung, denn die Japaner sind höflich und zuvorkommend. Japan setzt auf Tradition und Moderne und so bietet das Land für Reisefilmer exzellente Motive und Geschichten.

Japan entdecken heißt Eintauchen in eine für uns fremde Kultur. Wir kennen die japanischen Hightech-Produkte, die Shinkansen-Expresszüge, den heiligen Fuji – Japans berühmtesten Berg -, die Kirschblüten und Sushi, den rohen Fisch auf kalten, gesäuerten Reisbällchen. Dennoch ist uns Japan immer noch fremd und vor allem weit weg.

Kyoto

Im Westen Japans in der Kansai-Region liegt das touristische Highlight, die Millionenmetropole Kyoto. Allerdings musste ich Kyotos Schönheit erst aufspüren, denn die alte Kaiserstadt offenbarte mir zuerst den spröden Charme einer Großstadt. Unscheinbare Häuserzeilen ohne besondere Architektur und dazwischen die Leuchtreklamen des täglichen Konsums.

Ganz andere Eindrücke gewann ich jedoch, als ich die hohen Mauern und Tore der Tempel, der Schreine und des Nijo-Schlosses hinter mich gelassen hatte und in die Welt des traditionellen Japans eintauchte. Die plötzliche Stille in einer harmonischen Umgebung von Gärten, Teehäusern und Pavillons ließen mich den hektischen Alltag und die lärmende Gegenwart vergessen. Erste Erfahrungen, deren Kontraste nicht größer sein können.

Gärten spielen in der japanischen Kultur eine zentrale Rolle. Fast ausschließlich sind es Landschaftsgärten, die trotz ihrer Einfachheit Atmosphäre ausstrahlen. Sehr bekannt ist der Zen-Garten am Saihoji-Tempel im Westen Kyotos mit seinen rund vierzig verschiedenen Moosarten. Besondere Berühmtheit erlangte der Felsen- und Sandgarten am Ryoanji-Tempel nahe dem Goldenen Pavillon. Diese filmisch bevorzugten Motive gehören folglich in jedes Reisevideo über Japan.

Kyotos Blütezeit als Kaiserresidenz, die vom Beginn der Heian-Zeit 794 bis zum Ende der Edo-Zeit im Jahre 1868 dauerte, ließ in der nach chinesischem Vorbild mit schachbrettartigem Grundriss angelegten Stadt zwei prächtige Kaiserpaläste, über 270

Japanische Gartenkunst.
Der Ninomaru-Garten in Kyoto. Japanische Gärten reduzieren die Ausstattung auf das Wesentliche. Ausgewählte Steine und sparsam verteilte Pflanzen dienen als Symbole zum Ansporn des Geistes. Ein aus der Fläche herausragender Stein erscheint wie ein mächtiger Fels oder eine Insel im weiten Ozean. Eine harmonisch zusammengestellte Steingruppe stellt sich als Gebirgsmassiv dar, dass in seiner Erhabenheit die unerschütterliche Kraft und Einheit der Dinge unterstreicht.

Das Nijo-Schloss.
Von den einzelnen Gebäuden bietet das Ninomaru eine großartige Schönheit in seiner Architektur und eine prächtige Innenausstattung.

Der Goldene Pavillon.
Das Originalgebäude, das bis zur Zerstörung durch ein Feuer im Jahr 1950 rund 550 Jahre dort gestanden hatte, konnte originalgetreu wieder hergestellt werden, unter erneuter Verwendung von Goldfolien. Ein künstlerisch angelegter Garten und ein kleiner See umgeben den Tempel.

Kiyomizu-Tempel.
Die von Hunderten von Säulen getragene Holzterrasse und die Haupthalle stehen auf einem Felsvorsprung und bieten einen herrlichen Ausblick auf Kyoto.

Shinto-Schreine und 1600 buddhistische Tempel entstehen. Diese geballte Ansammlung kulturhistorischer Stätten, die über das gesamte Stadtgebiet verteilt sind, machte es mir nicht leicht, eine Auswahl zu treffen, von der ich später sagen konnte, dass ich Japans Vergangenheit ein wenig kennen und verstehen gelernt hatte.

Im Zentrum der Stadt liegt das 1603 angelegte Nijo-Schloss. Es diente den Tokugawa Shogunen als Residenz, war zu Beginn der Meiji-Ära vorübergehend Regierungssitz und später Sitz der Präfekturverwaltung. Auffallend sind zuerst einmal die burgartigen Befestigungsanlagen mit den hohen Mauern und Gräben, die das Sicherheitsbedürfnis der damaligen Herrscher ebenso deutlich machen, wie die „singenden" Dielenbretter der Fußböden in den Fluren der Häuser. Beim Betreten reiben sich die Hölzer und geben den Warnton ab, sodass ungebetene Gäste sofort bemerkt wurden.

Am Fuße des 200 m hohen Hügels Kinugasa im Nordwesten der Stadt liegt der Kinkakuji-Tempel. Das auch als „Goldener Pavillon" bekannte Bauwerk gilt als eines der schönsten Anlagen der Muromachi-Zeit. Der Tempel mit seinen sich im Wasser spiegelnden vergoldeten Fassaden vereint in drei Ebenen drei Baustile. Pech hatte ich, dass das Wetter nicht mitspielte. Es regnete permanent und so kommt die leuchtend goldene Pracht in den Aufnahmen gar nicht so recht zur Geltung.

Einen besonders reizvollen Ausblick auf die Stadt hat man von der

Beliebte Motive.
Geishas am Kiyomizu-Tempel.

Rituale.
Unterhalb der Haupthalle des Kiyomizo-Tempels fliest der „Quell des klaren Wassers". Heilwunder werden ihm nachgesagt und so fangen die Besucher das Wasser mit langen Kellen auf und gießen es sich über die Hände.

Holzveranda des Kiyomizu-Tempels, im Nordosten der Stadt am gleichnamigen Hügel gelegen. Der bereits 805 gegründete und mit seinen jetzigen Gebäuden zumeist aus dem Jahre 1633 stammende Tempel ist der „Elfköpfigen Göttin Kannon" geweiht. Die hinauf zum Tempelbezirk führende Straße erinnert mit ihren Souvenirläden daran, dass dieser Ort von Touristen sehr stark besucht wird. Gott sei Dank hatte der Regen aufgehört und so konnte ich die vielen Details an den Tempelfassaden ebenso aufnehmen wie die Touristen, die ich bei der Suche nach Souvenirs beobachtete.

Der Glaube und damit die Religion spielt im Leben der Japaner eine wichtige Rolle. Allerdings unterscheidet sich das japanische Religionsverständnis von dem westlicher Länder. Es gibt in den japanischen Religionen keinen Anspruch auf die Alleingültigkeit. Japan war und ist offen für andere religiöse Einflüsse und damit in religiösen Fragen ein tolerantes Land.

Allein schon diese Motivtipps aus meinem Kyoto-Erlebnis zeigen die Vielfalt an filmischen Themen, die jedes für sich schon genügend Stoff liefern. In ihrer Gesamtheit können sie aber das Spannungsfeld bewusst machen, in dem die japanische Bevölkerung heute lebt. Voraussetzung für das filmische Gelingen ist, dass Sie vor den Aufnahmen genügend recherchieren und sich sachkundig machen. Ich muss zugeben, dass ich bei meinen Recherchen sehr viel Neues über das Land gelernt habe.

Die Serviceseiten für Weltenbummler

- Nützliches Zubehör für Reisefilmer
- Tipps vor der Reise
- Glossar
- Index

Nützliches Zubehör für Reisefilmer

Wenn einer eine Reise macht, dann kann er nachher viel erzählen. Sie kennen den abgewandelten Ausspruch. Als Filmemacher werden Sie natürlich vorrangig von all den positiven Erlebnissen und den Überraschungen berichten. Schade wäre es, wenn Sie im Kommentar zum Reisefilm so manche unsauber gefilmte oder verwackelte Szene damit begründen müssten, dass Sie leider kein Stativ dabei hatten. Noch schlimmer wäre der Hinweis, dass Sie gern weiter gefilmt hätten, wenn der Akku nicht leer gewesen wäre. Und den Ton hätten Sie natürlich auch besser aufgenommen, wenn ein tolles Zusatzmikrofon im Zubehörschuh oben auf dem Camcorder gesteckt hätte.

Nicht jedes Zubehörteil aus dem Angebot der Hersteller ist für den Reisefilmer notwendig oder sinnvoll. Das merken Sie spätestens, wenn es ungenutzt im Schrank oder in der Schublade liegt. Damit es Ihnen nicht so ergeht, finden Sie in diesem Kapitel wichtige Tipps für den Zubehörkauf.

Lassen wir es bei diesen Beispielen bewenden. Es sind einfach zu viele „wenn" in den Ausreden. Gehen wir es lieber positiv an das Videozubehör heran und formulieren bzw. erläutern wir lieber im positiven Sinn, was Sie unterwegs zusätzlich benötigen.

Neben dem Camcorder benötigen Sie mehrere aufgeladene Akkus, reichlich MiniDV-Kassetten für den DV-Camcorder bzw. DVD-Scheiben, wenn Sie mit einem der neuen DVD-Camcorder filmen. Dann können Sie jedes neue Reisefilmthema auf einem eigenen Medium aufzeichnen. Das erleichtert später den Videoschnitt, denn damit haben Sie schon eine grobe Vorsortierung. Nicht vergessen sollten Sie Ihr Netz-/Ladegerät, falls es zur Camcorderausstattung dazugehört. Manche Hersteller bieten den Ladevorgang im Camcorder an und verzichten auf dieses Teil. Das ist eine sparsame Lösung, da Sie dann jeden Akku nur nacheinander aufladen können. Ein zusätzliches Ladegerät verringert verständlicherweise die Ladedauer, da Sie gleich zwei Akkus parallel aufladen können.

Trotz eingebautem Bildstabilisator ist ein Schulter-/Bruststativ sehr sinnvoll. Ein großes Dreibeinstativ werden Sie nur dann mitnehmen, wenn Sie es auch nutzen können und wollen. Dann ist da noch das separate Richtmikrofon für den besseren O-Ton, über das Sie viele Informationen im Kapitel über den besseren O-Ton lesen können. Das Thema Filter und Konverter betrachten viele Videofilmer sehr differenziert. Auch darüber sollen Sie im folgenden Text noch einiges erfahren.

Taschen

Die wertvolle Videoausrüstung gehört in eine Videotasche und nicht in einen unscheinbaren Plastikbeutel, obwohl es manchmal sinnvoll sein kann, nicht gleich als filmender Tourist erkannt zu werden. Es gibt Gegenden

in der Welt, da filmt es sich leichter, wenn Sie Ihren Camcorder lieber in einem Beutel verstecken und nur bei Bedarf herausholen und filmen.

Im Normalfall werden Sie aber mit einer Videotasche unterwegs sein. Doch welcher Taschentyp ist der für Sie am besten geeignet? Die klassische Taschenform ist die Umhängetasche mit Deckel und variabler Innenausstattung. Sie wird auf der Schulter getragen. Eine Variante ist die schlanke Hochform als Toplader. Dann können Sie den Camcorder ruckzuck herausnehmen und sofort die Aktionen vor dem Objektiv filmen. Allerdings bieten diese Toplader nur wenig zusätzlichen Stauraum.

Da Sie meistens doch recht viel Zubehör, wie zum Beispiel Kassetten Reiseführer, Akkus, Notizblock, Kugelschreiber usw, dabei haben, gibt es auch die Umhängetasche mit kleinen Zusatztaschen und Fächern. Sehr praktisch ist dann natürlich auch ein

zusätzlicher Tragegriff auf dem Taschendeckel und ein Hüftgurt, damit die Tasche eng am Körper anliegt. Für Spezialisten unter den Videofilmern gibt es außerdem noch stabile Videokoffer und für den Bergsteiger und Bergwanderer die Videorucksäcke.

Wird es dann ernst mit dem Taschenkauf, so legen Sie alle künftig notwendigen Ausrüstungsgegenstände, wie Camcorder, Akkus, Filter, Konverter, Kleinstativ und Kassetten, auf den Tisch. Sofort wird Ihnen klar, welche Taschengröße Sie wählen sollten. Sinnvoll ist natürlich auch ein Probepacken im Geschäft. Sicherlich für alle Beteiligten etwas gewöhnungsbedürftig, aber für Sie als Filmemacher notwendig. Schließlich muss nicht nur alles seinen Platz finden, Sie müssen selbstverständlich auch den schnellen und bequemen Zugriff auf alle Teile haben.

Wichtig ist auch, ob jedes Zubehörteil bei jeder Tour dabei sein muss. Bei Reisebeginn sicherlich, aber unterwegs bei den Tagestouren, da sollten Sie sich die Frage nach der Notwendigkeit stellen, schließlich wollen Sie vorrangig filmen und nicht schwer tragen.

Damit Sie immer Freude an Ihrer neuen Videotasche haben, sollten die Verarbeitungsdetails stimmen. Das Taschenmaterial aus einer strapazierfähigen Kunststoff-Gewebeart schützt vor Schmutz und Regen ebenso wie der übergreifende Deckel. Schnellverschlüsse ermöglichen – wie der Name schon deutlich macht – den flotten Zugriff auf den Tascheninhalt. Ein Tragegriff auf dem Deckel schont die Schulter. Gepolsterte Außentaschen, ein wasserfester Boden mit Standleisten und innen die variabel einstellbare Klett-Einteilung – all das macht aus einem simplen Aufbewahrungsort eine Videotasche nach Maß.

Zusatzmikrofone

Wie schon erwähnt, finden Sie im Kapitel über den besseren O-Ton schon viele Hinweise zu diesem Thema. Hier noch einmal die Kurzfassung, sozusagen die absichtliche Wiederholung, denn ein Zusatzmikrofon kann die Videosequenz hörbar verbessern.

Das eingebaute Mikrofon des Camcorders ist gut genug für den Allgemeinton, für die Wiedergabe der Atmosphäre, mehr nicht. Denn meistens steht man zu weit weg, als das der O-Ton klar, deutlich und prägnant aufgezeichnet wird. Schon aus diesem Grund suchen viele Videofilmer bei Veranstaltungen, bei denen Mikrofone und Lautsprecher verwendet werden, einen Standort in der Nähe eines Laut-

sprechers, damit der Ton laut vorhanden ist. Das Bild wird dann herangezoomt. Ein Kompromiss, sicherlich, aber die Alternative wäre dann der Einsatz des Richtmikrofons, dass ein Helfer über die Kabelverbindung dicht an die Schallquelle heranführt. Vorausgesetzt, der Camcorder verfügt über den Anschluss für ein separates Mikrofon. Manche Camcorder sind auch mit einem Zubehörschuh ausgerüstet. Dann kann das Zusatzmikrofon darin befestigt werden. Das erspart zwar den Helfer und bringt einen besseren O-Ton, setzt allerdings auch die Nähe des Kameramanns zur Schallquelle voraus. Bei Interviewaufnahmen bietet sich dagegen eines der kleinen Ansteckmikrofone plus Kabelverbindung zum Camcorder an. Obwohl auch das eingebaute Mikrofon wegen der Nähe zum Interviewten den Ton aufnehmen kann, sind Ansteckmikrofone wegen ihrer präziseren Sprachübertragung die bessere Alternative.

Grundsätzlich unterscheidet man bei den Mikrofonen zwischen verschiedenen Richtcharakteristiken. Ein Mikrofon mit Kugelcharakteristik nimmt alle Geräusche rund um den Camcorder auf, auch die nicht sichtbare Geräuschkulisse hinter dem Kameramann. Das stört, da der Ton nicht zum Bild passt. Eine gezielte Tonaufnahme ist nur mit der Nieren-, Supernieren- oder Keulencharakteristik möglich. Mit diesen Formulierungen wird der Tonaufnahmewinkel beschrieben. Und so wird deutlich, dass man dann solch ein Mikrofon präzise auf die Tonkulisse ausrichten muss, um zu optimalen Ergebnissen zu gelangen. Deshalb ist eigentlich auch die Tonkontrolle und die Tonkorrektur hinsichtlich der

Tonaussteuerung notwendig. Doch da trennt sich jedoch die Spreu vom Weizen bei den dafür geeigneten Camcordern, denn ein Kopfhöreranschluss ist nicht an jedem Camcorder vorhanden und die manuelle Tonaussteuerung ist sehr selten im Amateurbereich.

Akkus

Spätestens dann, wenn Ihnen bei den schönsten Szenen der Strom ausgeht, wird Ihnen klar, dass der beim Camcorderkauf mitgelieferte Akku allein nicht ausreicht. Zwei bis drei aufgeladene Zusatzakkus sollten Sie immer dabei haben. Der aufgeklappte Monitor vor, während und bei der Betrachtung nach der Aufnahme, der Autofokus und der Motorzoom, all das sind Stromfresser.

Auf der sicheren Seite befinden Sie sich, wenn Sie die in der Bedienungsanleitung erwähnten Akkus des Geräteherstellers einsetzen, dann ist neben der Camcordernutzung auch die Verwendung des Ladegeräts gesichert. Wollen Sie die Akkus bei einem Zubehöranbieter erwerben, so achten Sie neben dem Akkutyp (z.B. Lithium-Ionen) genau auf die dort in den Anleitungen erwähnten Camcordertypen und Ladegerätebezeichnungen. Leider haben es die Camcorderhersteller versäumt, sich auf Standards zu einigen und so kocht jeder Hersteller sein eigenes Süppchen. Noch schlimmer ist, dass selbst die Hersteller bei einem Modellwechsel dem neuen Camcorder oft auch eine Akkuvariante spendieren, sodass ein Umsteiger meistens sein bisheriges Ladegerät und die Akkus nicht mehr verwenden kann.

Stative

Ein Schulter-/Bruststativ empfiehlt sich für jeden Videofilmer. Solch ein Ministativ nimmt zusammengeklappt wenig Platz in Anspruch. Der Vorteil dieser Schulterstütze: Der Bildstand wird sichtbar ruhiger. Da der Bild-

stabilisator meistens nur im Weitwinkel- und im leichten Telebereich wirkt, erlaubt solch eine Stütze noch mehr in den Telebereich zu zoomen, wenn es sein muss. Oft ist in solch eine Ministütze noch ein Drehgelenk eingebaut, damit sich die Stütze besser dem Körper anpassen kann.

Optimal ruhige Bilder und Zoomfahrten erhalten Sie allerdings nur mit einem Dreibeinstativ. Das Problem ist nur, dass man solch ein großes Stativ für unterwegs nicht mitnehmen will. Mein Vorschlag: das Schulterstativ für unterwegs und das Dreibeinstativ für zu Hause. Von Vorteil sind solche Stative, die Sie in den Einzelteilen selbst zusammenstellen können. Das beginnt bei der Mittelsäule, die sich auf ihre Höhe schrauben oder kurbeln lässt. Herausgenommen dient sie bei vielen Herstellern als Einbeinstativ. Obendrauf kommt der Stativkopf, ein 2- oder 3-Wege-Videoneiger. Möglichst mit Fluideffekt, wie es in den Prospekten heißt. Dann lässt sich der Camcorder auf dem Videoneiger butterweich schwenken. Schnellklemmen für das spontane Fixieren, Querstreben für den zusätzlichen Halt und

Stativ-Detail
Die Schnellwechselplatte wird in der Stativschraube am Camcorder befestigt und so können Sie das Stativ bei Bedarf schnell unterklemmen.

Bei den Dreibeinstativen, wie zum Beispiel bei der Gamma76-Serie von Hama, reicht die Palette von den leichten Stativen mit und ohne Querverstrebung bis hin zu den schweren Modellen mit dem geschlossenen Rohrprofil. Neben der Stabilität der Stativbeine sind die bequeme und schnelle Höhenverstellung und die Arretierung der Mittelsäule wichtig.

Das Magic-Flachstativ von Cullmann nimmt wenig Platz in Anspruch und ist dennoch ein vollständiges Dreibeinstativ.

eine eingebaute Wasserwaage für die exakte Kamerapositionierung sind weitere wichtige Kriterien. Am besten, Sie nehmen Ihren Camcorder mit ins Fachgeschäft und testen gleich vor Ort die Handhabung.

Konverter, Filter und Linsen

Das Thema Konverter und Filter wird unter Videofilmern kontrovers diskutiert. Während die einen lieber „natürlich" filmen, bevorzugen andere die Möglichkeiten verschiedene Effekte einzusetzen. Oft wird dann zu viel des Guten getan. Doch da beginnt schon die subjektive Sicht der Dinge.

Konverter sind Vorsatzlinsen, die auf das Camcorderobjektiv geschraubt werden. Als Telekonverter steigern sie den Brennweitenbereich und als Weitwinkelkonverter bringen sie mehr Details aufs Videobild. Vor allem der Weitwinkelvorsatz kann in Innenräumen nützlich sein, wenn Übersichtsaufnahmen gewünscht werden. Zu erkennen sind sie an der kurzen Bauweise und an den Bezeichnungen x 0,5 oder x 0,7 am Objektivring. Damit wird der Faktor für die Veränderung der Brennweite angegeben. So wird zum Beispiel aus 9 mm eine Brennweite von 4,5 mm, wenn die Zahl 0,5 angegeben ist. Einen Telekonverter brauchen Sie eigentlich nicht mehr, da alle aktuellen Camcorder meistens mit zu großen Zoomobjektiven und manche dazu noch mit einer digitalen Verlängerung ausgerüstet sind. Letztendlich wird die Bildqualität immer besser, wenn Sie sich dem Motiv nähern, statt es heranzuzoomen oder mit einem Konverter heranzuholen.

Ein Weitwinkelvorsatz x 0,5 bringt mehr Details aufs Videobild

Effektfilter und Tricklinsen bringen, sparsam eingesetzt, Abwechslung in die Videoszenen. Oft übernehmen diese Aufgabe auch die in so manchem Camcorder integrierten digitalen Bildeffekte. Angeboten werden die Filter als kreisrunde Vorsätze in einer Schraubfassung und als Scheiben, die in einen Halter gesetzt werden. Prüfen müssen Sie deshalb, ob es Adapterringe für den Objektivdurchmesser Ihres Camcorders gibt und ob das Objektiv über ein entsprechendes Gewinde verfügt, damit Sie solch einen Filter benutzen können. Bei der Verwendung von Filterscheiben kommt es darauf an, dass der Halter am Camcorderobjektiv befestigt werden kann.

Gitterfilter machen aus der punktförmigen Lichtquelle einen strahlenden Stern mit vier oder acht Sternen. Verlauffilter sind halbseitig einge-

Das Polarisationsfilter Cirkular Wide von Hama vermeidet Vignettierungen insbesondere bei Weitwinkelobjektiven

färbt und verändern so den Himmel oder die Farben der Landschaft. Damit erzeugen Sie Stimmungen. Tricklinsen zeigen das Motiv mehrfach sternförmig oder parallel hintereinander. Und die Spektralfilter zerlegen das Licht in die Farben des Regenbogens.

Nützlicher kann eher ein Polarisationsfilter sein. In seiner Variante als Zirkularpolfilter verbessert es die Fernsicht und zeigt die Wolken klar vor dem Himmelsblau. Außerdem schaltet es Reflexe auf Glas und Wasser aus. ◐

Die Serviceseiten für Weltenbummler

▶ **Nützliches Zubehör für Reisefilmer**

▶ **Tipps vor der Reise**

▶ **Glossar**

▶ **Index**

Tipps vor der Reise

Wenn Sie Ihren Camcorder eine lange Zeit nicht genutzt haben, sollten Sie rechtzeitig vor der Reise die Funktionsfähigkeit des Camcorders überprüfen und mit ein paar Probeaufnahmen auf Videoband Ihr geliebtes Aufzeichnungsgerät wieder beherrschen lernen. Zur Sicherheit können Sie natürlich auch die Bedienungsanleitung in die Videotasche stecken. Vor allem dann, wenn Sie unterwegs auch selten genutzte Kamerafunktionen auswählen wollen. Diese sind am aufgeklappten Display oftmals in den Tiefen der Menüstruktur zu suchen. Dann erleichtert der Blick in die Bedienungsanleitung die Suche sehr. Dass alle mitzunehmenden Akkus voll aufgeladen und die Videotasche vollständig gepackt sein sollte, darauf muss nicht besonders hingewiesen werden.

Vorfreude ist bekanntlich die schönste Freude. Damit auch die Urlaubsreise und der Reisefilm ein voller Erfolg werden, sind ein paar Vorkehrungen zu treffen.

Die Checkliste

Am besten, Sie erstellen eine Checkliste, in der Sie nach Wochen und Tages sortiert, alles Wichtige notieren und entsprechend als erledigt abhaken. Ein Beispiel:

8 Wochen vor dem Start:
- Camcorder auf Funktionsfähigkeit überprüfen
- Akkus auf Ladefähigkeit prüfen
- neue Akkus kaufen
- Videogeräteversicherung nötig? Ggf. Versicherungsinformationen einholen
- Sind Zoll- oder Einfuhrbestimmungen zu beachten?

2 Wochen vor dem Start:
- Probepacken des Camcorders in der Videotasche mit allem Zubehör
- Fehlendes Zubehör besorgen
- Videokassetten bzw. DVDs für den Camcorder kaufen
- Bedienungsanleitung lesen, falls notwendig
- Die Camcorderdaten auf einem extra Blatt notieren.

3 Tage vor dem Start:
- Akkus komplett aufladen
- Ausrüstung packen und auf Vollständigkeit prüfen

Tipps gegen Diebstahl

- Die Videoausrüstung unterwegs nie unbeaufsichtigt lassen
- Das gilt auch für die Aufbewahrung im Auto.
- Am Strand die Videotasche zusätzlich mit Kleidungsstücken tarnen
- Den Camcorder samt Videotasche als Handgepäck mit ins Flugzeug nehmen
- Die Videotasche in fremden Städten und unbekannten Stadtteilen an der Hand tragen und ggf. mit einem Trageriemen rund um den Körper gegen das Entreißen sichern.
- Die bespielten Videokassetten nur so lange wie nötig in der Videotasche aufbewahren. Die Tagesproduktion lieber im Koffer im Hotelzimmer aufbewahren.

Die Fernsehwelt ist dreigeteilt

So lange Sie zu Hause bleiben, müssen Sie sich mit den verschiedenen Fernsehnormen nicht beschäftigen. Das gilt auch für Ihre Reisen in neue Länder. Probleme können Sie bekommen, wenn Sie im Ausland im Hotelzimmer Ihre Tagesproduktion an Videoaufnahmen über das dortige Fernsehgerät abspielen oder sogar Videogeräte bzw. Videokassetten kaufen wollen. Ebenso können Sie bzw. Ihre Verwandten und Freunde Probleme bekommen, wenn Sie DV-Kassetten und DVDs mit fertigen

Reisefilmen nach Kanada, USA oder beispielsweise nach Frankreich versenden, denn die Fernsehwelt ist dreigeteilt.

Insgesamt existieren weltweit drei verschiedene Fernsehnormen, daneben einige landesspezifische Variationen: zunächst das in weiten Teilen Europas verbreitete PAL-System (PAL: Phase Alternation Line), welches mit 25 Bildern pro Sekunde bei einer Auflösung von 625 Linien arbeitet. Die unter anderem in Kanada, Japan und den USA verbreitete NTSC-Norm (National Television Standard Committee) verwendet annähernd 30 Bilder pro Sekunde, diese aber in geringerer Auflösung von nur 525 horizontalen Linien. Schließlich existiert noch das SECAM-Format (Séquentiel Couleur à Mémoire), das vor allem in den französischsprachigen Ländern und in Ländern des ehemaligen Ostblocks Anwendung findet und dem PAL-System sehr ähnlich ist.

Da Sie unterwegs Ihre Akkus aufladen wollen, müssen Sie sicher sein, dass der Stromanschluss hinsichtlich Spannung und Stecker auch funktioniert. Die Netz-/Ladegeräte berücksichtigen überwiegend 110 bis 240 V und die Netzfrequenz von 50 bis 60 Hz. Darauf stellen sie sich meistens selbst ein. Am besten, Sie schauen in der Bedienungsanleitung bzw. auf der Unterseite des Netzgerätes nach.

Andere Länder – andere Stecker, auch das kann Ihnen passieren. Amerikanische Flachstecker – deutsche Schukostecker, mit den entsprechenden Adaptern aus dem Elektrofachhandel sind Sie unterwegs auf der sicheren Seite.

Reiseführer sinnvoll nutzen

Einen Überblick über die gedruckten und reichlich bebilderten Reiseführer zu erhalten, fällt schwer. In den Buchhandlungen füllen Sie ganze Regalwände, sortiert nach Ländern und Regionen.

Fast jeder Verlag setzt inhaltlich seine eigenen Schwerpunkte. Neben den ausführlichen Länder- und Städtebeschreibungen gibt es auch Themenbücher und Sonderausgaben zu einzelnen Urlaubsregionen. Vorteilhaft sind vor allem die Reiseführer im handlichen Taschenbuchformat. Dann kann das Buch auch in der Videotasche verstaut werden und unterwegs die notwendigen Informationen zum Nachlesen liefern.

Egal, welchen Verlag und welche Themenreihe Sie bevorzugen, die praktischen und umsetzbaren Tipps sollten im Vordergrund stehen. Aus eigener Erfahrung kann ich berichten, dass mir auf meinen Reisen die folgenden Reiseführerthemen den größten Nutzen brachten:
– Die Stadtpläne (oft der Innenstadtbereich) ermöglichen den virtuellen Stadtrundgang schon vor der Reise.
– Die Feste und Feierlichkeiten erleichtern die Reisefilmplanung.
– Die vorgeschlagenen Ausflüge und die detaillierten Wegebeschreibungen in den Städten können die Grundlage für die einzelnen Geschichten im Reisefilm sein.

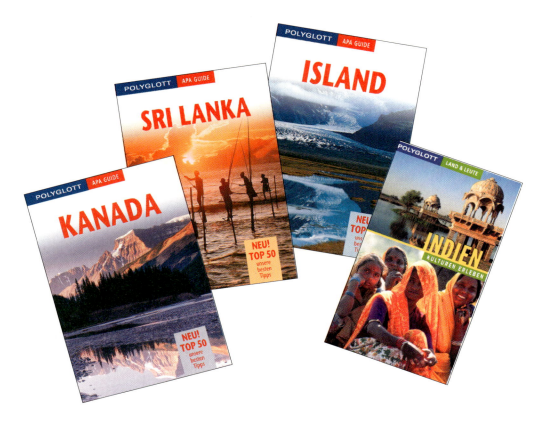

- Die praktischen Hinweise von A – Z sind sehr hilfreich, wenn sie immer auf dem aktuellen Stand sind.
- Die integrierten Sprachführer mit den wichtigen vorformulierten Fragen des täglichen Lebens in Deutsch und in der jeweiligen Landessprache sind im Einzelfall hilfreich. Zwar kommt man mit Englisch und Französisch in der Welt schon gut zurecht. Doch einfacher geht es manchmal, wenn Sie mit dem Finger im Reiseführer auf die entsprechende Frage in der Landessprache zeigen. Die Antworten werden Sie dann sicherlich in einer Mischung aus Sprache, Mimik und Gesten erhalten. Zum gewünschten Erfolg führen die Antworten dennoch in den meisten Fällen.
- Die so genannten Insider-Tipps bieten attraktive Motive, sind aber nicht immer so ganz wörtlich zu nehmen. Denn durch die Veröffentlichung im Reiseführer sind es schon keine Geheimtipps mehr. Zu viele Reisende haben sie bestimmt schon vor Ihnen ausprobiert.

Nützliche Adressen

Eine bequeme Art, sich vor der Reise über alle notwendigen Themen zu informieren und Tipps und Hinweise zu recherchieren, bietet das Internet. Allerdings ist es manchmal gar nicht so einfach, sich in dem Labyrinth des weltumspannenden Netzes zurechtzufinden. Dann ist man für Hilfe jederzeit dankbar. Deshalb habe ich ein paar informative Internetadressen für Sie herausgesucht. Wenn Sie die Perlen der Karibik näher kennenlernen möchten, sollten Sie sich vorab auf der Internetseite www.karibik.de einen Überblick verschaffen, bevor Sie nach detaillierten Informationen zu den von Ihnen ausgewählten Inseln suchen.

Beginnen Sie doch einfach mal mit der Suche über eine Suchmaschine, wie zum Beispiel bei www.google.de. Dort können Sie die Wörter „Verlage+Reiseführer" eingeben, auf die Sprache „Deutsch" klicken und die Suche starten. Das Ergebnis sind dann eine Vielzahl bekannter Verlage. Ein erneuter Klick auf den ausgewählten Verlag und schon sind Sie drin in dessen Verlagsangebot.

Natürlich können Sie auch jeden Reiseführerverlag direkt im Internet suchen, denn meistens führt der Firmenname mit der zusätzlichen Endung „.de" schon zum Erfolg.

Befassen Sie sich gerade mit den medizinischen Reisevorbereitun-

gen, mit Impfungen und Reisekrankheiten, so finden Sie Informationen unter www.gesundes-reisen.de und www.fit-for-travel.de.

Die Tropeninstitute Hamburg und München informieren auf diesen Seiten sehr ausführlich über gesundheitliche Risiken, die beim Aufenthalt in fremden Ländern, in einem ungewohnten Klima und unter anderen Lebensbedingungen auftreten können. Sie weisen dabei auf wichtige Vorbeugemaßnahmen hin. Die Informationen ersetzen aber nicht die individuelle reisemedizinische Beratung. Diese Beratung erteilen der Hausarzt, die Gesundheitsämter sowie tropenmedizinische Einrichtungen oder Gelbfieberimpfstellen. Deshalb sollten Sie sich vor jeder Fernreise rechtzeitig über die medizinischen Gesundheitsrisiken in Ihrem Reiseland informieren. Bekanntlich bedeuten die Reisen in fremde Länder immer eine Belastung für den Körper. Ungewohnte klimatische Bedingungen, fremde Speisen und Getränke und die bei Fernreisen obligatorische Zeitumstellungen sind Faktoren, die es zu beobachten gilt.

Haben Sie schon viel von der Welt gesehen und wollen Sie neue Reiseformen ausprobieren, dann habe ich eine interessante Internet-Adresse für Sie: www.forum-anders-reisen.de

Dort finden Sie ein Netzwerk von über 80 alternativen Anbietern. Der Verein entstand 1998 als Verband kleiner und mittelständiger Reiseveranstalter, die bei ihren Produkten mehr Wert auf die Belange der Umwelt und der Menschen in den bereisten Ländern legen. Die Entwicklung eines sanften, auf Nachhaltigkeit aufgebauten Tourismus ist das Ziel der Netzwerkmitglieder. So entstehen auch immer wieder neue Reiseideen, die auch soziale und ökologische Belange berücksichtigen. Drei Beispiele sollen das Anliegen verdeutlichen: Reisebeispiel Finnland: Skiwanderung von Gasthaus zu Gasthaus. Reisebeispiel Italien: Cilento – unbekanntes Süditalien/Meer, Berge, griechische Tempel. Reisebeispiel Marokko: „Die Wüste der Frauen" Begegnungsreise zu den Nomadinnen der Sahara.

Eine sehr umfangreiche Link-Sammlung mit Adressen für verantwortungsvolles Reisen und Literaturempfehlungen hat der „Informationsdienst Dritte Welt-Tourismus" des Evangelischen Entwicklungsdienstes unter der Adresse www.tourism-watch.de ins Internet gestellt.

Gefährdete Gebiete

Nicht überall ist es so friedlich wie bei uns in Mitteleuropa. Wobei schon allein dieser erste Satz nicht immer zutrifft, denn Attentate machen auch leider vor Europas Grenzen nicht Halt. Egal, wohin Ihre Reise führt, Sie sollten die Informationsmöglichkeiten, die zum Beispiel das Auswärtige Amt der Bundesregierung bietet, nutzen. Unter der Internet-Adresse www.auswaertiges-amt.de finden Sie Sicherheitshinweise sowie Länder- und Reiseinformationen.

Die Sicherheitshinweise machen für die Länder, in denen es erforderlich erscheint, auf die spezifischen Risiken für die Reise und für Deutsche im Ausland aufmerksam. Die Hinweise werden regelmäßig überprüft und aktualisiert. Je nach Einschätzung der Sicherheitslage enthalten sie die Empfehlung, auf Reisen zu verzichten oder sie einzuschränken.

Noch konkreter sind die Reisewarnungen. Sie werden ausgesprochen, wenn generell vor Reisen in ein Land gewarnt werden muss. Deutsche, die in diesem Land leben, werden dann zur Ausreise aufgefordert. Eine Reisewarnung, die nur selten ausgesprochen wird, ersetzt den Sicherheitshinweis. Die Entscheidung über die Reise liegt letztlich immer in Ihrer eigenen Verantwortung.

Auf der Seite des Auswärtigen Amtes finden Sie außerdem auch viele Länderinformationen. Sie können Ihr Reiseland auswählen und erhalten detaillierte Informationen zu den Themen Politik, Wirtschaft, Kultur und Einreisebestimmungen sowie Gesundheitshinweise. ◐

www.auswaertiges-amt.de/www/de/laenderinfos

Die Serviceseiten für Weltenbummler

▸ Nützliches Zubehör für Reisefilmer

▸ Tipps vor der Reise

▸ Glossar

▸ Index

Glossar

Abblende
Die Szene verschwindet in einer schwarzen oder weißen Fläche.

Achsensprung
Je Szene spielt auf einer gedachten Handlungsachse. Wird der Kamerastandpunkt über die gedachte Achse verändert, so liegt ein Achsensprung vor. Beispiel: Eine Person geht von links nach rechts. Wechselt jetzt der Kameramann die Straßenseite, dann geht die Person auf dem Bild plötzlich von rechts nach links.

Assemble-Schnitt
Beim elektronischen Schnitt wird Szene an Szene sauber aneinander gefügt.

Atmosphärenton
Allgemeinton, Hintergrundgeräusch.

Aufblende
Das Bild entsteht aus einer schwarzen oder weißen Fläche.

Auflösung
Bezeichnung für die Fähigkeit, kleinste Bildteile voneinander getrennt wiederzugeben.

Aufnahme-Rückschau
Mit dieser Camcordertaste werden die letzten Sekunden der vorhergehenden Videoszene gezeigt. Am Ende der Wiederholung schaltet der Camcorder wieder in die Pausenfunktion für die nächste Aufnahme.

Aufnahme-Suchlauf
Mit dieser Camcordertaste können Schnittstellen schnell gefunden werden.

Autofokus
Der Autofokus sorgt für die automatische Scharfeinstellung des Bildes. Vorrangig dient die Bildmitte zur Fokussierung. Bewegt sich das Hauptmotiv in der Szene zu viel oder soll es aus seinem Umfeld hervorgehoben

werden, so kann die manuelle Scharfeinstellung helfen. Am besten geeignet dafür ist der Scharfstellring am Objektiv, der selten anzutreffen ist. Verbreitet sind Tipptasten oder Rädchen.

Bewegungsachse
Bei Filmaufnahmen ist damit die Achse gemeint, auf der sich die handelnden Personen oder deren Objekte bewegen.

Bildsensor/-punkte
Für die Bildauflösung im Camcorder sorgt der CCD-Chip, überwiegend ein 1/4 Zoll großes elektronisches Bauelement. Stand der Technik sind heute über 1 Millionen Pixel. Damit können die Camcorder auch gute Digitalfotos liefern, denn dafür werden mehr Pixel benötigt. Grundsätzlich gilt: Für die Bildqualität ist nicht allein der CCD-Chip, sondern die gesamte Bildelektronik zuständig.

Bildstabilisator
Der Bildstabilisator ist eine Einrichtung am Camcorder, die das Handzittern und kleinere Verwacklungen elektronisch oder optisch ausgleicht. Obwohl die elektronische Variante in den letzten Jahren deutlich verbessert wurde, bleibt der Spitzenplatz dem preislich teureren optischen Stabilisator vorbehalten.

Bildsuchlauf
Schneller Vor- und Rücklauf des Videobandes im Camcorder.

Blende
Mit der Irisblende wird die Öffnung des Objektivs und damit die Helligkeit des Bildes reguliert. Wer die Helligkeit beeinflussen will, der wird die manuelle Einstellung bevorzugen.

Breitwandformat
Filmformat mit dem Seitenverhältnis 1,66:1 (Europa) oder 1,85:1 (USA), im Unterschied zum traditionellen Format des Fernsehbildes, das mit 4:3 dem Seitenverhältnis des von Edison festgelegten Kinofilmformats entspricht. Das neue TV-Format hat das Seitenverhältnis 16:9.

Brennweite
Abstand zwischen dem Brennpunkt und dem Linsenhauptpunkt. Die Angabe in mm steht auf dem Objektiv des Camcorders.

Camcorder
Wortschöpfung aus Camera und Recorder. Beide Geräte sind in einem Gerät vereint.

CCD-Chip
Bildwandler. CCD = Charge Coupled Device (Ladungsgekoppelter Bildsensor). Siliziumplättchen, daumennagelgroß, wandelt optische Informationen in elektrische Signale um.

Chrominanzsignal
Farbteile des Fernsehbildes. Es enthält die Werte für den Farbton und für die Farbsättigung des Bildes.

Cinch
Steckernorm für Video- und Audioverbindungen.

Component Video
Bezeichnung für das Videosignal. Helligkeit und Farbe werden getrennt übertragen (Y/C-Signal).

Composite Video
Farbe, Helligkeit und Bildsynchronisation werden als FBAS-Signal zusammengefasst.

Dezibel (dB)
Maßeinheit für die Beschreibung des Verhältnisses von Nutz- und Störsignal bei der Tonaufnahme. 1 dB beschreibt die kleinste, vom menschlichen Ohr wahrnehmbare Lautstärkeänderung.

Digitalanschluss
Die Firewire-Buchse, auch IEEE 1394 oder i.Link genannt, ist der weltweite Standard für den verlustfreien Datentransfer von Bild- und Tondaten. Über DV-out gelangen die Daten vom Camcorder zum PC bzw. zum entsprechend ausgerüsteten Nachbearbeitungsgerät. Über DV-in können die fertigen Videos wieder zurück auf das DV-Band gespielt werden. Die DV-in fähigen Camcorder verfügen über einen Anschluss, der in beiden Richtungen genutzt werden kann.

Digitaleffekte
Elektronische Verfremdung der Bilder bei der Aufnahme und beim Videoschnitt. Beispiele: Überblendung vom Standbild, Schwarz-Weiß-Einfärbung, Mosaik. Einige Camcorder ermöglichen Digitaleffekte auch bei der Wiedergabe.

Digitalzoom
Die maximale optische Tele-Einstellung wird lediglich elektronisch verlängert. Da der Aufnahmechip einen Bildausschnitt ausliest und vergrößert, nimmt die Bildqualität drastisch ab.

Drehbuch
Detaillierte schriftliche Grundlage für Film- und Videoprojekte.

Dubbing
Überspiel- bzw. Vervielfältigungsvorgang. In der Videotechnik vor allem als Audio-Dubbing zum Nachvertonen bekannt.

DV-Longplay
Ist der DV-Camcorder auf den LP-Modus eingestellt, kann mehr Videomaterial als im normalen Standardgang auf dem DV-Band gespeichert werden. Dieser Vorteil kann aber bei der Wiedergabe zum Nachteil werden, da das Abspielen auf fremden DV-Geräten zu Problemen führen kann.

Dynamisches Mikrofon
Das Prinzip: In einem Magnetfeld befindet sich eine mit einer Membran verbundene Spule. Schallwellen versetzen die Spule in Schwingungen. Die Folge: Elektrische Spannung wird induziert.

Editieranschluss
Mit dieser Funktion können Videogeräte linear gesteuert werden, etwa in Verbindung mit einem Schnittpult. Im Zeitalter des nonlinearen Computerschnitts nimmt die Bedeutung dieser Buchse allerdings ab.

Einzelbildschaltung
Bild für Bild wird einzeln für Zeitrafferaufnahmen aufgezeichnet.

Elektret-Kondensator-Mikrofon
Im Amateurbereich vorherrschend, preiswert, mit Batterien. Trotzdem

liefert der Mikrofontyp eine gute Aufnahmequalität. Die Membran ist aus einer Kunststofffolie. Darin ist die elektrische Ladung „eingefroren".

Exposé
Eine schriftliche Ausarbeitung der Videofilmidee. Die Handlung ist in groben Zügen aufgeführt.

Fade
Ab- bzw. Aufblendung.

Fahraufnahme
Der Camcorder fährt auf das Motiv zu oder am Motiv vorbei. Benutzt wird dabei ein fahrbarer Untersatz. Die Perspektive verändert sich laufend.

Farbfernsehnormen
PAL zum Beispiel in Deutschland, SECAM zum Beispiel in Frankreich, NTSC zum Beispiel in USA und Kanada.

Farbsättigung
Sie gibt den Grad der bunten Anteile der Farben im Bild an.

Farbtemperatur
Physikalische Größe für die Kennzeichnung des Farbeindrucks einer Lichtquelle. Maßeinheit: Kelvin. Niedrige Farbtemperatur = mehr Rotanteile. Hohe Farbtemperatur = mehr Blauanteile.

Firewire-Buchse
Wird auch IEEE 1394 oder i.Link genannt. Dieser weltweite Standard, der bei Digitalcamcordern, Videoschnittkarten und teilweise bei Computern zu finden ist, sorgt für den verlustfreien digitalen Datentransfer von Bild- und Tondaten.

Frame
Englische Bezeichnung für das Einzelbild.

Frontal-Licht
Direkt auf das Motiv gerichtetes Licht. Es kann als Führungslicht oder als Aufhelllicht dienen.

Fülllicht
Das Licht hellt die dunklen Partien des Führungslichts auf.

Gamma-Schaltung
Die elektronische Schaltung hellt dunkle Bildteile auf, verhindert aber gleichzeitig das Ausfransen der hellen Bildteile. Als Ergebnis erhält man ausgeglichene Videoszenen.

Gegenlichtkorrektur
Die Belichtungsautomatik wird bei Gegenlicht per Tastendruck geöffnet, damit das Motiv nicht im Dunklen vor dem hellen Hintergrund steht.

Gegenschuss
Das Motiv wird in einer zweiten Aufnahme ergänzend aus der entgegengesetzten Richtung gezeigt.

Großaufnahme
Eine Einstellgröße in der Sprache der Filmgestaltung. Sie zeigt einen Teil des Motivs sehr detailliert.

Halbnahaufnahme
Eine Einstellgröße, die eine Person vom Oberkörper an aufwärts zeigt.

Halbtotale
Eine Einstellgröße, die einen Teil der Übersicht zeigt.

Horizontale Auflösung
Ein Kriterium zur Beurteilung der Schärfe des Bildes. Je mehr vertikale Linien abgebildet werden, desto besser ist die Auflösung.

Insert
Damit bezeichnet man die Möglichkeit, Szenen in eine bereits gefilmte Szenenfolge einzusetzen.

Kelvin
Maßzahl für die Farbtemperatur. 0 Kelvin = minus 273 Grad Celsius.

Keulen-Charakteristik
Eine sehr starke Richtwirkung des Mikrofons nach vorn. Der seitwärts einfallende Schall wird unterdrückt.

Klinke
Spezieller Anschluss zur Übertragung von Bild- und Tonsignalen mit verschiedenen Durchmessern, überwiegend 3,5 mm.

Kontinuität
Die Gesamtheit der Gestaltungsregeln, mit denen gewährleistet werden soll, dass der Zuschauer jederzeit die volle Orientierung hat.
Kontinuität des Raumes: Der Zuschauer soll von Schnitt zu Schnitt die räumliche Orientierung behalten.
Kontinuität der Zeit: Vermeidung von irritierenden Zeitsprüngen.
Kontinuität der Handlung: Beachtung logischer Handlungsabläufe.
Kontinuität der Bewegung: Vermeidung von Irritationen durch Beachtung logisch erscheinender Bewegungsabläufe.

Kontrast
Verhältnis zwischen sehr hellen und sehr dunklen Bildteilen.

Kugel-Charakteristik
Eine gleichmäßige Rundempfindlichkeit des Mikrofons. Es nimmt die Tonquellen von allen Seiten auf. Geeignet für Mehrpersonengespräche am Tisch.

Kunstlicht
Eine künstliche Lichtquelle mit einer Farbtemperatur von 3.200 bis 3.400 Kelvin.

LCD
Liquid Crystal Display = ein Flüssigkeitskristall-Bildschirm, meistens mit Hintergrundbeleuchtung.

Longplay
Im Normalgang (Standardplay) werden die Videoszenen aufgezeichnet und abgespielt. Mit Longplay wird die Verlängerung der Aufnahmezeit bezeichnet. Erreicht wird dies durch eine entsprechend langsamere Umdrehung der Videokopftrommel. Bei der Wiedergabe muss der Camcorder ebenfalls auf Longplay eingestellt sein.

Makro
Objektiveinrichtung zum Filmen im Nahbereich unmittelbar vor der Frontlinse ohne Zubehör.

Memory Effekt
Damit bezeichnet man ein Phänomen, das durch unsachgemäße Behandlung von Ni-Cd-Akkus zum Kapazitätsverlust führt. Dieser Akkutyp findet heute fast keine Anwendung mehr bei Camcordern.

Memory Stick
Sony hat die Speicherkarte in Form eines Kaugummistreifens zur Speicherung von digitalen Fotos bei diversen Camcordern, Notebooks und digitalen Fotokameras eingeführt.

Mischlicht
Tages- und Kunstlicht erhellen das Motiv. Dabei treffen unterschiedliche Farbtemperaturen aufeinander.

Montagearten
Allgemein: die Art und Weise, wie die einzelnen Einstellungen im Film aneinander gefügt werden.
Analysierende Montage: Die Einstellungsfolge analysiert bildlich, was im Text gesagt wird.
Assoziationsmontage: Die Schnittfolge soll bestimmte Assoziationen beim Zuschauer hervorrufen.
Kausalmontage: Die Schnittfolge entspricht den kausalen Zusammenhängen.
Metaphorische Montage: Die Schnittfolge drückt gleichzeitig außer der sichtbaren Bedeutung noch etwas anderes aus.
Kontrastmontage: eine Parallelmontage, bei der speziell auf kontrastierende Situationen abgehoben wird.
Narrative Montage: Der Schnitt folgt kontinuierlich dem Erzählfluss.
Parallelmontage: Zwei oder mehrere Handlungsebenen werden abwechselnd gezeigt.

Motivprogramme
Programmgesteuerte Aufnahmeautomatiken steuern Belichtungszeit, Blende, Weißabgleich und Autofokus entsprechend den ausgewählten Symbolen für technisch optimal abgestimmte Aufnahmen.

Nachvertonung
Kommentar, Musik und Geräusche werden als Tonmischung nachträglich auf den Videofilm gebracht.

Night Shot
Einige Camcorder bieten diese Funktion. Damit kann der Camcorder selbst bei völliger Dunkelheit noch aufnehmen. Dazu wird das Infrarotfilter aus dem Strahlengang des Objektivs geschwenkt. Das Ergebnis ist je nach Camcordermodell ein grünlich/graues Monochrom- oder Farbbild.

Nieren-Charakteristik
Die nierenförmige Richtwirkung des Mikrofons empfängt die Schallquellen stärker von vorn als von den Seiten.

Objektiv
Die Objektivdaten eines Camcorders beschreiben die Lichtstärke des Objektivs. Beispiel: 1:1,2 = sehr lichtstark, 1:1,4-3,5 bedeutet, dass die Lichtstärke mit zunehmender Teleeinstellung abnimmt. Der zweite Teil der Objektivdaten, zum Beispiel 7 bis 70 mm, beschreibt das Brennweitenverhältnis des Objektivs. Je kleiner der Anfangswert, desto weitwinkeliger ist das Objektiv ausgelegt.

Objektive Kamera
Im Unterschied zur subjektiven Kamera eine Art, den Kamerastandpunkt so zu wählen, dass die Szene nicht aus der Sicht einer bestimmten Person aufgenommen wird. Die Kamera ist sozusagen ein neutraler Beobachter.

Originalton
Auch O-Ton genannt. Es ist der Ton, der gemeinsam mit den Videoszenen vor Ort aufgezeichnet wird.

PAL
Die in Deutschland gebräuchliche Fernsehnorm mit 625 Zeilen und 50 Halbbildern.

PCM-Stereoton 12/16 Bit
Eine Tonaufnahme mit 12 Bit kann später in Stereo im Camcorder (!) nachvertont werden. Die 16-Bit-Aufzeichnung bringt dagegen eine optimale Klangqualität. Die Nachvertonung im Camcorder ist bei Mini-DV-Modellen möglich, bei Digital 8-Camcordern dagegen nicht.

Pixel
Sensor, der das durch das Objektiv einfallende Licht in elektrische

Ladung umwandelt. Je größer die Anzahl der Pixel auf dem CCD-Chip, desto besser ist die Bildauflösung.

Progressive Scan
Statt zweier aufeinander folgender Halbbilder wird in einem Stück ein Vollbild aufgezeichnet. Dieser Modus verbessert die Fotoaufzeichnung. Für das Speichern von Videoaufnahmen (= Laufbilder) ist Progressive Scan abzuschalten, da sonst die fließenden Bewegungen durch die ruckartigen Bewegungsabläufe unterbrochen werden.

Rendern
Beim Videoschnitt: Berechnen von programmierten Schnitten und Effekten durch die Schnittsoftware.

Schärfe
Der Autofokus sorgt für die automatische Scharfeinstellung des Bildes. Vorrangig dient die Bildmitte zur Fokussierung. Bewegt sich das Hauptmotiv in der Szene zu viel oder soll es aus seinem Umfeld hervorgehoben werden, so kann die manuelle Scharfeinstellung helfen. Am besten geeignet dafür ist der Scharfstellring am Objektiv, der seltener anzutreffen ist. Verbreitet sind Tipptasten oder Rädchen.

Schuss-Gegenschuss
Eine Aufnahme- und Schnittmethode, mit der bei Dialogen zwischen den Gesprächspartnern hin und her geschnitten wird.

Seitenlicht
Dieses Licht schwächt den Kontrast. Es hellt auf und macht das Motiv plastischer.

Sequenz
Eine kleine Einheit im Film, bestehend aus einer Gruppe von Einstellungen, die zusammen eine Aussage oder eine Spielszene beinhalten.

Smear-Effekt
Die punktförmigen Lichtquellen zeigen senkrechte helle Streifen. Abhilfe schafft beim Filmen ein Standortwechsel oder ein anderer Bildausschnitt.

Statement
Ansprache einer Person vor dem Mikrofon und in die Kamera.

Steadicam
Ein tragbares Videostativ-System, das die Bewegungsunruhe bei der getragenen Kameraführung ausgleicht.

Subjektive Kamera
Bezeichnung für die Aufnahme aus der Sicht einer bestimmten Person. Die Kamera – sieht bildlich gesprochen – „mit den Augen der Person".

TBC
Time Base Corrector. Die Schaltung gleicht die durch die Gleichlaufschwankungen auftretenden Zeitfehler aus.

Timecode
Alle Einzelbilder werden während der Aufnahme durchnummeriert. Dies ist die Voraussetzung für den späteren bildgenauen Videoschnitt.

Überblendung
Das Ende der ersten Szene geht sichtbar in den Anfang der zweiten Szene über. Dabei wird das Ende der ersten Szene als Standbild zwischengespeichert und für die Überblendung zur Verfügung gestellt.

Weißabgleich
Damit die Farben naturgetreu erscheinen, muss die Aufnahmeelektronik des Camcorders an die Farbtemperatur des gerade herrschenden Lichts angepasst werden. Zwar regelt die Elektronik ständig nach, dennoch gibt es Aufnahmesituationen, in denen man den Weißabgleich manuell vornehmen sollte. Deshalb bieten diejenigen Camcorder Vorteile, die neben der Automatik über die manuelle Korrektur verfügen.

Zeitlupe
Eine Wiedergabeschaltung mit verlangsamter Geschwindigkeit.

Zeitraffer
Bei der Aufnahme wird ein Bild oder eine Bilderfolge nur alle X-Sekunden aufgezeichnet. Dadurch wird eine schnellere Wiedergabegeschwindigkeit erreicht, die den Zeitraffereffekt zeigt.

Zoomobjektiv
Optisches System zur stufenlosen Verstellung der Brennweite. Einsetzbar

vorrangig als Gestaltungsmittel und zur Wahl des geeigneten Bildausschnitts.

Zwischenschnitt
Zwischen eine längere Einstellung wird eine Szene eingefügt (zum Beispiel die Zuhörer während eines Konzerts). Der O-Ton, hier die Musik, läuft währenddessen kontinuierlich weiter.

Die Serviceseiten
für Weltenbummler

▶ Nützliches Zubehör für Reisefilmer

▶ Tipps vor der Reise

▶ Glossar

▶ Index

Index

A
Ästhetischer Stil 16
Achsensprung 37, 119
Adressen 327
Akkus 314
Aktive Kamera 137

B
Bauwerke 76, 83
Bildaufbau 77, 134, 154, 173
Bildausschnitt 28
Blickfang 75

C
Checkliste 322

D
Diagonale 85

E
Einstellgrößen 116, 162
Emotionaler Stil 16, 17
Emotionen 133

F
Fahraufnahmen 92, 196
Fakten sammeln 24
Farben 45, 46
Filmlängen 61
Filtereinsatz 157, 317

G
Geräusche 216

J
Jahreszeiten 67

K
Kamerafahrten 93
Kommentar 229
Kontinuität 41
Konverter 317

L
Landschaften 149, 171
Licht und Schatten 70, 151
Lichtqualität 70
Linien und Flächen 81
Linsen 317

M
Menschen filmen 123
Mikrofone 210, 312
Montage 51
Musik 221

N
Naturaufnahmen 28, 108, 166

O
Objektive Kamera 18
Ortswechsel 26, 27
O-Ton 209, 215

P
Perspektiven 43, 89
Planung 180

R
Rahmenhandlung 50, 181
Reiseführer 324
Rhythmus 42
Roter Faden 50

S
Schwenks 94
Sequenz 24
Spannung 58, 59, 60
Städte filmen 76
Stative 315
Stichwortkonzept 180
Stimmungen 156
Subjektive Kamera 18, 138

T
Taschen 311
Tiefenschärfe 79
Totale 34

U
Überblick verschaffen 35, 114

V
Vogelperspektive 91

W
Weißabgleich 163

Z
Zeitreisen 102
Zeitwechsel 26, 141
Zoomen 92
Zubehör 309